南京社科学术文库

工人阶层的体面劳动
与全面发展研究：
以南京为例

董淑芬 等◎著

中国社会科学出版社

图书在版编目（CIP）数据

工人阶层的体面劳动与全面发展研究：以南京为例／董淑芬等著.
—北京：中国社会科学出版社，2017.12
（南京社科学术文库）
ISBN 978 - 7 - 5203 - 1652 - 1

Ⅰ.①工…　Ⅱ.①董…　Ⅲ.①无产阶级—研究—中国　Ⅳ.①D663.1

中国版本图书馆 CIP 数据核字（2017）第 299459 号

出 版 人	赵剑英
责任编辑	孙　萍
责任校对	胡新芳
责任印制	王　超

出　　版	中国社会科学出版社
社　　址	北京鼓楼西大街甲 158 号
邮　　编	100720
网　　址	http://www.csspw.cn
发 行 部	010 - 84083685
门 市 部	010 - 84029450
经　　销	新华书店及其他书店

印　　刷	北京明恒达印务有限公司
装　　订	廊坊市广阳区广增装订厂
版　　次	2017 年 12 月第 1 版
印　　次	2017 年 12 月第 1 次印刷

开　　本	710×1000　1/16
印　　张	20
字　　数	318 千字
定　　价	85.00 元

凡购买中国社会科学出版社图书，如有质量问题请与本社营销中心联系调换
电话:010 - 84083683

总　序

　　2017 年的中国迎来了党的十九大，进入了全面建成小康社会的决胜阶段，开启了中国特色社会主义新时代。春江水暖鸭先知，社科腾跃正此时。2014 年 8 月出台的《加快推进南京社科强市实施意见》，明确提出了要"更好地发挥哲学社会科学在南京创成率先大业、建设人文绿都、奋力走在苏南现代化建设示范区前列中的理论支持和思想引领作用"，标志着南京社会科学界正肩负起更加神圣而重大的资政育人历史使命，同时也迎来了南京社会科学学术繁荣、形象腾跃的大好季节。值此风生水起之际，南京市社科联、社科院及时推出"南京社科学术文库"，力图团结全市社科系统的专家学者，推出一批有地域风格和实践价值的理论精品学术力作，打造在全国有特色影响的城市社会科学研究品牌。

　　为了加强社会科学学科高地建设、提升理论引导和文化传承创新的能力，我们组织编纂了南京社科学术文库。习近平新时代中国特色社会主义思想，是对中国特色社会主义理论体系的丰富和发展，是马克思主义中国化的最新理论成果，是我国哲学社会科学的根本遵循，直接促进了哲学社会科学学科体系、学术观点、科研方法的创新，为建设中国特色、中国风格、中国气派的哲学社会科学指明了方向和路径。本套丛书的重要使命即在于围绕实践中国梦，通过有地域经验特色的理论体系构建和地方实践创新的理论提升，推出一批具有价值引导力、文化凝聚力、精神推动力的社科成果，努力攀登新的学术高峰。

　　为了激发学术活力打造城市理论创新成果的集成品牌、推广社科强市的品牌形象，我们组织编纂了本套文库。作为已正式纳入《加快推进南京社科强市实施意见》资助出版高质量的社科著作计划的本套丛书，旨在围绕高水平全面建成小康社会、高质量推进"强富美高"新南京建设的目标,坚持马克思主义指导地位,坚持百花齐放、百家争鸣的方针,创建具有南京地域特色的社会科学创新体系。在建设与南京城市地位和定位相匹配的国内一流的社科强市进程中,推出一批具有社会影响力和文化贡献力的理论精品,建成在全国有一定影响的哲学社会科学学术品牌,由此实现由社科资源大市向社科发展强市的转变。

为了加强社科理论人才队伍建设、培养出一批有全国知名度的地方社科名家,我们组织编纂了本套文库。本套丛书的定位和选题是以南京市社科联、社科院的中青年专家学者为主体,团结全市社科战线的专家学者,遴选有创新意义的选题和底蕴丰厚的成果,力争多出版经得起实践检验、岁月沉淀的学术力作。借助城市协同创新的大平台、多学科交融出新的大舞台,出思想、出成果、出人才,让城市新一代学人的成果集成化、品牌化地脱颖而出,从而实现社科学术成果库和城市学术人才库建设的同构双赢。

盛世筑梦,社科人理应承担价值引领的使命。在南京社科界和中国社会科学出版社的共同努力下,我们期待"南京社科学术文库"成为体现理论创新魅力、彰显人文古都潜力、展现社科强市实力的标志性成果。

叶南客

(作者系江苏省社科联副主席、南京市社会科学院院长、

创新型城市研究院首席专家)

2017 年 10 月

目　录

绪　论

双重转型阶段工人阶层的
发展变化

一　何为工人阶层

改革开放前的中国，社会阶层结构相对单一，中国社会主要由两大阶级和一个阶层构成，即农民阶级、工人阶级和知识分子阶层，其中知识分子阶层被看成是工人阶级的一部分。改革开放后，我国城乡社会结构均发生了很大变化：在农村，农民阶层出现分化，形成了不同的阶层，包括农民干部阶层、集体企业管理者阶层、私营企业主阶层、个体劳动者阶层、工人阶层等。而在城市，旧有的阶层有了新的面目，形成了一些新的阶层，各阶层间的关系也正在改变，城市社会结构包含管理者阶层、工人阶层、农民阶层、知识分子阶层、私营企业主阶层、失业者阶层等。

随着时代的发展变迁，工人阶层的内涵和外延都发生了明显的变化。马克思主义认为，工人阶级（即无产阶级）是那些靠出卖劳动力（包括体力和脑力）、不拥有生产资料和生产工具，劳动成果大部分被资产阶级剥削，并为社会创造主要财富的阶层，包括大部分的体力劳动者和脑力劳动者。传统意义上的工人阶层，是指那些凭借体力和操作技能直接操作生产工具，生产物质产品、提供劳务服务，或者为这些生产、服务提供辅助帮助，在管理和被管理关系中属于后者的群体。[①] 今天的工人阶层，是指与企业管理者、经营者、技术人员、一般管理人员相区别的企业"一线"劳动者，是指受雇于各类企业的蓝领劳动者。

[①] 陆学艺主编：《当代中国社会阶层研究报告》，社会科学文献出版社2002年版，第127页。

这一阶层既包括半技术半体力劳动阶层，也包括主要依靠体力挣取工资的劳动阶层，他们内部又可以分为产业工人和服务业工人两大类别。

二　双重转型阶段工人阶层的变化特征

改革开放以来，我国进入了体制转型和发展转型相叠加的双重转型阶段。一方面，我国从计划经济体制走向市场经济体制，要实现体制转型；另一方面，我国从传统的农业社会转向工业社会、现代化社会，要实现发展转型。伴随着我国经济社会的双重转型，我国工人阶层发生了翻天覆地的变化，其变化特征突出体现在以下五个方面：

（一）工人阶层人数增长迅速——农民工成为主力军

自1978年以来，伴随着我国经济社会的双重转型，我国的产业结构变化很大，其中一产占比逐年下降，由1978年的27.7%，发展到1990年的26.6%，2000年的14.7%，到2015年仅剩8.9%；二产占比有一定的波动，但整体也呈下降趋势，由1978年的47.7%，发展到1990年的41.0%，2000年的45.5%，到2015年的40.9%；三产发展迅猛，占比节节攀升，由1978年的24.6%，发展到1990年的32.4%，2000年的39.8%，到2015年的50.2%。[①]

而与产业结构相对应的就业结构，一产就业呈快速下降趋势，由1978年的70.5%，发展到1990年的60.1%，2000年的50.0%，到2015年仅剩28.3%；二产就业占比呈平稳上升态势，由1978年的17.3%，发展到1990年的21.4%，2000年的22.5%，到2015年达到29.3%；三产就业占比迅速提升，由1978年的12.2%，发展到1990年的18.5%，2000年的27.5%，到2015年达到42.4%。[②] 三次产业的就业结构分析参见图0—1。

随着我国工业化的推进，我国工人阶层的队伍迅速扩大。从二产的就业人数来看，1978年我国从事第二产业的有6945万人，1990年上升至13856万人，2000年继续上升至16219万人，到2015年达到22693

---

① 中华人民共和国国家统计局编：《中国统计年鉴2016》，中国统计出版社2016年版，第5页。

② 同上。

万人。[1] 根据国家统计局发布的《第三次全国经济普查主要数据公报》（第 1 号）显示，2013 年末我国第二产业和第三产业的法人单位和有证照个体经营户全部从业人员有 4.46 亿，排除其中的机关、事业单位、社会团体和新社会组织的就业人员，我国二、三产业企业法人单位的全部从业人员约为 2.91 亿。按照经营管理人员和科技人员平均约占 15% 的比例排除，2013 年，我国登记在册的"一线普通工人"（即产业工人和商贸服务员工）约为 2.48 亿人。加上未登记在册的约 9000 万农民工的人数，可以推论，2013 年末，我国二、三产业所有企业中的"一线普通工人"（即产业工人加商贸服务员工）约为 3.5 亿人。再加上约 7000 万的企业退休人员，则我国普通工人阶层的总人数约为 4.2 亿。[2] 工人阶层总人数约占我国 14 亿总人口的 30% 。

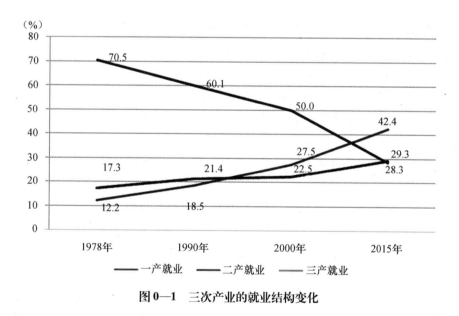

图 0—1 三次产业的就业结构变化

其中农民工和新生代农民工占我国普通工人阶层总人数的一半多，

---

① 中华人民共和国国家统计局编：《中国统计年鉴 2016》，中国统计出版社 2016 年版，第 101 页。

② 苏伟：《当前中国社会各阶层分析》，《马克思主义研究》2016 年第 7 期。

达到64%。农民工和新生代农民工是我国工人阶层的新生力量，这一群体主要进入传统产业工人队伍。农民向工人转化是我国工业化和城市化发展的必然产物，也是促进工业化和生产力进步的必要条件。当代新兴产业工人的形成，正在经历"农民—农民工—产业工人"的过程。根据相关调查结果来看，我国农民工总量从1983年的约200万人，2006年增长到1.32亿人，到2013年总量达到2.69亿[①]人。其中20世纪80年代农民工数量年均增长50%左右，90年代初到中期年均增长15%左右，进入21世纪以后，农民工数量年均增长6%左右。[②] 2.69亿农民工相较于4.2亿工人阶层的总人数，说明作为工人阶层新生力量的农民工和新生代农民工，已成为我国工人阶层的主力军。

（二）工人阶层内部分化严重——新兴群体不断涌现

改革开放以来，我国工人阶级内部阶层关系发生根本性变化。[③] 一是内部阶层化。从整体上看，改革开放以来，我国产业工人所占比例有所下降，服务业工人所占比例不断上升。新阶层的发展越来越快，不断出现新的职业、新的岗位，吸收了大量的传统意义上的工人。在产业结构的优化变动中，知识产业、第三产业迅速兴起，也使传统产业工人减少，以脑力劳动为主的新阶层不断出现。工人阶级队伍出现了明显的阶层分化，管理者、技术人员和工人之间在权利、地位、收入上出现显著差异，形成了公有企业管理者阶层、非公企业主阶层、专业技术人员阶层、普通工人阶层等。

二是类型多样化。20世纪90年代，随着非公有制经济在我国的迅速发展，工人阶级也由原来的国有和集体两种公有制企业工人，向国有企业工人、集体企业工人、三资企业工人、私营企业工人和乡镇企业工人五大类型并存的结构转变。但是从20世纪90年代中期后，乡镇企业纷纷改制，大部分转为实质上的私有企业。乡镇企业从业人员大部分可以归类为非公有制企业工人。当前非公有制企业工人的数量已经远远超

---

① 数据来源于国家统计局发布的《2016年全国农民工监测调查报告》。

② 国务院发展研究中心《中国农民工战略问题研究》课题组：《中国农民工现状及其发展趋势总报告》，《改革》2009年第7期。

③ 冯同庆：《工人阶级内部阶层关系的变化与工人阶层的地位》，《中国劳动关系学院学报》1997年第3期。

过公有制企业工人。因此，我国的工人阶层从类型上又可以划分成六大群体，即国有（含国家控股）企业工人群体、集体（含合作）企业工人群体、私营（含私人控股）企业工人群体、外资（含"三资"）企业工人群体、退休工人群体、失业工人群体六大群体。从不同类型企业工人数量上来看，目前我国在职的公有制企业从业人员总数约1亿，其中普通工人约为8500万；而在职的非公有制企业从业人员总数约3.2亿，其中普通工人约为2.7亿。另有退休普通工人约7000万，失业人员约1994万（2014）。①

（三）工人阶层经济收入差异显著——整体经济地位处于社会中下层

改革开放以来，我国工人阶级内部不同阶层的收入差距不断拉开，引发贫富矛盾。就工人阶级内部来说，贫富矛盾主要表现在以下三个方面：一是单位内部收入差距大。国家与社会管理者阶层中存在的灰色收入和某些企业管理者阶层中存在的畸高收入，拉大了与普通工人阶层的收入差距。在一个单位内部，通常管理阶层、专业技术人员收入较高，普通工人次之，农民工最低。2008年南京市对全市一线员工收入状况进行过全面调查，发现一线员工收入和消费水平远低于全市城镇居民平均水平，家庭教育和医疗支出与全市城镇居民家庭平均水平相距甚远。一线员工家庭月人均教育支出为170.51元，月人均医疗支出为75.09元；而全市城镇居民月人均教育支出为310.51元，月人均医疗消费支出为429.01元。2011年南京市开展的万名一线员工收入满意度调查显示，只有23%的一线员工对目前收入水平表示"很满意"和"比较满意"，33%的表示"一般"，有44%的人表示"不大满意"和"很不满意"。

二是行业收入差距大。一些新兴行业、高新技术产业，尤其是某些垄断行业员工与普通行业员工之间收入差距较大。垄断性行业凭借其在资金、技术、资源方面的雄厚实力，以及国家在政策上的照顾及市场准入方面的保护，通过垄断经营获取高额的垄断利润，并把这种垄断利润转化为员工的工资和各种福利，使员工的收入远远高于非垄断性行业员工。如，当前的石油石化、电力、电信、烟草、银行等垄断性行业，其收入远远高于非垄断性行业员工。国家统计局的数据显示，2015年年

---

① 苏伟：《当前中国社会各阶层分析》，《马克思主义研究》2016年第7期。

平均工资最高的是金融业 114777 元，信息传输、软件和信息技术服务业 112042 元，科学研究和技术服务业 89410 元。最高与最低行业平均工资之比为 3.59，与 2014 年的 3.82 相比，差距有所缩小。①

三是地域收入差距大。由于我国特殊的地缘结构和国家经济发展战略，不同区域的工人之间经济收入差别也比较大。工人的工资收入和生活水平基本上是东部地区最高，中部地区其次，西部地区略低这样一种三级格局。多年来国家实施了"中部地区崛起""西部大开发"战略，但这种差距依然存在，短期内难以从根本上扭转。据统计，东、中、西部三大地带城镇居民可支配收入比例，1985 年为 1.19∶1∶1.07（以中部地区为 1），2000 年扩大为 1.49∶1∶1.06，2010 年这一比例为 1.5∶1∶0.99，② 到 2015 年这一比例变为 1.37∶1∶0.99。③ 2015 年城镇非私营单位就业人员年平均工资由高到低排列是东部、西部、东北和中部，分别为 70611 元、57319 元、51064 元和 50842 元；城镇私营单位就业人员年平均工资由高到低依次是东部、西部、中部和东北，分别为 43439 元、36478 元、32773 元和 32176 元。④ 从整体上看，工人阶层的经济收入相对偏低，经济地位处在社会中下层。⑤

（四）工人阶层的社会地位下降明显——"工人老大哥"风光不再

改革开放之前，工人的"老大哥"社会地位是举国公认的，其政治、经济地位毋庸置疑。20 世纪 80 年代，大家都想当工人，很多人很向往成为一名工人，当工人受到社会的尊重。

> "当时作为石油工人，感觉比地方收入高，待遇好，也觉得比较骄傲，还算能够受到社会的尊重。"（个案访谈 0—1，陈红，55 岁，西北油田石油地质工人，访谈员，河海大学社工系焦洋）

---

① 数据来源于国家统计局公布的《全国城镇就业人员 2015 年平均工资》。

② 刘海军：《警惕当代中国工人阶级结构"畸化"现象蔓延》，《当代社科视野》2013 年第 5 期。

③ 根据《中国统计年鉴 2016》中各省份城镇居民人均可支配收入计算得出。

④ 数据来源于国家统计局公布的《全国城镇就业人员 2015 年平均工资》。

⑤ 根据陆学艺主编《当代中国社会阶层研究报告》中关于工人阶层的分析，工人阶层的经济地位归属于五大等级人群中的倒数一、二两个等级，即属于底层和中下层。

"当时工人就是现在的铁饭碗啊，拿固定工资的。有关系才能进工厂公司的，当然很骄傲了。也很受其他人羡慕，当时就有一些亲戚会找我帮忙看他们的子女能不能也进来工作，他们也觉得有我这样的亲戚脸上有光的。"（个案访谈0—2，范洪池，70岁，海门市棉麻公司弹絮工，访谈员，河海大学社会学系黄薇铮）

"当时的社会地位还可以，大家都愿意当工人，当一名工人觉得很骄傲，也受到社会的尊重。我们那时候大家工资相差不大，也不会因为拿钱多少，导致太大的社会地位差距。"（个案访谈0—3，李文化，57岁，陕西咸阳车工，访谈员，河海大学劳动与社会保障系沈靖）

改革开放以来，企业家阶层出现，各种"明星"阶层涌出，工人阶层的社会地位逐步下降，从计划经济体制下"工人老大哥"的中心位置"沦落"为社会中下层甚至底层。对于国有、集体企业工人阶层职业社会地位的下降，有学者称之为"传统'类中间层'的整体衰落"。① 伴随着市场化和经济体制改革进程的推进，企业内部的管理层、专业技术人员逐步往中上层提升；而产业工人、服务业工人在往中下层移动；由农民分化出来的农民工群体，由底层逐步上升到中下层，但其社会地位在整个工人阶层中是最低的。国有、集体企业工人作为昔日的"工人老大哥"，在三资企业和乡镇企业的外部冲击以及企业内部改制的双重压力下，其政治、经济地位的优越感已消失，代之以经济上陷入"相对贫困"、精神上面临来自外界与自我的双重轻视，并且还面临着越来越严重的失业威胁。

（五）工人阶层的社会心态变化——自认为是改革的利益受损群体

社会心态是指一段时间内弥漫在整个社会或社会群体/类别中的宏观社会心境状态，是整个社会的情绪基调、社会共识和社会价值观的总和。② 在我国计划经济体制下，强调平均主义，贫富差距不大，工人阶

---

① 李强：《关于中产阶级和中间阶层》，《中国人民大学学报》2001年第2期。
② 杨宜音：《个体与宏观社会的心理关系：社会心态概念的界定》，《社会学研究》2006年第4期。

层的社会地位较高，受人尊敬，整体社会心态比较平和，安于现状，自我感觉良好，幸福感较强。如下面个案访谈中提及的：

> "当时社会贫富差距还不是很大，还没有大规模的改革开放，心态都很好，很安于现状，当时对经商这事还不太能理解，感觉还是当工人好，当时对改革开放，认为是新生事物，开始的时候有些担心，后来能接受了，总之当时工人的幸福感还是很强的。"（个案访谈0—4，张旺，58岁，河南新乡石油钻井工人，访谈员，河海大学社工系焦洋）

> "我们那时候的工人基本上都很积极。因为国家实行的是计划经济，贫富差距体现得不明显。因为可以高消费的物品比较少，物质攀比没有现在的社会这么严重。而现在的工人，缺乏做工人的自豪感，但思想更丰富，想法更多。对福利、薪资、加班之类的要求更加高了，更加看重物质享受，更喜欢攀比。"（个案访谈0—5，沈冬梅，56岁，西北国棉二厂纺纱工，访谈员，河海大学劳动与社会保障系沈靖）

> "我们那时候感觉心态比较平和，上班干好工作，下班三五成群打打牌，或是打打球，富的人不多，大多只是解决温饱。只有少部分人因单位工作量不饱满，一歇半年或一年，而走出单位，自谋职业，有的后来与单位协议解除合同，所以有好的也有差一些的。改革给中国带来翻天覆地的变化，改革打破了大锅饭的模式，也确实让一部分人先富裕起来了，那些技能平平，不肯吃苦的人，现在生活也比较艰苦。"（个案访谈0—1，陈红，55岁，西北油田石油地质工人，访谈员，河海大学社工系焦洋）

陆学艺研究员从占有的经济资源和政治资源两个方面指出改革开放以来工人阶层的特点，即权利、地位、收入的跌落。与此同时，工人阶层的社会心态也发生了变化，"地位跌落感强"，"社会不公平感、被剥夺感强烈"，"不满增加"。2012年5—6月南京市社会科学院课题组开

展的《南京市人的现代化研究》调查研究结果显示,① 在各类职业群体
中,南京工人的生活现状满意度最低,平均满意度为 61.1。而以下岗
失业人员为主体的失业人员,因为没有固定的工作和收入,其生活安定
感、心理安全感、人际和谐感等都处于极端缺乏状态（详见表0—1）。
受市场经济"马太效应"和"利润挂帅"片面性的影响,我国工人阶
层的收入与强势阶层的差距不断拉大。在一些貌似福利待遇不错,薪酬
相对较高的企业中,往往一线工人的收入始终是最低的,占企业75%
以上的一线员工面对越拉越大的收入差距,还要被戴上"市场不相信眼
泪","无能无知无技者只配享受低待遇,低收入"等炫目的大帽子,
在功利、焦虑、浮躁之外,许多人出现挫败感、烦闷感、怨恨感。已有
的调查研究结果显示,纯务农农民和工人是改革中受益最小的两大
群体。②

表0—1　　　　南京市不同职业群体生活现状满意度状况比较

（调查时间：2012 年6 月）

指标类别	物质生活	职业生活	人际关系	精神生活	公共服务	个人健康	生活环境	平均满意度
公务员	58.8	66.0	82.6	68.7	60.1	67.8	58.1	66.0
个体工商户	59.3	60.6	80.1	66.9	60.4	69.0	60.9	65.3
企业经营管理人员	59.7	61.9	81.7	67.6	58.5	69.2	58.0	65.2
事业单位人员	59.9	64.8	76.7	66.8	60.6	68.3	58.8	65.1
农民	54.0	55.6	78.6	58.7	61.0	69.9	63.6	63.0
大学生	49.7	51.8	78.8	71.6	54.6	73.2	58.2	62.5
工人	50.6	55.6	76.2	63.0	58.2	66.0	58.1	61.1
退休人员	50.6	55.3	77.0	65.0	57.5	62.7	54.6	60.4
自由职业者	49.9	53.8	74.8	61.8	55.1	64.9	53.7	59.1
失业人员	34.5	36.4	66.8	49.1	43.8	60.0	45.5	48.0

---

① 数据来源于许益军研究员主持的南京市社科咨询重大课题《南京市人的现代化研究》
（项目编号 SKZK2012006）。

② 朱力、陈如主编：《社会大分化——南京市社会分层研究报告》,南京大学出版社
2004 年版,第 90 页。

三 本书的研究内容及研究特点

本书共分八章，分别围绕双重转型阶段的企业劳动关系，工人阶层的收入分配、文化消费、心理健康、敬业度、素质提高、城市融入等与工人阶层的体面劳动、全面发展密切相关的内容与主题展开。工人阶层的收入分配、文化消费、心理健康、敬业度、素质提升和城市融入等内容既是工人阶层体面劳动、全面发展的重要内容，也是促进工人阶层体面劳动、全面发展的重要抓手。其中每一章又分别从理论架构、工人阶层的发展现状与特征、存在的问题及主要影响因素和对策建议四大部分深入分析，试图在理论论证的基础上，能够客观地描述工人阶层体面劳动的发展现状，发现问题，揭示成因，并努力探索工人阶层走向体面劳动、全面发展的实践路径。

本书研究的主要特点，一是针对文化消费、城市融入、体面劳动、全面发展等概念，尝试理论架构方面的创新。双重转型阶段，信息消费与文化消费的关系如何体现；新生代农民工的城市融入包括哪些方面的融入，这些方面之间存在哪些内在关联；什么是体面劳动、全面发展，如何理解体面劳动与全面发展之间的具体关系等内容，本书在梳理总结前人理论的基础上，提出了自己的见解，并尝试进行一定的理论探索与创新。

二是充分运用问卷调查和个案访谈等实证研究方法，定性与定量研究并重。本书的实证资料来源，一是近十年来南京市社会科学院与市总工会合作课题组每年开展的面向"工人"（这里使用的"工人"概念，是把其当作与农民、军人、公务员、学生等相并列的概念，没有专门把企业管理人员、专业技术人员剔除出来，既是为了掌握工人阶层的整体概况，也是为了更好地开展比较研究）的问卷调查，这些问卷调查经过精心的专业设计，严格按照各类企业所占比例原则、行业多样化原则、企业效益差异性原则和企业内部员工差异性四大原则来开展调查，有其科学性和严谨性，能够从宏观上体现工人阶层的整体发展现状。二是2013年4—5月份，在笔者的指导下，由河海大学社工系焦洋和张昕玥（我的学生）牵头开展了针对老工人当年的工作情况、收入开支、社会地位、代际传承、敬业精神、人际关系、社会心态及未来期望为主要内容的个案访谈，共访谈了全国近 30 位老工人。这部分个案访谈资料来自老工人的口述，资料翔实，能体现出老工人对过去的看法，成为本书研究论证过程中的补充资料。本书的绝大部分研究观点都是建立在上述实证调查基础上的，将问卷调查的结果录入 SPSS 系统进行分析，分析的结果形成研究结论；把老工人个案访谈的资料作为佐证，印证相关研究结论和学术论点。因此，定量与定性研究相结合是本书的重要特征之一。

　　三是坚持理论联系实际，使对策建议更加具有针对性和可操作性。本书针对工人阶层体面劳动的相关研究主题，通过召开相关管理部门及相关产业行业主题座谈会和典型企业调研，一方面通过座谈会集中了解与主题相关的法律政策，把握相关领域存在的主要问题，查找问题解决的关键症结；另一方面通过深入企业体察了解工人阶层体面劳动的发展现状，听取他们的核心利益诉求，通过工人的视角探求政策改变的方向。通过自上而下和自下而上两个层面的调研反思，努力探寻工人阶层体面劳动存在的主要问题及其背后的影响因素，在此基础上提出的对策建议毫无疑问更具有问题针对性和实践推进中的可操作性。

第一章

和谐企业劳动关系

恩格斯指出："资本和劳动的关系，是我们全部现代社会体系所围绕旋转的轴心。"近代以来的历史发展证明，作为"轴心"的劳动关系的状态，在很大程度上决定着现代社会体系的状态。和谐劳动关系已成为一个国家社会和谐状况的重要衡量指标。在 2007—2009 年环球金融危机形势下，构建和谐共赢的新型企业劳动关系具有特殊重要性和紧迫性。有研究认为"2009 年是劳动关系敏感期"，"劳动关系是当前影响中国经济和社会发展最重要的问题"①。在国外，这场危机引起部分国家内部产生了信用危机，出现了工人罢工潮。在东南亚，部分外资外贸企业出现了企业间的不正当竞争现象。而在国内，个别企业也存在不按市场规范进行收入分配，甚至企业工会不起作用的情况。在这种社会大背景下，研究和谐企业劳动关系具有特别重要的意义。

第一节　劳动关系的内涵及研究意义

一　劳动关系的内涵

简单地说，劳动关系是指劳动者与劳动力使用者之间的关系。曾代富提出，劳动关系是在一定的经济环境中，劳动双方在劳动中结成的经济联系与经济关系，劳动者（劳动力的载体）和用人单位（社会劳动

---

① 中国人民大学劳动关系评价指标体系课题组：《2008—2009 年度企业劳动关系报告》，2009 年 1 月 12 日，新华网。

的真正组织者）构成劳动关系的主体。① 郭庆松也认为，在社会主义市场经济条件下，劳动关系就是指劳动力使用者与劳动者在实现劳动的过程中所结成的一种社会经济利益关系。② 常凯从社会学角度提出，劳动关系是指生产关系中直接与劳动有关的那部分社会关系，或者说是指整个社会关系系统中与劳动过程直接相关的社会关系系统。具体地说，劳动关系是指劳动者与劳动力使用者以及相关组织为实现劳动过程所构成的社会经济关系。③ 程延园从管理学角度提出，劳动关系是指"管理方与劳动者个人及团体之间产生的，由双方利益引起的，表现为合作、冲突、力量和权力关系的总和"④。

我国劳动关系的现状如何呢？学者们主要有两个结论：⑤ 其一，劳动关系市场化已经基本完成，但尚不规范。这个论断是中国人民大学常凯教授在1995年概括出来的，但时至今日仍然得到了学界的一致认同。郭悦更进一步提出，目前虽然市场化的劳动关系基本形成，并逐步占据了主导地位，但许多计划经济时代遗留下来的东西需要清除，我们仍然面临一系列向市场化劳动关系过渡的任务；同时，在已经市场化的领域，原始的、野蛮的劳动关系盛行，劳资双方力量对比严重失衡，劳动者处境堪忧，劳资矛盾日益激化，给中国社会的稳定和经济社会的可持续发展埋下了严重隐患。⑥

其二，劳动关系基本稳定，但不安正在加剧。乔健认为因为中国发展经济、吸引投资的比较优势是廉价劳动力，政府为发展经济和吸引投资，有压低劳动成本以致抑制集体劳工力量的趋向，故当前劳动关系的现状是"劳动关系不安加剧"。⑦ 姚先国等也认为，随着民营经济发展，

---

① 曾代富：《正确认识新型劳动关系的内涵与特征》，《重庆工学院学报》1997年第4期。
② 郭庆松：《当代劳动关系理论及其最新发展》，《上海行政学院学报》2002年第2期。
③ 常凯主编：《劳动关系学》，中国劳动社会保障出版社2005年版，第9页。
④ 程延园：《当代西方劳动关系研究学派及其观点评述》，《教学与研究》2003年第3期。
⑤ 李志祥、朱晓林：《近二十年来我国劳动关系研究综述》，《上海企业》2009年第12期。
⑥ 郭悦：《平衡劳动关系：建立真正的集体谈判制度》，《中国劳动》2005年第2期。
⑦ 乔健：《略论我国劳动关系的转型及当前特征》，《中国劳动关系学院学报》2007年第2期。

劳资矛盾日益凸显，在浙江表现得尤为明显，劳资矛盾与冲突在整个中国都呈加剧之势。[①] 杨云霞和秦晓静则强调现阶段私营企业劳动关系是一种不成熟、不规范的劳动关系。[②]

从整体上看，学术界对劳动关系的研究具有一定的理论基础，但对社会主义市场经济条件下劳动关系的研究才刚刚起步。学界及政府官员们都密切关注《劳动合同法》以及全球性金融危机对企业劳动关系的影响，并初步认识到金融危机前后正是进行劳动关系建设的敏感期。

二　研究企业劳动关系的主要意义

研究企业劳动关系具有特殊重要的意义：

（一）构建和谐企业劳动关系，是当前和谐社会建设的重要任务

作为城市化、工业化时代一种最基本、最重要的社会关系，劳动关系是其他社会关系的基础，其和谐稳定是企业健康发展的重要保证，是社会和谐稳定的重要内容和具体体现。当前我国正处于经济体制转轨和社会转型时期，经济关系、劳动关系日益市场化、多样化和复杂化，部分工人的劳动就业、收入分配、社会保障等权益受到侵犯的现象屡有发生，这使得反映劳动关系纠纷问题的劳动争议案件呈大幅攀升走势。据劳动和社会保障部的统计，20 世纪 90 年代中期以来，我国劳动争议特别是集体劳动争议以每年 30% 的速度递增，1995 年至 2006 年的 12 年间，劳动争议案件数量增加 13.5 倍，其中集体劳动争议案件数量增加 5.4 倍。[③] 而金融危机发生以来，我国不少企业的劳动关系受到了不同程度的冲击，劳动关系相对紧张，使得劳动关系问题成为影响我国构建和谐社会的主要因素。据统计，受金融危机影响，2008 年全国各地劳动争议案件急剧上升，同比平均增幅 98%，远高于经济持续增长的增幅；涉及劳动者 121.4 万人，是 2007 年的 1.9 倍，超过之前两年涉及劳动者人数之和。此外，集体劳动争议案件集中出现。2008 年全国各

---

① 姚先国等：《工会在劳动关系中的作用——基于浙江省的实证分析》，《中国劳动关系学院学报》2009 年第 1 期。

② 杨云霞、秦晓静：《我国现阶段私营企业劳动关系研究综述》，《经济问题探索》2005年第 4 期。

③ 《植入法治基因》，《检察风云》2008 年第 8 期。

级仲裁机构共立案受理集体劳动争议案件 2.2 万件，比 2007 年增长 71%，涉及劳动者人数占案件涉及总人数的 41.4%，平均每起涉及劳动者 23 人。① 这些亟须政府部门、工会和学术界对企业劳动关系进行深入思考和重新定位。十六届六中全会通过的《中共中央关于构建社会主义和谐社会若干重大问题的决定》，提出了发展和谐劳动关系、完善劳动关系协调机制的要求。2007 年 6 月 29 日正式通过的《中华人民共和国劳动合同法》，其目的就是为了"构建和发展和谐稳定的劳动关系"（《新劳动法》总则第一条）。党的十八大报告明确提出，要健全劳动标准体系和劳动关系协调机制，加强劳动保障监察和争议调解仲裁，对构建和谐劳动关系提出了新的要求。

（二）构建和谐企业劳动关系，是当前推进我国企业发展转型的根本要求

企业劳动关系是企业人际关系的核心，其和谐程度，直接决定着工人的积极性和组织性，并进而决定着整个企业的稳定与效率。自改革开放之后，我国企业劳动关系就发生了根本性的变化，公有主导型企业劳动关系开始让位于市场主导型企业劳动关系，即企业劳动关系主要由市场来支配，政府和集体开始淡化了在企业劳动关系中的角色，这就要求企业必须建立与社会主义市场经济相适应的、以市场为基础的和谐劳动关系。但是，在持续的经济快速增长时期，工人收入的快速增长掩盖或抹平了一切问题，并在一定程度上提供了企业劳动关系的和谐基础。受金融危机影响，企业经济增长脚步开始放慢，工人收入不再快速增长之后，企业劳动关系就失去了原有的和谐保证，企业劳动关系和谐程度对企业发展的制约和影响作用开始不断显现，并最终演化为企业发展的瓶颈因素。这就要求正处于双重转型阶段的中国企业必须静下心来，重新思考构筑和谐企业劳动关系的合理基础，真正建立与社会主义市场经济体制相适应的和谐企业劳动关系。

（三）研究和谐企业劳动关系，是新时代发展马克思主义劳动关系理论的需要

恩格斯指出，资本和劳动的关系是我们全部现代社会体系所围

---

① 数据来源于新华网，2009 年 5 月 12 日。

绕旋转的轴心，这一论断揭示了劳动关系成为现代社会经济生活中最基本、最重要的关系。资本主义市场经济中的企业劳动关系，已经由马克思在《资本论》一书中做了详细而深刻的剖析，其成果——剩余价值理论对于理解和批判资本主义社会具有非常重要的意义。社会主义市场经济中的企业劳动关系与资本主义市场经济中的企业劳动关系是否存在本质的区别，如何理解社会主义市场经济中的企业劳动关系，如何看待和应对社会主义市场经济发展过程中出现的相对紧张的企业劳动关系，如何构建社会主义市场经济中和谐企业劳动关系，则是结合新时代发展马克思主义劳动关系理论所必须回答的。

第二节　企业劳动关系的主要特征

建立和谐劳动关系是构建和谐社会的基石。受金融危机影响，2009年是我国企业劳动关系敏感期。为了解与把握我国企业劳动关系的现状，我们按照各类企业所占比例原则、行业多样化原则、企业效益差异性原则和企业内部员工差异性四大原则，于2009年6月底7月初，在南京市开展了企业劳动关系状况的问卷调查。本次一共调查了58家企业，涉及国有及国有控股企业16家、私营企业26家、外资企业16家，发放问卷1015份，其中回收有效问卷1000份，问卷回收率为98.5%。调查对象的具体人口特征如表1—1所示，调查问卷如附录（一）1—1所示。以问卷调查为基础，本节主要分析了2009年受金融危机冲击背景下南京市企业劳动关系的现状。

表1—1　　　　　　　　调查样本的基本情况（N=1000）

变量	类别	百分比（%）
性别	男	46.5
	女	53.5

续表

变量	类别	百分比（%）
年龄	20 岁及以下	1.6
	21—30 岁	38.7
	31—40 岁	29.5
	41—50 岁	20.9
	51 岁及以上	9.3
文化程度	小学及以下	0.8
	初中	10.2
	高中及中专	27.7
	大专	32.5
	大学本科	25.3
	研究生及以上	3.5
企业类型	国有企业、集体企业	38.8
	民营企业	35.9
	外资企业	25.3
工作年限	3 年以下	29.3
	3—5 年	18.3
	5—10 年	18.2
	10 年以上	34.2
收入水平	1000 元以下	7.3
	1000—1999 元	45.4
	2000—2999 元	26.3
	3000—4999 元	16.5
	5000 元及以上	6.7

一　金融危机对南京企业及工人的影响

本次调查结果显示，这次全球性金融危机对南京企业及工人的影响呈现以下几个主要特点：

（一）金融危机对南京企业的影响大小参半，40％多的被调查者认为所在企业受到冲击

当调查问及这次全球性金融危机对您所在企业的影响，调查结果显示，本次全球性金融危机对南京企业的影响大小参半。有44.2％的被调查者认为对企业的影响不大，其中9.5％的人认为对本企业的影响很小、34.7％的人认为对本企业的影响较小；有43.1％的人认为对企业有影响，其中33.7％的人认为对本企业的影响较大、9.4％的人认为对本企业的影响很大。另有12.7％的人表示不清楚是否对企业有影响。如图1—1所示。

图1—1   金融危机对企业的影响

不同类型的企业受金融危机影响的程度不同。卡方检验显示，企业类型与金融危机影响呈显著相关（P＝0.000＜0.05，df＝8）。从本次企业调查的结果来看，金融危机对国有企业、集体企业的冲击大于外资企业和私营企业。超过一半国企、集体企业工人认为其受金融危机的影响较大或很大，其中认为影响较大的占45.6％，认为影响很大的占8.2％，两者合占53.8％；而外资企业和私营企业认为受金融危机的影响较大或很大的比例分别是35.2％和37.1％。值得注意的是，虽然从整体上看国企受金融危机的影响最大，但是从"影响很大"这一层次比较来看，外资企业所占比例高于国企和私营企业，占14.6％。如表1—2所示。

企业内部不同职位员工对金融危机影响的感知度同样存在差异。卡方检验显示，企业职位与金融危机影响呈显著相关（P＝0.000＜0.05， df = 8)。从调查结果来看,企业中层管理人员对金融危机影响的感知度相对较低,只有38.2%的人认为企业受金融危机的影响较大或很大。企业普通员工和企业高层管理人员对金融危机影响的感知度差不多,都在45%左右。其中企业高层管理人员对金融危机的认识很清楚,而普通员工中有14.8%的人不清楚金融危机对本企业是否存在影响。如表1—3所示。

表1—2　　　不同类型企业受金融危机影响的差异(%)

企业类型	影响很小	影响较小	不清楚	影响较大	影响很大
国有企业、集体企业	6.2	29.1	10.8	45.6	8.2
外资企业	14.6	38.3	11.9	20.6	14.6
私营企业	9.5	38.2	15.3	30.1	7.0

(P = 0.000, df = 8)

表1—3　　　企业内部不同层次员工对金融危机影响的感知度

感知度 企业分层	影响很小或较小(%)	不清楚(%)	影响较大或很大(%)
企业普通员工	41.2	14.8	43.9
企业中层管理人员	57.9	3.9	38.2
企业高层管理人员	54.6	0.0	45.5

(P = 0.000, df = 8)

员工性别不同对金融危机影响的感知也存在差异。卡方检验显示,员工性别与金融危机影响呈显著相关(P = 0.000 < 0.05, df = 4)。本次调查显示,男性更多地感受到金融危机的影响,而女性对金融危机影响的感知相对较弱。具体来讲,有一半的男员工(占50.1%)认为其所在企业受金融危机的影响较大或很大,而只有37%的女员工认为其所在企业受金融危机的影响较大或很大。如表1—4所示。

表1—4　　　　不同性别员工对金融危机影响的感知度（％）

性别	影响很小	影响较小	不清楚	影响较大	影响很大
男	9.0	29.2	11.6	37.8	12.3
女	9.9	39.4	13.6	30.1	6.9

（P = 0.000，df = 4）

而不同年龄段的工人对金融危机的感知也存在一定的差异性。卡方检验显示，年龄与金融危机影响呈显著相关（P = 0.000 < 0.05，df = 16）。除去20岁以下年龄段（被调查者只有16个人，代表性不够）外，从20—50岁三个年龄段中，对金融危机的感知度由35.1％、46.1％上升到51.7％，呈不断上升趋势，而50岁以上的感知度为49.5％，比41—50岁年龄段略有下降。如表1—5所示。

表1—5　　　　不同年龄段员工对金融危机影响的感知度

年龄段 ＼ 感知度	影响很小或较小（％）	不清楚（％）	影响较大或很大（％）
21—30岁	47.8	17.1	35.1
31—40岁	42.7	11.2	46.1
41—50岁	41.1	7.2	51.7
51岁以上	43.0	7.5	49.5

（P = 0.000，df = 16）

表1—6　　　　不同文化程度员工对金融危机影响的感知度

文化程度 ＼ 感知度	影响很小或较小（％）	不清楚（％）	影响较大或很大（％）
初中及以下	36.4	16.4	47.3
高中及中专	43.7	18.8	37.5
大专	46.5	8.3	45.2
大学本科及以上	45.1	10.4	44.4

（P = 0.007，df = 12）

　　卡方检验显示，文化程度与金融危机影响之间也存在一定的相关性（P＝0.007＜0.05，df＝12）。高中及中专文化程度的员工对金融危机影响的感知度相对较低，以高中及中专文化程度为低谷，其以下及以上文化程度的员工对金融危机影响的感知度都相对较高。如表1—6所示。

　　工作年限长短不同，对金融危机影响的感知度也存在差异。卡方检验显示，工作年限与金融危机影响之间存在显著性相关（P＝0.000＜0.05，df＝12）。具体来讲，工作3年以下的对金融危机影响的感知度最低，仅占33.4%；接下来是工作5—10年的，占37.4%；再是工作3—5年的，占43.2%；感知度最高的是工作10年以上的，占比超过一半，达54.4%。如表1—7所示。

表1—7　　　　　不同工作年限员工对金融危机影响的感知度

感知度 工作年限	影响很小或较小（%）	不清楚（%）	影响较大或很大（%）
3年以下	48.5	18.1	33.4
3—5年	39.9	16.9	43.2
5—10年	53.3	9.3	37.4
10年以上	38.0	7.6	54.4

（P＝0.000，df＝12）

　　另外，不同收入水平的员工对企业金融危机影响的感知度也存在差异。卡方检验显示，收入水平与金融危机影响之间也存在一定的相关性（P＝0.001＜0.05，df＝28）。具体来讲，对金融危机影响感知度由高到低排列依次是收入在1000元以下的、收入在3000—4999元之间的、收入在2000—2999元之间的、收入5000元及以上的和1000—1999元之间的。其中收入最低的（1000元以下的）对金融危机影响的感知度最高，但是收入最高的（5000元及以上）并不一定对金融危机影响的感知度最低，反而对金融危机影响的感知度最低的是收入在1000—1999元之间的工人群体。如表1—8所示。

表1—8　　　　　　　不同收入水平员工对金融危机影响的感知度

收入水平 ＼ 感知度	影响很小或较小（%）	不清楚（%）	影响较大或很大（%）
1000 元以下	18.4	24.5	57.1
1000—1999 元	45.6	17.2	37.2
2000—2999 元	46.8	8.7	44.5
3000—4999 元	43.0	7.3	49.7
5000 元及以上	52.8	4.4	42.7

（$P = 0.001$，$df = 28$）

（二）被调查者认为交通运输、电子信息、商贸、制造业四大行业受金融危机的冲击较大

从本次问卷调查的结果来看，金融危机对南京交通运输、电子信息、商贸业、制造业四大行业的影响较大，超过半数的被调查者认为该四大行业受金融危机的影响较大和影响很大。如表1—9所示。

表1—9　　　　　　　　金融危机对所在行业的影响

所属行业	影响很小（%）	影响较小（%）	不清楚（%）	影响较大（%）	影响很大（%）
制造业	7.6	27.2	9.5	41.9	13.9
建筑业	11.1	37.0	22.2	22.2	7.4
交通运输	9.8	19.6	8.0	45.5	17.0
批发零售	6.4	50.0	16.0	23.4	4.3
商贸业	1.8	38.6	3.5	54.4	1.8
纺织服装	10.3	48.3	6.9	31.0	3.5
造纸及包装印刷	44.0	28.0	12.0	16.0	0.0
电子信息	4.0	29.7	8.9	42.6	14.9

（三）金融危机对南京企业的影响主要体现在订单减少、资金紧张和员工心理不踏实等方面

这次全球性金融危机对南京企业影响最大的三个方面：一是企业订

单减少或没有订单，占 43.4%；二是资金紧张，占 39.8%；三是员工心理不踏实，占 34.5%。接下来依次是成本上升占 31.9%、工资减少占 26.6%、能源涨价占 20.2%。如图 1—2 所示。

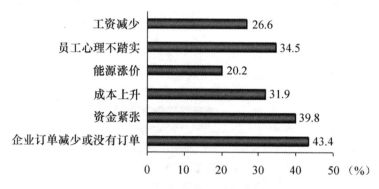

图 1—2　金融危机对南京企业有哪些影响

在这次环球金融危机中企业受到冲击的主要原因，排在前五位的依次是：一是关联产业不景气，占 25.8%；二是产品以出口为主，占 17.4%；三是投资与消费信心不足，占 13.1%；四是企业规模小，抗风险能力差，占 12.7%；五是不掌握核心技术，占 10.3%。如图 1—3 所示。

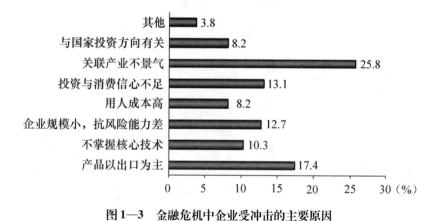

图 1—3　金融危机中企业受冲击的主要原因

（四）被调查者认为企业应对金融危机所取得的成效并不明显

应对金融危机，企业所采取的应对举措，主要有三大方面：一是降低管理成本，缩减开支，占56.8%；二是开拓新市场，占34.9%；三是调整产品结构，才是高产品质量，占27.2%。接下来依次是提高效率、引入新方法新技术、降低员工薪酬待遇、裁员、进行研发和人员培训等。如图1—4所示。

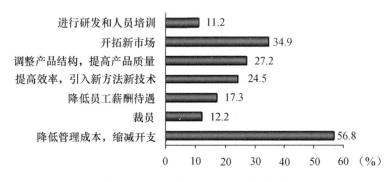

图1—4　金融危机中企业的应对举措

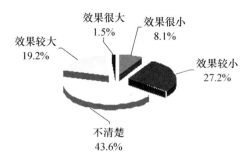

图1—5　企业应对金融危机所取得的成效

企业应对金融危机所取得的成效并不明显，只有20.7%的被调查对象认为效果较大和效果很大，而有35.3%的人明确认为效果很小和效果较小，有43.6%的人不确定企业应对金融危机举措所取得的成效。如图1—5所示。

（五）金融危机对 1/3 左右工人的工作和生活产生了影响

本次调查显示，有 57.4% 的人表示金融危机对个人的工作和生活所产生的影响较小或影响很小，但仍有 33.0% 的人表示影响较大或影响很大，只有 9.5% 的人表示不清楚影响所在。如图 1—6 所示。

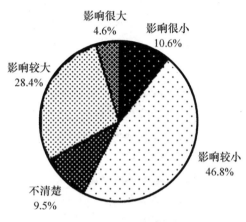

图 1—6　金融危机对个人的影响

从企业内部不同层次的员工来看金融危机对个人工作和生活的影响，卡方检验显示，企业分层与金融危机对个人影响之间存在一定的相关性（P = 0.025 < 0.05，df = 10）。从整体上看，企业内部层次越高，其个人生活受金融危机影响的程度越低。也就是说，企业工人的个人工作和生活受本次金融危机的影响相对较大，而企业高层管理人员的个人工作和生活受金融危机的影响相对较小。如表 1—10 所示。

表 1—10　从企业分层看金融危机对工作和生活影响的个人感知度

企业分层 ＼ 感知度	影响很小（%）	影响较小（%）	不清楚（%）	影响较大（%）	影响很大（%）
企业普通员工	9.8	45.2	9.9	29.3	5.4
企业中层管理人员	13.2	53.3	7.9	24.3	1.3
企业高层管理人员	18.2	51.5	6.1	21.2	0.0

（P = 0.025，df = 10）

本次全球性金融危机对工人工作和生活的影响，主要体现在五大方面：第一，超过半数的被调查者认为金融危机使个人的消费减少，生活水平下降，占 50.8%；第二，体现为心情很压抑，占被调查者的 29.8%；第三，体现在对未来预期的降低，占 28.3%；第四，体现为个人投资受损，已有资产缩水，占 24.9%；第五，有 22.8% 的人表示薪水待遇调低。另外，有 17.3% 的人明确表示金融危机对个人没有什么影响。如图 1—7 所示。

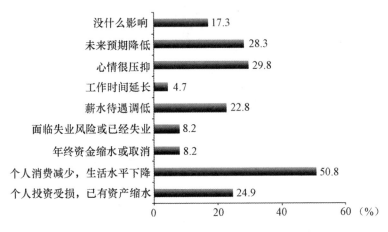

图 1—7   金融危机对个人产生哪些方面的影响

二   金融危机下南京企业劳动关系的主要特点

在金融危机的大背景下，我市企业劳动关系呈现以下几大主要特点：

（一）企业劳动关系状况整体良好

本次企业劳动关系调查结果显示，在金融危机背景下，南京的企业劳动关系状况整体良好，近 60% 的被调查者认为企业的劳动关系好。其中有 14.8% 的人认为企业的劳动关系很好，有 45.1% 的人认为企业的劳动关系比较好，两者合占 59.9%；有 36.7% 的人认为企业的劳动关系状况一般；只有 3.3% 的人认为企业劳动关系差，其中有 2.5% 的人认为企业的劳动关系状况比较差、0.8% 的人认为企业的劳动关系状况很差。如图 1—8 所示。

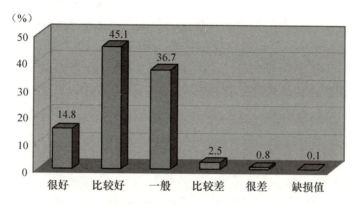

(%)

图1—8　金融危机下企业劳动关系的整体状况

　　调查显示，多种综合因素影响了对企业劳动关系的评价。首先，不同企业类型对企业劳动关系的评价存在差异性。具体来说，私营企业对企业劳动关系的评价最高，对企业劳动关系很好和比较好的比例合占64.9%；国有企业、集体企业对企业劳动关系的评价比私营企业略低一点，对企业劳动关系很好和比较好的比例合占60.8%；相比较而言，外资企业对企业劳动关系的评价最低，认为企业劳动关系很好和比较好的比例合占51.4%。

　　其次，企业内部不同职位员工对企业劳动关系的评价存在差异性。不同企业职位员工对企业劳动关系的评价与其职位高低成正比，也就是说，在企业里面职位越高，对企业劳动关系的评价也越高，相反，职位越低，对企业劳动关系的评价也越低。

　　另外，不同的收入水平对企业劳动关系的评价也存在很大的差异。从整体上来看，收入水平与对企业劳动关系的评价成正比。收入水平越高，其对劳动关系的评价也越高；反之，则越低。具体来说，收入在1000元以下的，对企业劳动关系表示很好和比较好的比例，占26.5%；1000—1999元这一比例为51.5%；2000—2999元的这一比例为66.9%；3000—4999元的这一比例为70.9%；5000元及以上的，这一比例已经上升至84.7%。

　　（二）工人对企业的认同感和忠诚度进一步增强

　　本次企业劳动关系调查结果显示，金融危机进一步增强了员工对企业的认同感和忠诚度，有 28.5% 的人认为对企业的认同感和忠诚度增强，有 15.1% 的人认为企业领导与工人之间的关系比以前好。具体到不同类型的企业，外资企业对企业的认同感和忠诚度增强的比例最高，占 34.8%；私营企业次之，占 32.9%；国有企业、集体企业对企业的认同感和忠诚度增强的比例最低，占 20.4%。当问及"金融危机下，您认为自己目前最需要与企业哪一类人改善关系"时，有 46.4% 的被调查者选择了直接领导，其次是同一工作小组内部成员，占 27.7%，接下来需要改善关系的是企业总经理，占 9.7%。

（三）协调劳动关系的渠道较为畅通

金融危机背景下，工人与企业间的沟通渠道较为畅通。有 87.4% 的被调查者表示员工与经营管理者之间有交流渠道，其中 28.3% 的人表示"有，很畅通"；39.9% 的人表示"有，部分不畅通"；19.2% 的人表示"有，但不畅通"，只有 12.6% 的人表示没有交流渠道。员工直接通过管理层、工会组织和职代会三大主渠道向企业反映意见。调查结果显示，有 43.4% 员工表示对企业有什么意见和要求会直接向单位管理层反映意见；有 40.2% 的员工表示会通过单位工会组织反映对企业的意见或要求；另有 31% 的员工表示会通过职代会反映对企业的意见或要求。

（四）现有法规和制度在协调劳动关系中发挥了应有的作用

首先，企业履行《劳动合同法》的情况较好。本次企业劳动关系调查结果显示，有一半多的被调查者认为企业已经"完全履行"劳动合同法，占 57.4%；有 23.9% 的员工表示"不清楚"企业履行劳动合同法的情况；有 17.8% 的员工认为企业只是"部分履行"了劳动合同法，只有 0.9% 的员工认为企业没有履行劳动合同法。如图 1—9 所示。企业与员工签订劳动合同的情况非常好，有 96.4% 的员工与企业签订了劳动合同（包括集体劳动合同），仅有 3.6% 的人没与企业签订劳动合同。

其次，企业工会、劳动争议调解委员会、劳动争议仲裁委员会是目前协调劳动关系的主渠道。当调查问及"如果您与企业产生劳动争议，您最希望通过什么途径解决"时，调查结果显示，超过一半的人选择了"找企业工会"，43.3% 的人选择了"找企业经营管理者"，36.3% 的人选择了"找劳动争议调解委员会"，32.3% 的人选择了"找劳动争议仲裁委员会"。

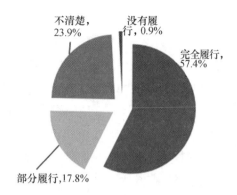

图1—9　金融危机下企业履行《劳动合同法》的情况

（五）企业管理、收入分配等体制机制问题成为影响企业劳动关系的主要因素

当调查问及影响企业劳动关系的主要因素，超过半数的人选择了企业管理因素和收入分配因素。这一点从反映劳动关系纠纷问题的劳动争议案件的类型中也可以看出，近两年南京市劳动争议案件的焦点主要表现为经济补偿纠纷、工资报酬纠纷、社会保险纠纷、未签订劳动合同两倍工资问题等，这些都与企业的管理和收入分配等体制机制问题密切相关。

当调查问及"您认为当前您所在企业的收入分配是否合理"时，有36.6%的人认为企业的收入分配"合理"，有45.7%的人认为企业的收入分配"一般"，有17.5%的人认为企业的收入分配"不合理"。不同企业类型的工人对企业收入分配的看法也存在差异，具体来说，私营企业的工人认为企业收入分配合理的比例最高，占45.7%；其次是外资企业的工人，认为企业收入分配合理的比例为36.9%；国有企业、集体企业的工人认为企业收入分配合理的比例最低，仅为28.1%。如表1—11所示。

表1—11　　　不同类型企业的工人对企业收入分配的看法

企业收入分配　　　　企业类型	很合理（%）	比较合理（%）	一般（%）	不大合理（%）	很不合理（%）
国有企业、集体企业	1.0	27.1	46.1	20.6	4.9
外资企业	2.4	34.5	40.5	17.1	5.6
私营企业	6.7	39.0	49.0	4.5	0.8

（六）增加收入和稳定就业是工人的核心利益诉求

本次企业劳动关系调查结果显示，工人最担心的问题是收入减少和工作不稳定。当调查问及"您当前最担心的问题是什么"时，排在前五位的分别是：收入减少、工作不稳定、子女培养压力大、住房压力大和医疗没保障。其中有66.8%的人选择了"收入减少"，有45.4%的人选择了"工作不稳定"，选择"子女培养压力大"的占37.1%，选择"住房压力大"的占37.1%，选择"医疗没保障"的占23.9%。

在金融危机背景下，工人最需要工会组织提供的帮助是提高工资福利待遇和维护员工劳动就业权利。其中希望工会组织提高工资福利待遇的比例为69.6%，维护员工劳动就业权利的比例为45.4%，接下来依次是提高员工技能和素质、帮助员工解决实际生产生活困难、维护员工的民主权利等。工人最希望政府为他们提高收入水平和完善社会保障做出努力。其中排在第一位的是提高收入水平，占79.5%；其次是完善社会保障，占57.8%。接下来依次是提供工作岗位培训、加强法律维权、提供职业培训、解决子女就学等。被调查者认为减税降息、支持企业开拓市场和缓解企业融资难问题是政府帮助企业积极应对金融危机的有效举措。

（七）未来几年中企业劳动关系呈现相对平稳并向好发展趋势

本次企业劳动关系调查结果显示，在金融危机影响下仍有近半数的员工看好企业的未来发展，占48.0%；当然，受金融危机的影响，也有46.8%的人表示"对公司未来的发展不确定"；只有4.9%的人表示"不看好公司的未来发展"。

对于未来几年中企业劳动关系的发展趋势，超过1/3（占37.2%）的被调查者表示肯定，认为会"越来越好"，有超过半数的人（占55.5%）表示"跟现在差不多"，只有7.0%的人表示未来几年中企业劳动关系会"越来越差"，这表明未来几年中南京企业劳动关系呈现相对平稳并向好发展态势。如图1—10所示。

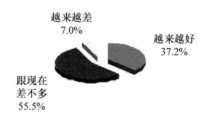

图1—10　工人对未来企业劳动关系变化的判断

第三节　构建和谐企业劳动关系
存在的主要问题

本次企业劳动关系的调查结果显示，南京市企业劳动关系从整体上看是好的，但同时也存在少数影响企业劳动关系的不和谐因素。主要体现在以下几个方面：

一　企业劳动关系仍需进一步改善

调查结果显示，有43.1%的人认为金融危机对自己的生活造成了影响，但绝大多数受访者都认为所在企业的劳动关系并没有变坏，这说明金融危机并未对南京市的企业劳动关系构成明显的影响，南京企业的劳动关系总体平稳。但是通过调查我们也可以发现，南京企业劳动关系所表现出的平稳水平并不高，绝大多数工人认为本企业劳动关系只是处在勉强可接受的程度上。在被问及企业领导和员工关系时，有79.1%的人认为"关系一般"，只有15.1%的人做出了正面评价。这一情况直接导致了员工对企业认同度不够高，67.9%的被访者认为自己对企业认同感一般。由此可以看出，南京和谐企业劳动关系的构建已取得了一定的成效，但现状离"和谐"的标准还有不小差距，因此还应继续以"创建和谐企业劳动关系活动"为核心载体，积极推进企业劳动关系的和谐发展。

二　集体协商制度有待深入推进

国内外的实践证明劳资之间的集体协商是协调企业劳动关系的有效策略，特别是在危机背景下，集体协商的作用更是难以取代。与国内其他地区相比，南京市的集体谈判发展较快，实施情况相对较好。2009年上半年，全市签订工资集体合同的企业已达 2.05 万家，签订率为82%。① 从本次问卷调查的结果来看，虽然南京市在集体协商的制度建设和覆盖范围上已经取得了不错的进展，但是在具体实践中却暴露出了一些问题。一是集体协商仍需进一步推广。在被调查的 1000 名员工中，只有接近 1/3 的员工确定本企业开展了集体协商，超过 2/3 的员工认为企业没有开展或者不清楚是否开展了集体协商。这说明大部分企业，特别是外资、私营企业的员工仍未充分享受到协商权益。二是集体协商的推进需要更务实。调查发现，集体协商制度在工人中并未得到普遍的认可。有 31.1% 的受访者虽然肯定了集体协商的作用，但认为协商的效果并不是很明显；9.3% 的受访者对集体协商持否定态度，另有超过 1/3（36.7%）的受访者对集体协商态度模糊。

三　争议解决的制度化机制有待健全

企业生产过程中，劳资之间产生矛盾是不可避免的，协调企业劳动关系的关键是形成一套行之有效的解决矛盾争议的制度和机制。调查结果显示，南京企业劳资争议的解决主要通过企业工会、政府部门的劳动仲裁委员会、企业的劳动争议调解委员会以及法院等制度化的途径。渠道的多元化为争议的解决提供了更多的选择，但是其作用的发挥却没有得到更多工人的认可。43.6% 的员工认为劳动争议调解委员会在协调企业劳动关系中发挥的作用一般，21.8% 的员工认为不起作用。事实上，目前存在的争议调解机制需要劳资双方在人力、财力、时间上付出大量的代价，一方面是造成工人维权成本高；另一方面是处理周期长，导致劳资矛盾和冲突不能够及时得到处理。在金融危机的大背景下，集体争议案件大幅度上升，已经成为协调企业劳动关系的核心内容，只有不断

---

①　中国劳动网（http://www.labournet.com.cn/ldnews/newsview.asp? fileno = 85945）。

健全完善现有的解决矛盾争议的制度和机制，并增强其性能，才能从根本上维护社会的稳定。

四　工人的收入分配机制仍需调整

企业劳动关系的调查结果显示，被调查者最担心的问题是收入减少，同时收入分配问题被普遍认为是影响企业劳动关系的最主要因素。这说明收入分配问题仍然是当前劳动关系中最直接、最现实也是社会最关心的问题。近年来，随着企业内部管理制度的改革、完善，符合市场经济特点、企业发展需要的内部收入分配制度逐步建立，工人工资得到了稳步提高。但在部分行业和企业中，普通员工收入水平偏低、员工工资增长缓慢、经营者与一线员工收入差距过大等问题依然存在。过大的收入差距甚至使"平均工资"指标难以反映工人真实的收入增长状况。在针对企业高管收入问题的调查中，有43%的被调查者认为目前企业高管的收入过高，其中16.6%的人认为"这种状况必须改变"。从不同的企业类型来看，国有企业和集体企业高管高收入情况尤其容易引起工人的不满，有60.3%的国有企业和集体企业工人认为高管工资太高，其中27.8%的员工强烈希望改变现有的分配格局。这说明工人的收入分配机制仍有进一步调整的必要。

五　企业工会的影响力仍需进一步增强

企业工会是工人合法权益的代表者和维护者，从调查情况来看，企业工会已经成为工人反映意见和要求的重要渠道，也成为工人解决劳动争议的首选途径，有82.1%的被调查者认为企业工会在协调劳动关系中发挥着一定的作用。这说明企业工会在工人中已受到一定程度的认可。但调查也显示目前企业工会的影响力仍有进一步提升的必要，其对企业劳动关系的协调仍可发挥更大的作为。在对已经成立工会的企业进行调查时，有45.7%的被调查者认为企业工会组织的作用一般。从历史的经验来看，在经济正常或快速发展的时期，员工更容易形成企业意识，而不易形成工会意识。相反，越是在危机情况下，越是能激发起员工对工会的认同。因此，金融危机也为企业工会发展会员意识，提升工会在企业和工人中的地位和影响力提供了一个很好的机遇。

第四节　深入构建和谐企业劳动关系

针对金融危机对企业劳动关系产生的冲击和影响，根据本次企业劳动关系调查结论和我们的实际调研结果，我们认为关键是要采取经济、社会、心理等各方面的扶助措施，通过实行劳动关系和谐企业创建、推进工资集体协商、建立劳动关系调节机制、调节收入分配和加大心理危机疏导等政策措施，来构建和谐企业劳动关系。

一　深入开展劳动关系和谐企业创建活动

大力开展创建劳动关系和谐企业活动，为企业克服金融危机影响，实现持续、和谐发展奠定基础。

（一）出台相关文件，不断完善创建活动的评价标准，规范劳动关系和谐企业创建活动

制定下发《创建劳动关系和谐企业实施方案》，重点将涉及员工权益的劳动合同制度、建立集体合同制度和工资集体协商制度、坚持民主管理制度、发挥劳动争议调解组织作用等方面的工作列为考核内容，不断完善创建活动的评价标准。首先，要注意评价标准的集中度。在以创建和谐劳动关系为核心的基础上，逐步把企业与环境、企业与计生国策、企业与纳税、员工满意度等社会责任内容纳入其中。其次，要注意评价标准的差异性。根据不同行业、不同规模和劳动关系的基础及现状的差异，采取分级、分类制定标准，可以分别从参与企业、达标企业和先进企业三个层面上推进创建活动，每一层面都制定具体的要求和标准，使处在不同起跑线上的企业都能够参与到"劳动关系和谐企业"评比中来。推动创建活动规范开展。

（二）开展"劳动关系和谐企业"评比，对劳动关系和谐企业和负责人给予奖励和激励

首先，结合全国总工会已有的"劳动关系和谐企业"光荣称号，开展"劳动关系和谐企业"评比，创建"劳动关系和谐企业"工作的品牌。其次，对劳动关系和谐企业从政策上给予优惠待遇，形成有效的

鞭策激励机制。一方面，充分利用工会自身资源，把"劳动关系和谐企业"与劳模评选和"五一"双奖评选结合起来。将市级以上劳动关系和谐企业的负责人、工会主席列入劳模评选对象和劳模后备队伍库跟踪培养，并从中优先产生。将劳动关系和谐企业作为评选市"五一"劳动奖状的必要条件。同时，"五一"劳动奖章也应优先考虑劳动关系和谐企业负责人和工会主席，并明确数量或占比。另一方面，善于利用工会自身资源，争取党政部门的支持，以党委、政府的名义表彰或授予的荣誉称号，应优先考虑市级以上劳动关系和谐企业。

（三）重视工业园区工作，突出创建活动的主攻方向

从区域来说，拥有大批外资、合资和高新技术企业的工业园区、开发区是创建工作的新战场，做好园区的劳动关系和谐企业创建工作，将迅速推进创建工作的顺利开展和发挥实效。所有创建活动必须将工业园区工作作为创建活动的主攻方向。此外，还要从协会层面、企业性质、员工类型等不同的角度抓住创建活动的重点。从协会层面上来讲，要积极从企业协会、行业协会的层面来考虑如何开展创建，每个行业都可以参照创建劳动关系和谐企业和工业园区的考核标准，建立具有本行业特点、为本行业企业所接受的规范和标准。从企业性质上来说，大量的非公有制企业是创建的重点和难点。从员工类型来说，当前特别要推动企业保障农民工的合法权益，大力解决农民工签订劳动合同比率低、工资待遇低、社会保障不到位等突出问题。

二　推进工资集体协商，保障工人的合法权益

本次企业劳动关系调查结果显示，超过半数的被调查者认为开展工资集体协商能够改善企业与工人的关系。但是只有约1/3的企业开展了工资集体协商，1/3的企业没有开展工资集体协商，另有1/3的被调查者不清楚所在企业是否开展了工资集体协商。相对而言，目前国有企业、集体企业和私营企业工资集体协商制度开展得较好，接近40%的企业开展了工资集体协商；工资集体协商在外资企业中开展得不够理想，只有不到15%的企业实行了这一制度。在金融危机影响下，企业劳动关系恶化，工会要大力推进工资集体协商制度，使工人通过工会组织对自身最关心的事情表达意愿，对自己的切身利益表达诉求。

（一）开展工资协商"攻坚"行动

采取"全会动员、包干负责"的办法，把所辖区（县）和所属企业分成三个组，由分管领导负责，带领工会机关干部分头进行指导和督促。同时，召开机关干部大会，邀请工资集体协商指导员就签订工资协商的有关政策、程序、要求和进度进行讲解，使大家进一步明确任务、熟悉政策、弄清程序。召集还没有签订工资集体协商的企业开会，进行再布置、再安排、再要求。开展工资协商"攻坚"行动，把开展工资集体协商企业所占比率提高到90%以上。并通过召开现场会等形式，加强宣传，总结推广经验，正面引导企业开展工资集体协商工作。

（二）分层分类开展工资集体协商

坚持"首保岗、次保薪、再增资"的思路和"不主动提出降薪、裁员"的协商原则。区别企业不同经营状况，采取相应的谈判策略：对经济保持增长的企业，通过集体协商，保持员工工资增长幅度；对经济效益影响不大的企业，一般不考虑降低工资增长水平，力争保持上年增幅；对经济效益影响较大的企业，工会根据实际，同意适当降低工资增长幅度，但应保持上年度工资水平；对影响非常严重的企业，工会从保持企业稳定，维护员工长远利益出发，考虑企业的合理要求。积极应对企业可能出现的裁员问题，要求受环球金融危机影响的企业通过适当减少员工工作时间、采取轮流放假、组织各类在岗培训等方式适度降低企业用工成本，稳定工人队伍，应对当前危机。

（三）开展工资集体协商工人满意度测评

利用高校和科研院所等研究机构的力量，利用民意调查中心等相对中立的第三方对签订工资集体协议的企业，开展工人对工资集体协商、协议履行等情况的满意度测评工作。将工人满意度测评结果作为企业开展工资集体协商状况的评价标准。

三　改革体制机制，建立劳动关系调节机制

本次企业劳动关系调查结果显示，企业管理、收入分配等体制机制问题成为目前影响企业劳动关系的主要因素，政府要尝试破解固有阻碍和谐企业劳动关系的体制机制，建立保障和谐劳动关系的有效机制。

（一）建立相关部门协调推进机制

工会要不断加强与政府有关部门领导的沟通和联系，构建各类联动平台，为政府部门参与、支持工会工作创造条件。首先，建立劳动争议调解多方联动协调机制。联合人力资源和社会保障、司法、法院等部门单位，建立劳动争议调解多方联动协调机制。其次，建立季度多方联席会议制度。每季度开展一次多方联席会议，研究劳动争议调解和劳动法律监督工作面临的重点和难点问题，并及时提出对策意见。最后，构建多层次的法律援助体系。逐步构建一个以基层为主、区域（行业）为主、分层负责、职责明确、社会援助、多方联动的法律援助体系。

（二）建立劳动关系反应预警机制

建立工会快速反应预警机制，贯彻"预防为主，调节为主，基层为主"的方针，深入企业、深入员工，加强调查研究，及时准确地掌握各类企业状况和产生劳动争议的诱因。首先，建立并定期开展"和谐劳动关系指数测评"。依托高校和科研院所等研究力量，建立并定期开展"和谐劳动关系指数测评"，通过指数的动态变化，来分析和研究劳动关系变动状况。其次，建立月底多方信息交流制度。坚持每月一次的多方信息交流制度，为把握形势、分析动态、协调行动、整合资源、科学维权提供依据、奠定基础。最后，要提高预警和反应能力。工会在特殊时期，要密切关注由于特殊时期造成的工人利益受到侵害并可能造成社会不稳定的事件、苗头和趋势，及时向党政部门反馈。

（三）建立劳资双方利益协调机制

要在宏观层面上加强源头参与，推动建立健全劳动关系三方协商机制和工会与政府联席会议制度，进一步推动协调劳动关系的法制建设，从整体上参与协调社会利益关系和劳动关系；在微观层面要抓好劳动合同、集体合同和职代会三个关键环节，推动企业全面落实劳动合同制度、积极推行集体合同制度，着重抓好以工资为主要内容的集体协商，建立健全以职代会为基本形式的企业民主管理制度，切实维护工人的经济利益和政治权益。

（四）建立劳动纠纷基层处理机制

首先，建立多层次的群体性纠纷化解工作指导组。在省市、区县和产业工会分别建立企业群体性纠纷化解工作指导组，分层指导劳动纠纷的处理和解决。其次，建立劳动纠纷社区处理机制。推动在社区建立工资集体协商指导站，由区劳动保障局、工会、工商联、司法等部门的同志担任指导员。建立劳动纠纷社区处理机制，每1—2个社区将配备1名劳动监察专职协理员，在社区一级解决劳动纠纷。把城市的街道、乡镇分为一级监察网格；根据社区、村的范围大小及用人单位数量，将1—2个社区、村分为二级监察网格。两级监察网格需要配备专职协理员，动态监控辖区内的用人单位的用工、社保缴费情况等，形成劳动关系运行情况报告。最后，加大对基层工会的经费补助。工会经费要向基层倾斜，用奖励方式给予补贴。

（五）建立弱势群体权益保障机制

以工人援助服务中心为载体，借助工会组织独特的组织机构和信息源，建立起工会独立的并与政府共享的就业信息系统，以促进失业工人的就业和再就业；建立健全长期有效的帮扶工作机制，进一步明确救助对象的界线、救助标准的统一、救助金发放定期、需救助对象的测算和救助全覆盖的计划性等，促进帮扶救助工作深入持久扎实开展。

四 调节收入分配，推动建立工人的工资增长制度

本次企业劳动关系调查结果显示，半数以上（50.3%）的被调查者认为收入分配因素是影响企业劳动关系的主要因素，而且不同的收入水平对企业劳动关系的评价也存在很大的差异，收入水平与对企业劳动关系的评价成正比。工人希望政府加大对收入分配的调节作用，提高工人工资。提高工人的工资水平，有利于改善企业劳动关系。

（一）推动将工人工资分配问题纳入政府宏观调控目标，提高工人收入分配水平

首先，推动建立工资指导线制度，探索制定行业工资指导线，建立发布劳动力市场工资指导价位的制度，引导企业合理确定员工的工资水平和增长幅度。其次，推动建立以政府为主导，工会、企协、行业协会参加的劳动定额标准管理体系，加强对劳动定额的管理。再次，配合政府有关部门，推动企业建立和完善工人工资正常增长机制和支付保障机制，建立健全企业工资支付监控制度、欠薪保障制度、劳动守法诚信制度等，及时发现和解决企业拖欠工资问题，保证企业按时足额支付员工

工资。最后，加强对企业内部、行业之间收入差距的研究，推动规范国有企业经营管理者收入。

（二）规范加班工资和工资调整细则，推动建立工人的工资增长制度

首先，政府要明确加班工资计算基数，劳动者加班工资计算基数为劳动合同约定的正常工作时间内的工资。并且，正常工作时间内的工资，不得低于政府公布的最低工资标准。其次，要建立正常的工资调整机制，用人单位应当就工资调整事项与工会或者劳动者代表进行集体协商，每年至少协商一次。

（三）关注农民工的工资增长问题

全总公布的《中华全国总工会2008年维护农民工合法权益工作要点》要求建立工资正常增长机制，监督企业兑现农民工加班工资，促进企业合理提高农民工工资水平。扩大工资支付监控保证金实施范围，强化工资支付监控力度，推动落实建筑施工企业农民工工资"月结月清"。各级工会组织要协助有关部门建立解决拖欠农民工工资的快速通道和处理机制。

五　加大心理危机疏导，注重工人各方面的素质提升

本次企业劳动关系调查结果显示，金融危机对工人工作和生活的影响，体现为心情很压抑，占被调查者的29.8%，位居第二位。而工人心理不踏实也位列这次全球性金融危机对企业影响最大的三个方面之一。各级工会要通过心理疏导、培训等各种形式的支持和帮助来排解压力，提升工人素质。

（一）举行月度心理咨询讲座

邀请有国家心理咨询师资格的专家每月进行心理咨询讲座，现场答疑。为大型企业配备心理咨询师志愿者，每周工作一天。

（二）注重男性工人的心理健康

本次调查显示，男性更多地感受到金融危机的影响，中国传统文化强调"男儿有泪不轻弹"，男人坚强的一面，其实男性往往承担着养家糊口的重任，当面临失业等重大问题考验时，往往更需要心理健康辅导。

（三）分层分类开展培训，提高工人的职业技能

充分发挥工会组织"大学校"作用，针对部分企业减产、限产而使部分员工待岗、轮休、休假的情况，把提高劳动者素质和适应市场竞争力作为重点，在企事业单位中组织更多的脱产和在职学习及特别培训。对在岗人员，除了学习与自己工作有关的专业技能外，还组织一些可转换的技能培训，不断拓展职业技能，提升竞争力；对轮休、待岗人员，组织开展技能提升或转业转岗培训，为将来经济回暖后的企业发展做准备；对即将失去工作的工人和农民工，根据就业市场的需求，组织参加实用性技能、再就业和创业培训。

第二章

工人阶层的收入分配

　　十八大报告就收入分配改革问题提出，发展成果由人民共享，必须深化收入分配制度改革，努力实现居民收入增长和经济发展同步、劳动报酬增长和劳动生产率提高同步，提高居民收入在国民收入分配中的比重，提高劳动报酬在初次分配中的比重。收入分配，作为劳动者权益的核心，关系工人阶层的生存发展，也关系国家经济发展与社会和谐稳定。近年来，因收入分配问题引发的劳动纠纷矛盾时有发生，社会各界对深化收入分配制度改革和建立工人工资正常增长机制的关注与呼声与日俱增，工人阶层的收入分配问题不仅成为近年来社会普遍关心的话题，更受到了学术界越来越多的关注。

第一节　企业收入分配政策的演变

　　"收入"和"收入分配"是两个不同意义的概念，要厘清两个概念的具体内涵。研究工人阶层的收入分配，需要重点关注企业的收入分配。改革开放以来，我国企业的收入分配政策发生了翻天覆地的变化。

一　"收入分配"的概念

　　"收入"和"收入分配"是两个不同意义的概念。前者属于生产者行为，后者属于政府行为。"收入"要从创造的财富意义上理解，有"国民收入"和"个人市场收入"两种意义。国民收入是通过生产过程所得到的社会总产品扣除了各类消耗之后的余额。个人市场收入是一年中"通过个人的经济活动和资本的收益所获得的货币"。国民收入是从宏观意义上定义，个人市场收入是从微观意义上定义。国民收入和个人市场收入都是从生产者角度定义的在一定时期内（一般为一年）新创造的价值。①

而"收入分配"则是指社会在一定时期内创造的生产成果，按照一定的规则，在社会群体或成员之间进行分割的经济活动。"收入分配"要从对收入进行分配的行为意义上理解，是将收入或财富分配到具体单位和个人的政府行为。通过财税等政策工具进行收入分配的最终结果即"个人可支配收入"。个人可支配收入可定义为市场收入加转移收支减个人所得税和强制性社会保障贡献后的总价值，亦即一年中个人所获得的最终收入价值。②

国民收入分配按照一定的方式在政府、企业和居民个人之间分割；企业收入指企业税后留除职工工资外所得；工人收入指企业给付的劳动者报酬，即工人劳动所得。企业收入高低会影响企业的生产资料和再生产，也会影响工人个人的收入水平。工人个人收入高低会影响工人的消费水平。工人的收入分配如图 2—1 所示。因此，工人的收入与企业的分配政策密切相关，要研究工人阶层的收入分配，首先要关注企业的收入分配政策。

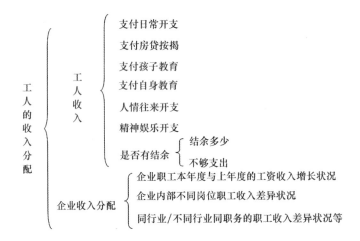

图2—1　工人的收入分配图

---

① 贺铿：《收入分配行为与社会公平原则》，《经济纵横》2006 年第 2 期。
② 同上。

二　企业收入分配政策的演变

改革开放以来，我国逐步破除了平均主义的分配模式，确立起以按劳分配为主体、多种分配方式并存的多元化分配格局。伴随着宏观层面的劳动力市场改革和微观层面的企业制度改革的深入，以 20 世纪 90 年代中期为界，我国企业的收入分配政策发生了翻天覆地的变化。

1992 年我国在十四大上确立了社会主义市场经济体制的改革目标。1993 年《中共中央关于建立社会主义市场经济体制若干问题的决定》，明确指出我国国有企业的改革方向是建立现代企业制度，国有企业产权改革全面启动。1995 年《劳动法》实施后，国有企业开始了全员劳动合同制改革。已有的研究显示，在 1992 年国有企业产权改革和 1995 年全员劳动合同制改革前，社会经济制度转型过程的利益分化主要表现为单位集团化，而不是社会阶层化；尽管单位之间的收入差别拉大了，单位内部却保持收入均等化和同质性。[①] 随着产权改革和全员劳动合同制改革的深化，管理者有了裁员的权力，而劳动者头顶则悬着下岗失业这把极具威胁力的达摩克利斯之剑。普通劳动者和管理人员的收入和权利状况有了明显的差异。[②]

改革开放以来，我国国民经济取得长足发展，工人工资水平有较大的提高，工人生活显著改善。我国逐步打破"全就业、低工资、高保障"，以牺牲效率为代价的计划经济体制，在企业内部实行有差别的工资和奖金制度，逐步向市场经济体制转变，但是从整体上看，90 年代中期以前单位内部的收入差距有所拉开，但是单位内部不同岗位之间的工资福利差别不大。根据国家统计局的数据，1995 年全国员工年平均工资为 5500 元，与 1978 年的 615 元相比较，年平均增长率近 13.8%。这期间，工人与管理者之间的收入差距呈逐步拉开趋势。已有的研究结果显示，1979 年管理者的月收入是工人的 1.181 倍，1983 年为 1.259

---

① 王汉生等：《从等级性分化到集团性分化：单位制在现阶段城市分化中的作用》，《社会学研究》1992 年第 1 期。

② 刘建洲：《新时期国有企业劳动关系研究：一个劳动者视角的分析》，《学术探索》2007 年第 2 期。

倍，1986 年为 1.223 倍，1991 年为 1.129 倍。①

90 年代中期以后，伴随着国有企业产权改革的深入推进和全员劳动合同制改革的全面实行，绝大部分企业建立起按劳分配和按生产要素分配相结合的分配模式，实行岗位工资为主、岗变薪变的工资分配制度，部分企业实施了经营者年薪制。改革后企业工资分配制度突出了管理、技术等生产要素的工资薪酬占有份额，收入分配明显向管理、技术岗位倾斜，企业内部不同群体收入分配全面拉开了差距和档次。

不同行业之间的收入差距拉大。据全国总工会政策研究室 1999 年的调查结果显示，1997 年国有企业职工的收入是集体企业职工的 1.2 倍，三资企业职工的收入是集体企业职工的 1.7 倍，国有企业职工的 1.4 倍。② 尤其是垄断行业的员工收入普遍是一般单位的 3—10 倍。电力、电信、金融、保险、水电气供应、烟草等行业员工的平均工资是其他行业员工平均工资的 2—3 倍，如果再加上工资外收入和福利待遇上的差异，实际收入差距可能在 5—10 倍之间。

企业内部的收入差距逐步拉开，不同岗位之间的工资福利差距越来越大。在效益不太好的单位，企业高管、中层和普通员工之间的收入差距是从几倍到十几倍；在效益好的单位，这种差距有的甚至达到几十倍。据社会分层调查结果显示，南京市工人、农民、管理者、知识分子、个体私营业主和下岗失业人员六个阶层 2003 年年平均收入分别为：11522.0 元、6965.5 元、34231.7 元、26950.2 元、28477.8 元和 6171.0 元。③ 拿个体私营业主与工人阶层相比较，前者与后者的年平均收入差为 16955.8 元，前者年均收入是后者的 2.47 倍。根据 1999 年上市公司的报告，上市公司董事长年货币收入均值为 47713.8 元，月收入为 3976.2 元，最高年收入 380000 元，月收入 31666.7 元。总经理平均年收入 51434.7 元，月收入 4286.2 元，最高年收入 446500 元，月收入

---

① 陆学艺主编：《当代中国社会阶层研究报告》，社会科学文献出版社 2002 年版，第 152 页。

② 同上书，第 156 页。

③ 朱力、陈如主编：《社会大分化——南京市社会分层研究报告》，南京大学出版社 2004 年版，第 26 页。

37208.3 元。[①] 而 2000 年全国城镇单位在岗员工年平均工资为 9371 元，月平均工资为 780.9 元。[②] 其中工人阶层的月平均收入普遍在在岗员工平均收入以下，以 500—600 元为主，与企业管理层的平均收入拉开了很大差距。

第二节 工人阶层收入分配的主要特征

为深入了解工人阶层的收入分配状况，制定科学合理的工人收入分配政策，推动和谐劳动关系建设，我们以南京市为例，于 2010 年 10 月中下旬开展了"南京市企业一线员工收入状况"问卷调查。问卷调查分两部分进行，一部分是针对企业面上的问卷，由企业工会主席协助完成；另一部分是针对企业一线员工，本着企业类型多样化原则、企业规模效益差异性原则和企业内部按性别、年龄等配比发放原则，共发放问卷 1020 份，其中回收有效问卷 1016 份，问卷回收率为 99.61%。本次调查共涉及 51 家企业，其中国有企业、集体企业 15 家，外资企业 10 家，民营企业 26 家。被调查者中男性员工占 45.16%，女性员工占 54.84%。调查对象的具体人口特征如表 2—1 所示，调查问卷如附录（一）2—1 所示。以问卷调查和个案访谈为基础，本节主要分析了南京市工人阶层收入分配的现状。

本次企业一线员工收入分配调查的结果显示，南京市工人的收入分配呈现如下几个主要特点：

表 2—1　　　　　　　调查样本的基本情况（N = 1016）

变量名称	类别	频数	百分比（%）
性别	男	457	45.2
	女	555	54.8

---

① 魏刚：《高级管理层激励与上市公司经营绩效》，《经济研究》2000 年第 3 期。书中数据在原数据基础上保留了一位小数点。

② 国家统计局公告：《2000 年全国城镇单位在岗员工年平均工资》。

续表

变量名称	类别	频数	百分比（%）
年龄	18—24 岁	234	23.5
	25—30 岁	306	30.7
	31—36 岁	139	13.9
	37—42 岁	122	12.2
	43—48 岁	96	9.6
	49—54 岁	71	7.1
	55—65 岁	30	3.0
文化程度	小学及以下	11	1.1
	初中	97	9.6
	高中、中技	343	33.8
	大专	302	29.8
	本科及以上	262	25.8
工作年限	1—3 年	445	44.2
	4—6 年	202	20.0
	7—9 年	87	8.6
	10—20 年	133	13.2
	20 年以上	141	14.0
工作岗位	直接生产工人	241	23.9
	技术人员	167	16.6
	销售人员	41	4.1
	辅助生产工人	44	4.4
	管理人员	284	28.2
	后勤服务人员	143	14.2
	其他岗位	89	8.8
是否签订劳动合同	签订	976	96.4
	未签订	36	3.6

一　工资分配形式多样化

调查结果显示，大多数的企业已打破平均主义的分配格局，逐步形成根据岗位和实际绩效大小确定员工工资水平的分配机制。尤其是伴随企业改革的纵深发展，企业内部分配的自主权得以全面落实，传统的级别、技能等基本工资制度有所淡化，工资分配开始向管理、技术型关键绩效岗位倾斜，大多数企业建立了以岗位工资为主的基本工资制度，并出现了多种薪酬形式相结合的分配机制。以企业个案2—1为例，该企业是由行政性的国有企业改制而成的股份制民营企业，属于劳动密集型的农产品制造。"2005年整体改革后，实行岗位差别的工资制度，工资提高或者减少10%；2007年以后，重新制定岗位标准，管理者实行年薪制，主要岗位实行岗位绩效工资（基本工资＋10%绩效工资），部分岗位实行计件工资。"〔见附录（二）13. 企业访谈2—1〕

　　同时，工人的工资性收入的结构也发生了显著的变化，基本工资所占比重下降，与绩效挂钩的浮动性收入及其他收入逐步占据重要位置。例如在企业个案2—4中，一线员工"最基本工资1030元，加绩效工资（3%—5%左右），技术工人工资高一点，后勤人员工资略低"。这一特征还凸显于部分有显著"淡旺季"之分的企业中，以某服装企业女工为例，她们的工作"实行100分制，100分1.6元，一天能挣5000至6000分，一天能赚到80到90块钱，与工龄长短无关……一般在7、8、9等旺季月份能拿到3300元的工资，在淡季的时候能拿到2000多元不等"。此外，也有部分企业一线岗位员工工资按出工时间计算工资。

二　各生产要素在收入分配中地位差异明显

　　伴随着南京市企业改制改革步伐的加快和薪酬分配自主权的提高，劳动、资本、技术、管理等各类生产要素在企业收益分配中的地位发生了显著的变化，资本、技术、管理要素参与分配的力度呈逐年加大的趋势，而劳动力要素在其中居于弱势地位。以企业个案2—2为例，"一般工作人员的绩效工资占10%，专业技术人员的绩效工资占20%，中层管理者的绩效工资一般占30%—40%，高层管理人员的绩效工资占60%以上。"〔见附录（二）14. 企业访谈2—2〕

　　按照规定，实行年薪制的国有及国有控股企业，经营者的工资收入最高不得超过本企业工人年平均收入的3倍，而在实际操作中，这一规定并没有得到很好的落实，在调查中有被访者提出，"一线员工与企业技术人员、企业管理中层、企业领导层的收入差距很大，一般在

1∶4∶8的水平。"［见附录（二）6. 个案访谈2—1］更有甚者，"管理人员和员工工资拉开了10—20倍不等的差距"。这一状况表明，技术、管理等生产要素目前在企业的收入分配中占有过高的权重，甚至出现无限制的攀升，在一定程度上挤占了一线员工的应得利益。在问卷调查中，超过85%的工人认为一线工人与管理人员的收入差距应该在5倍之内。

三　工资集体协商制度成为维护工人利益的有效途径

工资集体协商，是工人代表与企业代表依法就企业内部工资分配制度、工资分配形式、工资收入水平等事项进行平等协商，并在协商一致的基础上，签订工资集体合同，最终实现"劳资两利、合作共赢"的一项制度。工资集体协商所涉及的最主要问题就是劳动者工资的决定。我国于2000年发布了《工资集体协商试行办法》，明确要求各个企业要依法开展工资集体协商。南京市从2004年开始推行工资集体协商制度，调查结果显示，大部分企业已经建立起工资集体协商制度，并发挥了一定的作用。

本书运用相关分析方法分析企业开展工资集体协商对员工工资状况和心理状态的影响。在具体分析中，引入了员工工资民主协商程度、工资按时发放程度、工资收入增长程度、工资收入满意度以及对企业发展前景的预期水平作为考量工资集体协商制度绩效的几个维度。分析结果如表2—2所示。

表2—2　　　　工资集体协商制度运行情况与员工工资、
心理状态等变量的相关分析

工资集体协商制度运行情况		员工工资民主协商	工资按时发放	工资收入增长	工资收入满意度	对企业发展前景的预期
	皮尔逊相关系数	.497**	.116**	.257**	.309**	.276**
	样本量	988	984	985	984	972

注：以上数据均为F检验显著者，* 表示 $P<0.05$，** 表示 $P<0.01$。

一是开展工资集体协商制度与员工工资民主协商程度正相关。在企业民主化建设中，工人工资的决定方式直接体现了企业管理的民主化程度。调查结果显示，24.7%的员工表示本企业的员工工资是由"工会代表员工与企业协商确定的"；12.7%的员工表示工资是由"企业与员工通过平等对话、协商确定的"；16.4%的员工表示工资是由"企业研究、征求员工意见之后确定的"；还存在18.3%的员工表示工资是"由企业老总或老板说了算的"；剩余27.9%的员工提出"并不清楚工资是如何确定的"。由此可见，不同企业在劳资确定过程中对员工话语权的重视程度不一，相关性分析结果显示，工资集体协商制度的建立与企业的民主管理存在显著相关关系，工资集体协商制度越健全，企业民主化程度越高，员工在收入分配中所拥有的话语权越大。

二是开展工资集体协商制度与员工工资按时发放、工资增长正相关。员工工资的按时发放与稳定增长是保障员工工资刚性需求的两个重要因素，在调查中发现，部分企业依旧存在拖欠员工工资的现象，占调查总数的5.4%。而在"近年工资收入水平变化情况"一题中，有10%的员工回答工资水平有所下降，62.2%的员工表示工资收入有所上涨，27.6%的员工认为工资几乎没有变化。通过相关性检验，发现员工工资按时发放和工资增长两个变量与工资集体协商制度的运行情况存在显著相关关系，确立工资集体协商制度的企业基本上都能够实现工资的按时发放，并能促进员工工资的稳定增长。以企业个案2—4为例，该企业一般在每年的5月份签订工资集体协商合同，"根据企业经济效益定涨幅，集团公司一般涨幅为15%—25%，集团子公司一般在10%左右。2009年利润率上浮24%，2010年工资收入也就相应上调。"［见附录（二）16. 企业访谈2—4］

三是工资集体协商制度与员工积极心理状态正相关。员工对个人工资收入的满意度和对企业发展前景的积极预期水平构成员工心理状态的重要指标。调查发现，19.8%的员工对目前的工资收入水平表示很满意或比较满意；47.5%的员工认为收入水平一般；32.7%的员工对现有的工资水平存在一定不满。这一状况与工资集体协商制度存在正相关关系，制度越成熟，个体满意度越高。同时，在对企业发展前景的预期中也可以得到同样的结果，53.3%的员工表示看好所在企业的发展前景；41.6%的员工持不确定的态度；5.1%的员工表示并不看好。员工对企业的发展预期与员工工资集体协商制度也存在显著正相关关系。这说明，集体协商制度作为普通员工与企业管理层平等对话的平台，对促进双方的沟通与利益平衡起着重要作用。

四　工人福利形式灵活，覆盖水平有所提升

在现代社会，工人所获取的劳动报酬主要包括两方面的内容，即薪酬和福利。客观公正合理地为工人提供应有的福利，有利于企业的发展，也能保证员工从企业福利中获取经济、精神上的满足，提高工人的积极性。总的来说，工人福利主要分为社会福利、集体福利和个人福利三种基本形式，首先，工人作为国家公民，依法享有国家为本国公民提供的一切社会福利，包括社会保险、社会福利、社会救济、优抚安置等内容。本章考察了企业缴纳"五险一金"情况，结果显示，在工人享受的各类保险中，比例最高的是"养老保险"，有92.9%的调查对象享有该险种；91.2%的人选择了"医疗保险"，排在第二位；排在第三位的是"失业保险"，比例为83.1%；81.7%的人享有"工伤保险"，排在第四位；72.7%的调查对象选择了"生育保险"，排在第五位；排在第六位的是"住房公积金"，选择的比例为67.4%；11.7%的调查对象还拥有"其他补充保险"。如图2—2所示。

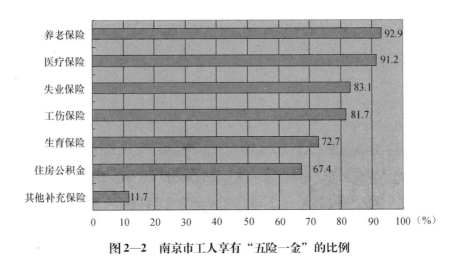

图2—2　南京市工人享有"五险一金"的比例

"五险一金"中的养老保险、医疗保险和失业保险由企业和个人共

同缴纳保费，工伤保险和生育保险完全由企业承担，这五类险是法定的，住房公积金不是法定的。但是从调查结果来看，存在着部分工人未享受法定保险现象，参保率比较高的是由企业和员工共同缴纳保费的险种，如养老保险、医疗保险和失业保险；完全由企业承担的工伤保险和生育保险参保比例较低。

其次，工人集体福利是由企业提供或者通过社会服务机构提供的，供员工集体享用的福利性设施和服务，如免费的工作餐、员工食堂或伙食补助、提供交通接送或交通补贴等，都具有集体福利的性质。

在回答"在单位享受到哪些员工福利"的调查对象中，有73.8%的人选择了"年终奖金"，排在第一位；排在第二位的是"年休假"，有72.5%的人声称拥有此项员工福利；71.0%的人选择了"过节费"，排在第三位；66.5%的人能够在单位享受"免费午餐"，排在第四位；65.6%的人选择了"防暑降温费"，排在第五位；排在六到八位的分别是"健康体检"（63.0%）、"交通补助或班车"（56.0%）和"子女托儿费"（17.4%），如表2—3所示。

表2—3　　　　　　　　　工人享有的各类福利①

排序	员工福利种类	百分比（%）
1	年终奖金	73.8
2	年休假	72.5
3	过节费	71.0
4	免费午餐	66.5
5	防暑降温费	65.6
6	健康体检	63.0
7	交通补助或班车	56.0
8	子女托儿费	17.4

在访谈中也发现，有的企业为女员工提供三期保护，并且为一线员工调整高温期间工作日、调整工资。"集团公司一般在六七月份发放通

①　本题为多项选择题，所以选项百分比之和超过100%。

知，在年底也发放通知，指导子公司在酷暑和酷寒时期调整工人的工资或者调整工作日。"〔见附录（二）14. 企业访谈2—2〕还有的"企业给全体女员工购买康乐互助险，还给员工购买了意外伤害险"。〔见附录（二）16. 企业访谈2—4〕

此外，企业还为工人提供补充性的个人福利。例如两地分居的员工享受探亲假期、工资补贴和旅游补贴待遇；上下班交通费补贴；夏季降暑补贴和冬季取暖补贴；家庭特困补助、家庭红白事慰问金；工伤残疾、重病补助、抚恤金；节日礼物或优惠实物分配等。在本次调查中，有的企业对残疾人提供了特殊的福利，"最低工资标准提高至1000—1100元左右，保证其最低工资标准，节假日一般发放600元过节费"。还有的企业"为关键岗位提供补充医疗险，全体员工分批旅游休假，200元的标准二日游，员工的生日和结婚都有赠送礼品"。

由此可见，现代企业在经营管理中日益重视企业福利的重要性，并将其作为吸引人才的重要手段，工人福利形式灵活多样、覆盖面与福利水平都有所提升。

第三节　工人阶层收入分配存在的主要问题

调查结果显示，工人阶层收入分配存在的主要问题突出体现在以下几个方面：

一　一线员工收入偏低

中央提出要"抓紧制定调整国民收入分配格局的政策措施，逐步提高居民收入在国民收入分配中的比重，提高劳动报酬在初次分配中的比重"[1]，这一举措是针对当前分配结构中劳动报酬比重偏低的现状提出的。在市场经济条件下，企业的初次分配是由市场机制决定的。在成熟市场经济体中，初次分配后，劳动者报酬占GDP的比重，美国接近

---

[1]　温家宝：《政府工作报告》，《人民日报》2010年3月16日第2版。

70%，其他国家和地区普遍在54%至65%之间。[①]

目前我国获取劳动报酬的主体是受聘于单位的劳动者，包括管理者、专业技术人员和普通工人。本次调查发现，企业管理者与专业技术人员的科学文化素质较高，收入渠道广泛，他们构成我国中、高等收入者阶层，而普通工人收入来源单一化，除了劳动报酬外，缺乏其他的收入来源，他们大都集中在劳动密集型企业，构成了我国的中低收入阶层。

本次问卷调查结果可以验证这一点：有31名调查对象的工资在"960元以下"，占1012名调查工人总数的3.1%，128人工资在"961—1200元"，占12.6%，工资"1201—1500元"的有183人，占18.1%，工资"1501—2000元"的占24.9%，工资"2001—2500元"的占19.6%，工资"2501—3500元"的占11.7%，工资"3501—5000元"的占4.6%，工资"5001元以上"的占1.9%。如表2—4所示。从中可以看出，62.3%的工人工资在2000元以下，33.8%的调查对象工资在1500元以下。

表2—4 南京工人月平均工资统计分析

选项	频数	百分比（%）
960元以下	31	3.1
961—1200元	128	12.6
1201—1500元	183	18.1
1501—2000元	288	28.5
2001—2500元	198	19.6
2501—3500元	118	11.7
3501—5000元	47	4.6
5001元以上	19	1.9
合计	1012	100.0

---

① 周天勇：《"十二五"促进公平与富裕百姓的思路和对策》，《理论动态》2009年第28期。

从平均工资的年际变化可以将工人工资与南京城镇单位在岗职工年人均工资做一个动态对比。根据"企业信息反馈表"显示，填答的37家企业普通工人的年平均工资2007年为21544元，2008年为24455元，2009年为27357元，如图2—3所示。而2009年南京全市城镇单位在岗职工年人均工资为43622元，其中企业在岗职工年人均工资为38510元。因此，从整体上看南京普通工人的工资水平相对偏低，已成为南京市中低收入阶层的重要组成部分。

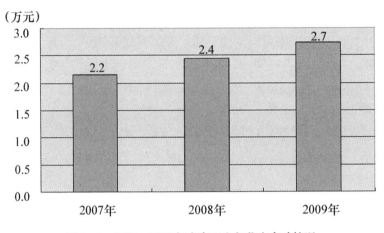

图2—3　2007—2009年南京工人年收入变动情况

造成普通工人收入水平相对偏低的原因是多方面的，首先是受到我国现阶段经济社会发展水平的制约。企业收入的初次分配应该由市场经济决定，但是我国正处于经济转轨过程中，市场发育不充分，市场的基础性配置功能受到严重制约，劳动力市场为买方市场，市场分配机制不完善导致生产要素的投入与收益不对等，资本、技术、管理等稀缺要素的收益高于过剩的劳动力要素的收益，这是造成"强资本、弱劳力"现状的根源。

南京是长江三角洲主要的外来劳动力流入地之一，劳动密集型企业居多，大量过剩与廉价的劳动力稀释了劳动力要素在初次分配中的权重，企业和强势资本促成了买方市场的实现。此外，在调查对象中，1—3年期合同工占45.8%，1年及以下合同工占3.8%，无固定期限合

同工占 21.7%，劳务派遣工占 5.4%，而 3 年以上长期合同工仅占
23.3%。在本企业工作不到 3 年的占到 44.1%，5 年以内的占 59.4%。
从中不难将普通工人基数庞大、就业流动性强、工作保障水平低与工资
水平低下做一个联系，前三者极有可能是造成工人无力与强劲的资方博
弈，在收入分配中处于弱势地位的原因之一。

其次，劳动报酬是劳动生产率的反映，劳动生产率的高低取决于劳
动者素质，劳动者素质决定劳动报酬。我国国民教育水平低，平均受教
育年限为 8 年左右，与世界平均水平相差 3 年，只是略高于低收入国家
的平均水平。[①] 在本次调查的对象中，10.6% 的工人只拥有初中、小学及
以下学历，33.8% 的拥有高中、中技学历，55.6% 的拥有大专以上学历。
将"文化程度"与"工资收入水平"两变量进行相关性检验发现，二者
存在显著正相关关系（系数 $r = 0.247$，P 值为 $0.000 < 0.01$）。可见，工人
素质水平较低也是导致工人工资不能形成合理增长机制的原因之一。

二　不同劳动力要素主体间工资差距拉开

（一）不同岗位、层级的员工工资差距显著

20 世纪 90 年代，企业负责人收入相当于工人平均工资的倍数，大
部分地区出台的办法规定在 6 倍以内。2002 年，我国开始推行国企高
管年薪制，规定高管年薪不得超过员工平均工资的 12 倍，但事实上不
少企业高管薪酬远远超过这一红线，少数企业高管的薪水甚至达到普通
员工平均工资的百倍左右。[②] 本次调查结果显示，一线工人与管理人员
的收入在逐年增加，一线工人 2008 年年收入是 2007 年的 113.5%，
2009 年是 2008 年的 111.9%，管理人员的年收入增幅也基本保持在这
一水平，2008 年是 2007 年年收入的 111.4%，2009 年是 2008 年的
110.5%。但是两者之间的工资基数差距较大，2007 年一线工人平均年
收入为 2.2 万元，管理人员为 4.4 万元，一线工人年收入为管理人员的
50.0%；2008 年一线工人年收入为 2.4 万元，管理人员为 4.9 万元，两

---

① 赵学清：《提高劳动报酬在初次分配中比重的几点思考》，《河南社会科学》2008 年第
1 期。

② 岳颖：《收入分配热点问题研究综述》，《求索》2009 年第 10 期。

者之比为 49.0%；2009 年一线工人平均年收入为 2.7 万元，管理人员为 5.4 万元，二者之比为 50.0%。如图 2—4 所示。

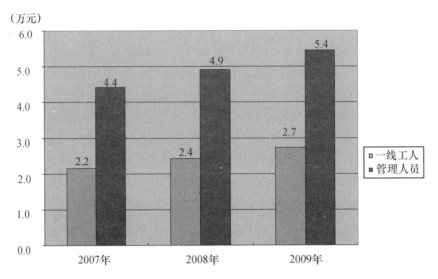

图2—4 2007—2009 年工人与管理人员年收入变动对比

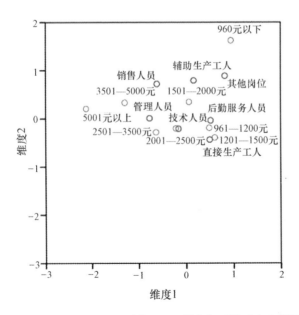

图2—5 岗位与工资对应分析图

为详细考察职务（岗位）自变量在月基本工资收入水平上的关系，对变量进行对应分析，将职务（岗位）和工资纳入对应分析模型之中，结果如图2—5所示。

对应分析须遵循的原则具体为：（1）落点在原点（0，0）出发接近相同方位及图形相同区域的统一变量的不同类别具有类似的性质；（2）落点在原点出发接近相同方位及图形相同区域的不同变量的类别间可能有联系。根据以上原则，可以看出，直接生产工人的月基本工资多接近于1201—1500元的水平，后勤服务人员的月基本工资则更低，较集中于961—1200元的水平；与此同时，技术管理人员月基本工资集中于2001—2500元，管理人员的月基本工资则趋于2501—3500元的水平。这样的差距还未包括以岗位、绩效为标杆的浮动工资，在调查的部分企业中，"一般工作人员的绩效工资占10%，专业技术人员的绩效工资占20%，中层管理者的绩效工资一般占30%—40%，高层管理人员的绩效工资占60%以上"［见附录（二）14.企业访谈2—2］，以至于在某些企业中"管理人员和员工工资拉开了10—20倍不等的差距"。因此，部分工人认为，"职务高低"（51.3%）和"岗位重要性"（28.0%）是影响企业内部工资差异的直接原因。

（二）不同类型企业工人工资存在差距

首先，不同性质企业的工人工资存在明显差距。在国营、集体企业中，大多数一线员工月工资处于1200—2000元的水平，私营企业、外资企业中一线员工月工资较多地处于1500—2500元的水平，其中，外资企业的整体工资水平较高，私营企业次之，国营、集体企业居末。

为了进一步验证不同类型企业工人工资的差异关系，将企业类型、企业效益、工资水平、工资差异合理性四个变量纳入相关性检验分析，结果如表2—5所示。

通过相关性分析发现，工资与企业类型、生产效益以及工资合理性四者之间都存在两两显著相关关系。

第一，生产效益越高，工人平均工资水平越高。工人认为生产绩效越好，工资合理性水平越高，这说明生产绩效已经成为工人工资结构中重要的影响因素，进而影响工人对于工资合理性的满意度。

表 2—5 工人工资与企业变量相关性检验

		工资	生产效益	工资合理性	企业类型
工资	皮尔逊相关系数	1	.196 **	.249 **	.178 **
	P 值		.000	.000	.000
	样本量	1012	1004	995	1009
生产效益	皮尔逊相关系数	.196 **	1	.280 **	.249 **
	P 值	.000		.000	.000
	样本量	1004	1006	992	1003
工资合理性	皮尔逊相关系数	.249 **	.280 **	1	.210 **
	P 值	.000	.000		.000
	样本量	995	992	999	997
企业类型	皮尔逊相关系数	.178 **	.249 **	.210 **	1
	P 值	.000	.000	.000	
	样本量	1009	1003	997	1013

注：以上数据均为 F 检验显著者，* 表示 $P < 0.05$，** 表示 $P < 0.01$。

第二，工人工资、生产效益与企业类型呈现正相关关系。这一点验证了上文中对不同企业类型工资收入差异的描述性分析，按生产效益高低的排序依次是外资企业、民营企业与国有及国有控股企业，这一特点与不同岗位员工工资水平的差异状况存在显著相关（P 值为 $0.000 < 0.01$）。

第三，企业类型与工资合理性之间存在相关关系。按照工资合理性从高到低排序来看，依次是外资企业、民营企业与国有及国有控股企业，相关系数为 0.21。对于工人而言，工资合理性中主要的参考因素是劳动力要素的分配权重，如前文所述，在现代企业中劳动力权重的高低直接体现了企业市场化的程度，相较而言，外资企业与民营企业比国有企业更能体现市场经济时代人力资源市场的特性。

（三）工人个体间存在"同工不同酬"现象

为了深入了解先赋性因素和后致性因素在工人工资个体性差异中的影响作用，研究中引入了性别、年龄、文化程度、工作时间长短、是否签订劳动合同等变量及其与工资水平的相关关系。检验发现，性别、文化程度、是否签订劳动合同与工资水平高低存在显著相关关系，具体体现为：签订劳动合同的正式员工工资普遍高于非正式员工；男性员工工资高于女性员工；文化程度越高，工资水平越高。而年龄、工作时间长短与工资水平不存在统计上的相关。如表2—6所示。可见，企业在不同性别员工、正式工与非正式工的收入分配上存在"同工不同酬"现象。

表2—6　　　　　　　　个体性差异变量与工资相关性检验

工资		性别	文化程度	劳动合同
	皮尔逊相关系数	−.111 **	.247 **	.213 **
	P 值	.000	.000	.000
	样本量	1008	1011	1008

注：以上数据均为 F 检验显著者，* 表示 $P < 0.05$，** 表示 $P < 0.01$。

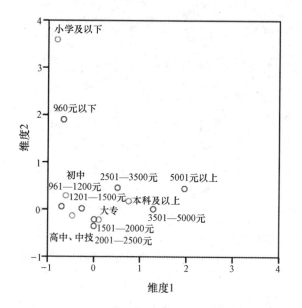

图2—6　工资与个体差异因素相应分析图

同时，文化水平与劳动力素质水平相关的因素已经超越传统工龄、年龄等因素，成为工资分配中权重更高的部分。结合简单相应分析的结果可知，大专文化水平与月薪 1501—2000 元和 2001—2500 元有联系；高中、中技文化水平与月薪 1201—1500 元有联系；初中文化水平与月薪 961—1200 元存在联系。如图 2—6 所示。

基于工人工资收入差距显著的现况，就工人个体对"收入分配合理性"的观点进行调查，结果显示有 29 名调查对象认为所在企业的收入分配"很合理"，占调查总数的 2.9%，229 人认为"比较合理"，占22.9%，530 人认为"一般"，占 53.1%，166 人认为"不大合理"，占16.6%，45 人认为"很不合理"，占 4.5%，如图 2—7 所示。对企业收入分配持正面评价与负面评价的比例基本相当，超过一半的工人对此问题持中立态度。而在"所在企业收入分配存在的主要问题"调查中，22.5% 的人选择了"工资分配差距过大"，排在第三位。

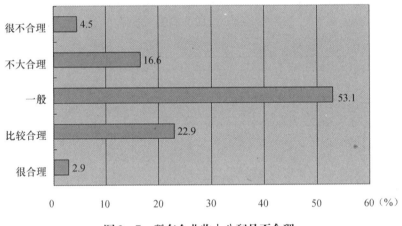

图 2—7　所在企业收入分配是否合理

工人收入分配结构失衡的原因是多方面的，这一现状由我国双重转型阶段的体制、经济发展和公共政策缺陷等多种因素共同造成。主要表现在：

1. 经济结构不合理，要素市场发展严重滞后

改革开放之初，我国东部沿海开发地区实行的"两头在外""大进大出"的加工贸易方式，建立在我国劳动力、土地相对丰裕而廉价，资本稀缺而昂贵的要素比价结构基础上，是一种以出口劳动密集型产品为

导向的粗放型经济发展方式。① 国外经验表明，要素相对稀缺状况所导致的要素比价的变化将促使经济发展方式逐步发生转变。正如中国社科院在 2008 年发布的《社会蓝皮书》指出的，"我国劳动者报酬比重逐年下降——2003 年以前一直在 50% 以上，到 2006 年降至 40.6%，2007 年更是降至 39.74%。与之对应的企业利润则在上升，资本回报占国民收入的比重由 20% 左右上涨到 30.6%"②。南京是东部沿海较早实行改革开放的地区之一，长期实行的以出口劳动密集型产品为导向的经济发展模式使其在 GDP 迅猛增长的同时迎来了要素相对稀缺状况的重大变化。然而，经济发展方式的转变相对缓慢，最终消费对经济发展的拉力作用居于出口与投资之后，劳动力在要素比价中趋于弱势，资本、技术等生产要素权重过高，劳动报酬比重逐年下降，最终导致普通工人的收入水平低于南京市城镇单位职工平均工资水平。

2. 劳动力市场的供求结构不平衡，阻碍员工收入平衡增长

劳动力市场的供求结构影响到员工的收入及待遇水平，我们把求人倍率指标作为了解劳动力市场状况的重要指标，其计算公式为：求人倍率＝需求人数/求职人数；求人倍率大于 1 则表示需求大于供给，求人倍率小于 1 则表示供过于求。从图 2—8 可以看出，2006 年初到 2007 年末，江苏省的劳动力市场基本处于"供需两旺"的状态，求人倍率围绕 1 上下波动，2008 年初至 2009 年末，伴随着环球金融危机的影响，用人单位的需求收缩，求人倍率一度跌至 0.8 以下，进入 2010 年后又再次攀升至 1 以上，进入劳动力需求较为旺盛的时期。

相关数据显示，南京市人力资源市场的求人倍数高于同期江苏省平均水平。如图 2—9 所示。即使在环球金融危机影响时期，求人倍率依旧保持在 1—1.3 之间，当求人倍率高达 1.3—1.4 时，就意味着劳动力短缺状况比较严重。结合南京市 2006—2009 年劳动力市场求人倍率的同期比较可知，南京市基本上处于劳动力供应短缺状态，需求水平要高

---

① 龚敏、李文溥：《论扩大内需政策与转变经济增长方式》，《东南学术》2009 年第 1 期。

② 白重恩、钱震杰：《国民收入的要素分配：统计数据背后的故事》，《经济研究》2009 年第 3 期。

于同期江苏省的平均水平。

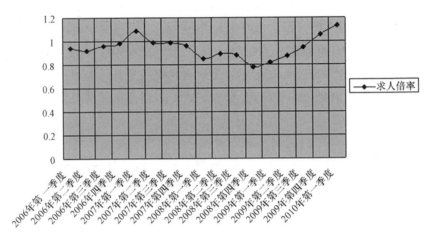

图 2—8　2006—2010 年江苏省劳动力市场供求状况

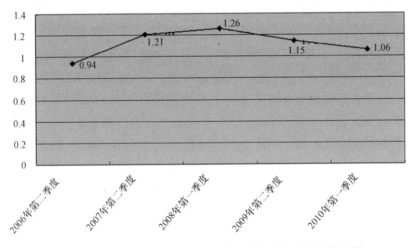

图 2—9　南京市 2006—2010 年劳动力市场求人倍率同期比较

　　劳动力供需市场的进一步细化可以发现其中存在显著的供需不平衡。首先，从文化程度分组的角度看求人倍率的差异。在企业调查中发现，企业普通工人的文化程度大多处于高中、中专（中技）、大专水平，合计比重达 63.6%。结合图 2—10 不难发现，除高中组供求基本平衡以外，其余两组的求人倍率长期处于1以下，说明了中低端劳动力市场总体处于供大于求的状态。在经济高速增长、人均 GDP 不断提高的情况下，劳动力市场的充分供给压制了工资水平的上升，导致了劳动报酬在收入分配中的比重不断下降，进而造成了企业普通工人与管理、专业技术人员之间显著的收入分配差距。不同职业劳动力的求人倍率如图2—11 所示。

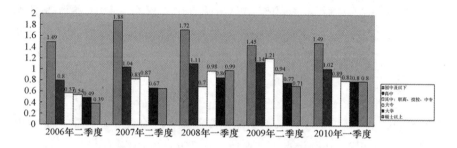

图2—10　南京市按文化程度分组的求人倍率

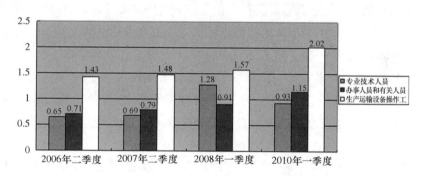

图2—11　南京市不同职业劳动力求人倍率

3. 相关配套制度不健全

在改革过程中，工资水平从政府决定转向了由劳动力的市场供求关系决定，但保护劳工的立法和社会保障、公共福利等制度尚未健全。在劳动者收入单纯由劳动力市场供求关系决定，没有形成补充市场的保障制度的情况下，没有自发机制来保证劳动者的收入和消费水平随经济增长而同步增长。同时，工人在强势资本面前缺乏有力的话语权，最终致使企业利益分配无限制地向资本、技术等生产要素倾斜。社科院易宪容认为，许多制度安排不合理或不健全，是导致国民收入分配不合理的最大根源之一。[①]

三　普通工人工资增长缓慢

推行企业工资集体协商制度，是协调劳动关系、促进经济发展、维护社会稳定的重要途径。然而在现行的企业收入分配关系中，工资协商制度尚未完全发挥其应有的作用，在调查中，仅有33.3%的调查对象知道"企业进行过工资集体协商"，其余66.7%的调查对象表示企业没有进行过工资协商或是根本没听说过这一制度。而在进行过工资集体协商的企业中，只有47.4%的一线员工对工资集体协商制度能够提高工人工资水平给予了肯定；持中立和否定态度的为8.89%，认为"工资协商制度对提高工资收入水平不能发挥作用，工会在企业调整工资时也不能发挥作用"。[见附录（二）15. 个案访谈2—3]

在对1013名工人的调查中，58.05%的被调查者认为工资水平仅有"小幅提高"，认为"工资没有变化"的占27.6%，认为工资水平有所下降的占10%，仅4.2%的被调查者认为工资有大幅度的上涨。在对企业的访谈中，有一家企业表示，"2010年工资总体安排7282万元，比2009年增长8%左右。……然而，一线员工增长仅为5%。"[见附录（二）13. 个案访谈2—1]对另一家独资企业的调查发现，该企业"2007年一线员工工资收入较低，是900多元；2008年没调薪，罢工3天，后经工资协商，工资增长了25%，达成最低工资（五年以上）1200元，2009年员工收入增长了3%。"[见附录（二）17. 企业访谈2—5]由此可见，部分企业一线员工的工资增长水平远低于企业利润增长以及社会经济发展水平。面对这一情形，有35%的一线员工对自己的工资现状存在不满。更有企业工会管理人员提出，"工会的民主管理有一定困难，希望上级工会的支持"，"希望有政府介入以及法律介入"等。由此可见，工资集体协商制度要在各类企业中确实建立并日臻完

[①] 易宪容：《推进重大制度改革才能克服收入分配不公》，2010年3月11日，新浪网（http://news.xinhuanet.com/fortune/2010-03/11/content_13145095.htm）。

善，还需要做出长足的努力。

从工会制度建设来看，代表性与独立性是其建立工资集体协商制度极为重要的两方面。所谓工会的代表性，主要解决的是工会在集体谈判中的地位问题；工会的独立性，主要解决的是工会与企业管理方和政府之间的关系问题。保护工会的代表性和独立性是集体谈判立法中的重要内容。在国有及国家控股企业中，工会制度改革滞后，而且工会又是企业的一个组成部门，这使得工会的合法性并不完全来自于劳动者的认可与授权，并且工会需要同时兼顾劳动者和企业的利益，这就削弱了工会对劳动者利益的代表性与独立性①，工会不能真正代表工人与企业主平等协商。对于外资企业的工会建设，一些外资投资商担心组建工会会形成企业内的对抗势力，而地方政府基于"招商引资"的考虑也不太积极推动外企组建工会②，这使得在外资企业中，工会组织发展很缓慢。即使组建了工会，工人也没有充分肯定工会在工资集体协商中发挥的作用。

根据调查，所在企业进行过工资集体协商的工人中，有19.4%认为工资集体协商制度对提高工人工资水平作用"很大"，28.0%认为作用"较大"，28.5%认为作用"一般"，3.5%认为作用"较小"，5.4%认为作用"很小"，还有15.3%回答"不知道"。而在私营企业中，工人对于工资集体协商制度的知晓度则更低。这也从另一个侧面说明，尽管在政府推动下我国一些企业特别是国有企业工资集体协商工作已开展起来，并产生了一定的积极效应，但由于多数工人参与不够，劳资双方信息不对称，真正平等意义上的工资集体协商制度还没有成熟，企业工会在协调劳动关系的时候，仅仅限于协调劳动者个人与企业的个别劳动争议，以及象征性地签订集体劳动合同，而不能真正代表工人与企业主平等协商，也不能代表工人参与收入分配政策、工资水平和各项福利待遇等的制定。

---

① 罗天虎、丁宁：《劳动关系模式对集体谈判立法的影响》，《生产力研究》2007年第5期。

② 佟新：《论外资企业的工会建设——兼论工会建设的合法性问题》，《学习与实践》2006年第10期，第83—90页。

第四节 合理调整工人阶层收入分配的 对策思路

中共十七届五中全会强调，要合理调整收入分配关系，努力提高居民收入在国民收入分配中的比重、劳动报酬在初次分配中的比重，健全覆盖城乡居民的社会保障体系。从宏观上讲，要解决国民收入分配问题，需要在深化体制改革（尤其是继续深化国企、户籍、就业三大体制改革）、调整宏观政策、注重初次分配、优先再分配改革等方面下大功夫。南京 2009 年企业员工平均数为 121.95 万，而工人就有 93.07 万，占全市员工总数的四分之三强。合理调整工人的收入分配关系，是合理调整收入分配关系的关键。本节主要针对工人收入分配关系中存在的主要问题及影响因素，提一些协调解决工人收入分配问题的对策与建议。工人收入分配问题的解决，需要政府、企业、工会及工人各方面的共同合力。为此，本节提出了"有为政府""责任企业""能量工会""幸福职工"四大理念及相关对策建议，以逐步解决工人的收入分配问题，维护社会的稳定与和谐。

一 合理调整工人阶层收入分配的基本理念

（一）"有为政府"理念

所谓"有为政府"理念，即强调政府在协调劳动关系中的责任，尤其是强调政府在工人收入分配问题中的职责。在社会主义市场经济条件下，企业的劳动关系绝对不仅仅是劳方与资方的关系，而是劳动者、企业和政府三方共同构建的新型劳动关系。政府在工人的收入分配中，主要是承担立法、建制和调控监督的职责。

（二）"责任企业"理念

所谓"责任企业"理念，即通过企业自身组织的健全，提高企业自律，在此基础上，强调提升企业的社会责任。企业经营者应该树立以人为本、科学发展的理念，增强社会责任感，尊重工人在企业发展过程中的作用和贡献，着力构建和谐企业劳动关系。

（三）"能量工会"理念

所谓"能量工会"理念，即增强工会组织的能量，充分发挥工会组织在工人收入分配中的作用，以工会组织为平台来整合各种社会资源，维护工人的合法权益，深入协调企业劳动关系。各级工会组织应当将维权的重点锁定在企业收入分配领域，加强对工人的宣传引导，增强工人的自我维权意识和能力，并协同政府相关部门共同做好《关于2010年企业工资指导线的实施意见》贯彻落实情况的监督检查，加大对不执行最低工资标准、恶意拖欠员工工资、超时劳动等侵害员工利益现象的打击力度。

（四）"幸福职工"理念

所谓"幸福职工"理念，是指协调解决企业收入分配问题的最终目的，即为了提高职工的工作满意度和生活幸福感。"南京幸福指数调查"结果显示，在南京现阶段，收入越高幸福感越高的论断是成立的。[①] 本次一线员工问卷调查结果显示，企业工人对自己的收入现状表示不大满意和很不满意的占到 32.7%。让百万员工快乐工作、幸福生活是幸福南京的核心组成部分。从政府的角度来讲，在发展目标上，要加快从追求经济发展向优化社会建设的方向转变。关注民生，实现民富，是政府工作最切实的落脚点；从企业的角度来看，企业和员工的利益息息相关，员工最关心的是企业的发展前景，企业也应该想员工所想，为员工解决实际难题，努力形成企业和员工利益共享机制，建立和谐劳动关系。

四大理念之间的相互关联如图2—12所示，要合理调整工人收入分配，需要政府、企业、工会及工人的通力合作，既要从宏观上加强政府、企业、工会之间的沟通协调，切实将工人的工作满意度和生活幸福感放到重要位置，又要从微观上深入开展企业、工会、工人之间的劳资协商，切实将维护工人的合法权益落到实处。

---

① 叶南客、陈如等：《幸福城市论：现代人与文明城市的理想诉求》，江苏人民出版社2009年版，第90页。

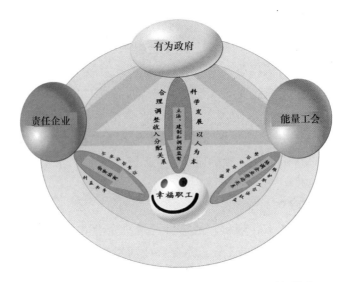

图 2—12　合理调整工人收入分配的四大理念关联图

二　合理调整工人阶层收入分配的对策建议

为合理调整工人收入分配，改变企业一线员工收入水平偏低的现状，我们提出了树立"一个标准"、构建"一个平台"和实施"四项举措"等对策建议。

（一）确定将"工人满意度"作为考评企业首要标准

第一，以"工人满意度"作为考评企业首要标准。坚持科学发展观，要坚持以人为本，合理调整工人收入分配，最终是为了提高工人的满意度。因此政府对企业的各类调控管理，如对企业经营者的考评、构建和谐企业劳动关系、深入推进工资集体协商、强调企业履行《企业社会责任》，都应该将工人满意度放到首要位置。通过政府、企业以外的第三方组织，对工人满意度开展年度测评，能够较为真实地评价企业能否履约，并有效地推进企业积极地协调劳动关系，调整改进收入分配，不断提高员工的工作积极性。以推进工资集体协商为例，工人通过满意度测评的方式，对企业的履约情况做出了真实公平的评价；工会干部通过满意度测评的实践活动，体会到工会组织推行集体协商制度是协调劳动关系的手段，而满意度测评是促进集体协商工作不断深化的重要措施；企业了解工人的满意度，一方面可以明确企业管理中存在的问题，系统进行整改，另一方面可以起到预防作用，监控企业绩效管理的成效。

第二，在民生指标中将工人工资水平的适当性纳入国民经济和社会发展计划。在国家中长期发展规划中，将最低工资标准的逐年提升列入发展规划，到2025年时达到国际通行、国家认可的占本地社会平均工资40%的水平。同时明确劳动报酬占初次分配比重每年增长幅度不低于1%，2025年达到50%以上。还应当确保财政支出中每年用于民生福利部分的增长高于财政收入增长3—5个百分点。

第三，将合理调整工人收入分配纳入政府考核机制。要将合理调整工人收入分配纳入各级政府考核机制，并作为对各级政府及相关部门主要负责人的考核目标。将提高企业工人收入、开展工资集体协商、缩小行业收入差距比、缩小企业内部基尼系数等内容列为对各级政府党委综合目标考核的重要内容。

另外，积极推动企业工资集体协商制度立法。推动企业工资集体协商制度立法，确立工资协商的法律地位，通过加大对工资集体协商的组织及人才建设等，着力推进工人工资集体协商的制度化、规范化和程序化；要对工资收入分配的标准、程序、对象、范围方面做出具体的规定，明确规定工人工资成本占企业利润的比重，尤其是关注一线员工工资占企业利润的比重。解决企业内部收入分配失衡所带来的工人平均收入水平"被增长"的问题，明确初次分配向企业一线员工倾斜。要严格控制国企垄断行业的工资收入分配，监督部分改制企业、民营企业的收入分配问题，明确违反工资政策的法律责任，加大拖欠工人工资的违法成本等。

（二）构建"薪酬指数"平台

由政府部门出面组建"薪酬指数"平台，该平台由劳动保障部门、工会及专家学者组成。借助这个平台，运用网络等先进科技手段，通过深入的调查研究，将与工人利益相关的各项制度落到实处，也为合理调整工人收入分配建言献策。

第一，在最低工资制度上，建立与GDP增长、消费物价指数（CPI）联动的最低工资标准增长机制。适时合理地调整最低工资标准，逐步建立与地方经济水平相适应的、与消费物价指数（CPI）联动的最低工资标准增长机制，保证最低工资标准真正起到为低收入工人提供生活保障的作用。

第二，在工资指导线上，编制劳动力价格指数①。劳动力价格指数是以市场价格为依据所确定的劳动力真实价格，它没有人为因素的干扰，真实地体现了劳资双方对劳动力价格的认可程度。通过配套出台劳动力市场工资的指导性价位，实行行业成本信息披露制度，建立劳动定额标准管理制度。要充分发挥行业协会组织的作用，各行业协会负有制定本行业劳动定额标准的职责，制定与定期发布的行业、工种劳动定额标准对企业具有约束力。实行计件工资的企业应根据行业标准来核定计件工资的单价，企业自定标准不能高于行业标准。劳动监察部门应将行业协会发布的劳动定额标准作为执法检查的依据之一，从而有效遏制企业随意制定劳动定额，刻意压低工人工资等侵犯工人经济权益的行为。

第三，在工资正常增长制度上，建立工资与 CPI 联动机制。积极探索建立工资与 CPI 联动机制，切实保障工人实际工资收入稳定增长。

（三）实施"控高提低"以缩小企业内部基尼系数②

基尼系数通常用来衡量一个国家或地区收入分配或资源分配的不平等程度，本节借用来反映企业内部薪酬分配的公平性。③针对部分外资企业和民营企业内部高管、中层和普通工人收入差距悬殊的问题，需要

---

① 指的是劳动力市场价格指数。劳动力市场价格指数的确定实际上同其他商品价格指数的确定方式基本相同，它是对各具有代表性地区劳动力市场中不同种类职业的劳动力价格根据需求数量的不同按权重进行平均加权计算，以某一天为基准日，按当天的价格为 100 计算。由于劳动力价格的变化不同于一般商品，波动较小，所以可以按月、季度、半年、一年等不同的周期进行计算，得出综合指数。

② 基尼系数是意大利经济学家基尼于 1922 年提出的定量测定收入分配差异程度的指标。它的经济含义是：在全部居民收入中用于不平均分配的百分比。基尼系数最小等于 0，表示收入分配绝对平均；最大等于 1，表示收入分配绝对不平均；实际的基尼系数介于 0 和 1 之间。如果个人所得税能使收入均等化，那么，基尼系数即会变小。联合国有关组织规定：基尼系数若低于 0.2 表示收入高度平均；0.2—0.3 表示比较平均；0.3—0.4 表示相对合理；0.4—0.5 表示收入差距较大；0.6 以上表示收入差距悬殊。

③ 已有的研究显示，用基尼系数来反映企业内部薪酬分配的公平性是可行的，而且比用传统的方法更全面，结果更精确。参见廖建桥、张凌等《基尼系数与企业内部薪酬分配合理性研究》，《工业经济》2006 年第 2 期。

实施"控高提低"以缩小企业内部基尼系数。"控高提低"的核心是提高劳动报酬在初次分配中的比重，近些年来，市场分配长期向资本、管理、技术倾斜，劳动报酬在初次分配中的比重逐年下降，导致普通工人的收入水平相对偏低。在目前我市劳动力过剩的总体格局未变的前提下，需要政府干预劳动力价值市场机制。

第一，明确初次分配向企业普通工人倾斜。政府制定初次分配的规则、规范，明确规定工人工资成本占企业利润的比重；明确初次分配向企业普通工人倾斜，把普通工人的工资增长纳入对经营者的考核评价范围，推动经营者在分配上适当向工人倾斜。

第二，提高个税起征点以"化税涨薪"。通过提高个税起征点等路径，提高企业工人的收入和生活水平。针对企业工资搭载率①偏高的问题，"五险一金"在工资中的比重超过 60%，使得工人拿到手的工资很低。建议工资在 2000 元以下的工人，政府的补贴高一点、企业不变，适当减免个人的缴纳比例。因为以住房公积金为例，工人虽缴纳住房公积金，但通常买不起房，消费被中高收入阶层吸纳，所以政府应该从高收入阶层的房产税中抽一部分出来补贴工人阶层。对经营困难、低附加值、劳动密集型的企业，在税收、产业调整等相关方面尽可能提供一些必要的政策扶持，比如对一些困难企业，在其认真进行工资协商的基础上，根据企业经营具体情况，建议税务等有关部门，在税收和其他相关收费方面给予一定减免，允许其"化税（费）保薪"或"化税（费）涨薪"，以确保工人基本利益得到保障。

（四）提高企业普通工人的话语权

合理调整工人收入分配的关键在于企业"内调"机制的形成，也就是要切实形成工资集体协商的制度，形成听取工人意见的合理机制，提高普通工人的话语权。

第一，全面深入推进工人工资集体协商制度②。实践证明，推进工

---

① 与工资搭在一起企业与个人需要缴纳的"五险一金"占比。

② 这一制度在劳动关系三方协商机制的框架下进行，由政府劳动行政部门主导，工会和企业雇主组织（企业联合会）参加，由企业工会代表员工与企业经营者就工资问题进行平等协商，形成共识后交由员工代表大会讨论通过。

人工资集体协商，建立经营者和劳动者协商确定劳动报酬的共决机制，是建立与市场经济相适应的现代企业收入分配制度的重要环节，也是工人追求工资收入最大化、企业追求利润最大化最佳结合点的有效途径。本次一线员工问卷调查结果显示，工人对工资集体协商制度评价较高的同时也对它的发展寄予了厚望（有47.4%的调查对象对于工资集体协商制度给予了肯定，认为能够提高工人的工资水平，持否定态度的比例仅为8.9%）。一是积极宣传，推动人大开展工资协商区域立法的准备和试点，使工资集体协商工作具有一定程度的强制性，明确要求除极少数垄断行业和特殊行业外，所有企业都必须建立以工资集体协商制度为核心的员工工资决定机制。借助三方协商机制，探索推动区域性、行业性工资集体协商，提高工资集体协商的效益和保障范围。二是充分发挥工资集体协商指导委员会的作用，解决工资集体协商的适时指导与长远规划问题，也解决工资集体协商中出现僵局的问题。对现有工资集体协商的工作人员给予学习、培训、考察的机会，提高他们的协商水平和技巧；同时在社会上聘请部分工资、法律、谈判专家，弥补工会眼下人才的不足；另外工会今后引进人才，应该有计划地引进工资、法律、谈判方面的人才。

第二，积极探索和推行基层工会干部直选制。在本次南京企业一线员工调查中我们发现，工人对工会寄予厚望，但对工会作用的发挥信任不足。新时期工会制度必须改革，坚决站在工人利益一边，这是工会改革的要旨之一。要使工会维权产生机制上的动力，就要从基层工会直接选举做起，改变某些基层工会主席实际上由单位负责人决定的现象。通过制定《基层工会主席直接选举特别条例》的形式推动基层工会主席直选，着力解决基层工会、特别是企业工会向谁负责的问题。在直选工会主席的基础上，分批对直选的工会主席开展工资集体协商的专项培训，解决基层工会干部普遍不会协商的问题。同时推动工资集体协商的立法工作，特别是加大法律对工会干部的保护力度，解决基层工会干部普遍不敢协商的问题。

第三，倡导企业切实履行《企业社会责任》。企业最根本的目的是为它的利益相关者提供价值。企业要承担经济责任和社会责任，一个企业不但要强调经济责任，还要强调对其他利益相关阶层的社会责任。企业内部劳动用工、劳动收入、劳动保险、劳动保护、劳动时间、吸纳就业、工会组织、民主管理等一系列与工人权益密切相关的内容，都是企业社会责任体系的重要内容。大力倡导企业切实履行企业社会责任，不仅有利于构建和谐的企业劳动关系，而且有助于提升企业的社会责任空间。

（五）开展工人职业生涯管理

针对长三角员工流动率较高的现实，如何吸引和留住人才是企业的重中之重。大力开展工人职业生涯管理（Career Management）[1]，是实现员工发展和企业吸引、留住人才战略的关键平台。开展职业生涯管理，通过企业、管理人士和工人之间的相互合作，一方面增强了员工的价值主张，能实现员工的职业提升与发展；另一方面能够吸引和留住人才，提高企业的竞争力，有利于形成企业和员工的利益共享机制。

第一，制定职业生涯发展规划。[2] 职业生涯发展规划是个人目标与企业目标的结合，需要成立由企业领导、人力资源部门等组成的职业生涯管理委员会，研究并设计员工的职业生涯规划，并做好各级培训工作。职业生涯管理至少包括如下内容：明确驱动绩效的关键职业生涯发展路径；随着员工通过某个特定路径晋升，需要明确地按照角色划分的关键岗位职责；取得成功所必需的技术和行为素质；每个职业路径的"入口"和"出口"；获得技术和行为经验所需的培训和发展项目；最后，管理人士和员工为了做出明智的决策、执行正确的职业行动所需的工具、信息和支持。[3] 职业生涯规划应根据员工在不同发展阶段的需求做适当的调整，如开创阶段要使员工形成合理的预期值，进步阶段要为员工提供晋升发展的平台，维持阶段要开发员工的潜能，退出阶段要建

---

[1]　职业生涯管理是现代企业人力资源管理的重要内容之一，是企业帮助员工制订职业生涯规划和帮助其职业生涯发展的一系列活动。职业生涯管理应看作是竭力满足管理者、员工、企业三者需要的一个动态过程。

[2]　所谓职业生涯发展规划，主要是指在员工所在企业的积极参与下，根据员工个人情况和企业需求情况，确立职业目标、选择职业道德、采取行动和措施、发展个人职业生涯的计划制订与实施的过程。参见张静《工人职业生涯管理探析》，《理论观察》2004年第6期。

[3]　杜映梅编：《职业生涯管理》（第2版），中国发展出版社2011年版。

立老员工的关怀文化①等。职业生涯规划制定好后，员工将沿着设计的发展通道不断地从一个岗位移到另一个岗位，从较低层次上升到较高层次，直到生涯目标。

第二，完善职业生涯培训。通过企业座谈我们了解到，有相当部分工人有参加培训以增强自身发展能力的需求。职业生涯发展的基本条件是员工素质的提高，这就要求企业建立完善的培训体系，包括新员工的适应性培训、职业培训、变动工作的培训等。企业通过加大对员工教育培训投入力度，根据员工职业生涯规划，利用现有的条件，定期组织培训或再学习规划，提升员工晋升的发展空间。充分发挥工会组织"大学校"作用，利用工会下属的学校、员工技协、职工援助服务中心、工人文化宫等载体，对工人分层分类开展培训，提高员工的职业技能；充分利用高校和科研院所的平台，开展相关专业和职业的在职培训等。

第三，提高职业生活质量。本次一线员工调查结果显示，工作压力大在工人中较为普遍，有 58.8% 的一线员工表示自己的工作压力比较大。这要求各级工会要通过增加文体娱乐活动、加强心理健康辅导等各种形式的支持和帮助来排解压力，提升工人的职业生活质量。设立企业文体娱乐规划，开展企业文体娱乐等休闲活动。如针对工人真正感兴趣的活动，组织外出旅行参观或单位内部举办各类文娱比赛等。建议改善或重建市工人文化宫，还全市工人一个文化乐园，切实改善广大工人的精神文化生活。进一步加强基层工会活动阵地建设，发挥基层工会俱乐部"工人的学校和乐园"的作用。

（六）关注劳务派遣工②等弱势群体的合法权益保护

政府和社会要特别关注企业中一些相对弱势群体的合法权益维护问

---

① 高晓芹：《基于心理契约的工人职业生涯管理》，《山东工商学院学报》2008 年第 2 期。

② 国外劳务派遣起源于 20 世纪上半叶。我国劳务派遣用工最早出现于 20 世纪 70 年代末，主要是为了解决外国企业常驻中国代表机构的用人需求。外国企业常驻中国代表机构属于非法人机构，不能直接用工，一般都由政府有关部门批准成立的专门机构（如外企人力资源服务公司）向其派遣中国雇员。20 世纪 90 年代末，为解决下岗员工再就业和农村富余劳动力有序就业，劳务派遣逐步发展起来，成为一种新的用工形式。劳务派遣的最大特点是劳动力雇用与劳动力使用相分离，被派遣劳动者与用工单位不建立劳动关系，而与派遣单位签订劳动合同。

题，如企业中劳务派遣工与合同工的同工不同酬、没有公积金、加班不规范等权益保护问题；企业新员工的居住难问题等，都需要借助政府、企业、工会各方面的力量来共同加以解决。

第一，保护劳务派遣工的合法权益。劳动合同法颁布实施后，劳务派遣工的同工不同酬，没有公积金，加班不规范等权益保护问题日益凸显出来。从中外合资企业调查的情况看，劳务派遣工使用的还不算太多，但有不断增加的趋势。为防止劳务派遣的适用领域无限制扩大，劳务派遣在正式工作岗位上不断扩张，建议进一步规范劳务派遣工专项合法权益保护，一方面解决劳务派遣工本身的权益保护问题，另一方面解决目前劳务派遣中介机构普遍存在的主要问题，如资质管理混乱、劳动关系混乱、派遣岗位混乱和"五金"缴纳混乱。如把《劳动合同法》规定的"临时性、辅助性或者替代性的工作岗位"进行明确细化，具体限制劳务派遣适用的工作岗位范围，再如将《劳动合同法》规定的"派遣单位必须履行用人单位对劳动者的义务，不得克扣用工单位按照劳务派遣协议支付给被派遣劳动者的劳动报酬。用工单位必须告知被派遣劳动者工作要求和劳动报酬，支付加班费、奖金和相关福利待遇"的要求细化为"由用工单位直接向被派遣劳动者支付工资、加班费及其他福利"，即劳务派遣工工资由用工单位直接发放，用工单位对劳务派遣公司只需支付劳务代理的相关费用。还可以借鉴许多国家的做法，即：派遣用工一定时间后，转换成用工单位直接雇用该劳工，派遣单位退出。

第二，推出"公共租赁住房"以改善工人居住条件。本次一线员工调查结果显示，工人在生活中最担心的事情是收入减少、房租或房贷、失业下岗或工作不稳定三大问题。在工人的消费结构中，占比重最大的三项分别是伙食费、房租房贷和子女教育费。根据参加调查的一线员工情况统计，18—30岁的工人占到总数的54.11%，一些工人表示希望企业提供员工集体宿舍、发放租房补贴，希望政府能为他们也提供一些廉价出租房。因此，建议政府有关职能部门配合有关企业，在为工人解决集体宿舍、提供廉租房和改善基本居住条件方面采取一些必要的措施。推广上海"单位租赁房"的经验，向既不属于保障对象、又无力购买商品房的"夹心层"人群推出公共租赁住房。公共租赁住房的供应对象主要是新就业人员，统一认定为"就业 5 年内"。而公共租赁住房将实行政府指导价，租金预计约在市场价的 70%—80%。公共租赁住房将会采取多种建设模式，鼓励新就业人员较多的大中型企业采取建设集体宿舍、工人公寓等方式，提供给本企业的新员工租住。公共租赁住房也将有退出机制，工作满年限后必须退出。

第三章

工人阶层的文化消费

文化消费作为大众消费的有机组成部分，不仅关系着一个地区的文化软实力，也关系着城乡居民的幸福指数。国家"十三五"规划指出，要加快发展现代文化产业，推动传统文化产业转型升级，推进文化业态创新，扩大和引导文化消费。这为新常态下我国文化产业和文化消费可持续发展提供了重要行动指南。

在全面建成小康社会的新征程中，企业职工既是我国经济发展的主力军，也是拉动消费的重要支柱型力量。然而，当前企业职工的文化消费潜力远未得到充分开发，主要表现为文化消费比例偏低、发展型消费相对不足，文化产品质量与消费者的精神期待之间仍存在一定的距离等，这与全面建成小康社会和职工实现体面劳动、全面发展有很大的差距。本章以南京市为例，通过问卷调查和调研访谈，深入了解企业职工文化消费结构的现状，找准企业职工文化消费存在的主要问题，并提出提升企业职工文化消费的路径与对策。

第一节　扩大和引导工人文化
消费的必要性

一　文化消费的内涵

文化消费有广义和狭义之分。较早时期，有学者倡导研究狭义的文化消费。如施涛认为，文化消费中的"文化"，应从狭义上来理解，它是指："以文学艺术为主体，包括音像、出版和与此相适应的文化艺术服务。文化消费就是指上述范围的文化产品和文化服务消费。"① 但随着时间的推移，更多的研究者更倾向于采用广义的文化消费概念，表述也渐趋一致。即文化消费是指人们为了满足自己的精神文化生活而采取不同的方式来消费精神文化产品和精神文化服务的行为。② 本书所研究的文化消费，指的是广义的文化消费，其内容包括教育消费、文化消费、信息消费、娱乐消费、体育消费和旅行消费六个主要方面。其中每个方面的消费又存在消费时间、消费支出、消费方式、消费类型、消费路径和消费内容的差异。文化消费的指标体系如图 3—1 所示：

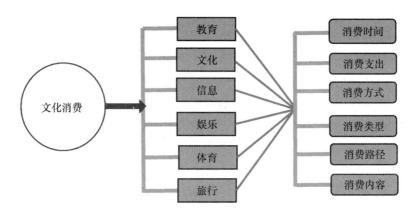

图 3—1　文化消费的指标体系图

二　扩大和引导工人文化消费的必要性

（一）扩大和引导工人文化消费有助于推动产业结构的转型升级

近年来我国文化消费增长加快，产业规模不断扩大，未来发展潜力和空间巨大。文化消费正成为中国经济转型升级的新动力。扩大和引导文化消费符合我国产业结构调整的方向。文化消费的不断增加，标志着居民生活质量的提高，文化消费比重的提高标志着消费结构的升级。文化消费的高低一方面取决于居民的消费能力和消费意愿；另

---

① 施涛：《文化消费的特点和规律探析》，《广西社会科学》1993 年第 3 期。
② 曹俊文：《精神文化消费指标体系的探讨》，《上海统计》2002 年第 4 期。

一方面取决于文化产品的供给。目前我国文化消费潜力巨大而活力不足，其根本原因主要是由于供给端与消费端的发展失衡。[①] 当前文化消费的需求正在"倒逼"文化产业以及相关产业的发展。文化产业是绿色产业、现代服务业，文化产业的外部性非常明显，比如，文化产业可以通过人力资本、技术创新和文化资本，间接影响经济增长，提升经济增长效率。文化产业的发展是文化消费的根本支撑，因此国家在"十三五"规划建议中已明确提出要把文化产业发展成为国民经济支柱性产业。从这个角度来理解，文化消费正成为新常态下中国经济转型升级的新动力。

（二）扩大和引导工人文化消费有助于提升工人自身的生活质量和幸福指数

社会经济发展的终极目的是让人民群众过上幸福生活。而文化消费在人们消费总支出中所占比重的高低，是衡量公民生活质量和幸福指数的重要指标。根据马斯洛的需求层次理论和发达国家的经验，当物质需求和消费达到一定程度、基本满足之后，人的需求就会转向更高层次的精神、文化需求和消费。仅有充分的物质消费是不够的，只有物质和精神需求都得到充分满足，才有可能达到理想境界。本次文化消费调查了"文化消费对生活质量和幸福感的重要性"，其中 25.4% 的工人认为"很重要"，48.8% 的工人认为"比较重要"，两者合占被调查总数的74.2%；只有 5.8% 的工人认为"不大重要"和"不重要/无关"。因此，扩大和引导文化消费，提高文化消费在人们消费总支出中的比重，有助于工人自身生活质量和幸福指数的提升。

（三）扩大和引导工人文化消费有助于促进工人的全面发展和现代化的实现

对于当前的我国来说，拉动文化消费的最高意义和终极意义在于迎接全面小康社会，谋求人的全面发展，进而实现现代化。"以人为本"是发展的第一要义，发展是为了人，为了不断满足人的全面需求、促进人的全面发展。"人的全面发展"是马克思主义理论探索的终极目的，人获得全面发展的阶段是马克思、恩格斯关于人类发展三

---

① 范周、王若晞：《转型升级，文化消费如何发力》，《民族艺术研究》2016 年第 29 期。

阶段论的最后一个阶段。马克思认为消费的本质是"人的复归",是"对人的本质的真正占有",即通过消费应该创造出"同人的本质和自然界的本质的相适应的人的感觉",使消费者的各方面能力与素质得到综合发展与提高,实现人的全面自由发展。从这个意义上来讲,消费的根本目的和最高目的是促进人的全面发展。而在所有消费行为中,精神文化消费是消费的最高层次,是人谋求全面满足,进而实现全面发展的终极手段。从现代化目标来看,文化消费的终极意义在于促成人与社会全面而彻底的现代化。其一,文化消费强有力地推动人的现代化;其二,文化消费潜移默化地作用于社会现代化。文化消费对于人的现代化有着至为关键的作用,由重塑时代消费观开始,塑造现代价值观,起到构建现代人格、发展现代文化的作用。[①] 扩大和引导工人的文化消费,有助于实现人的现代化对工人所提出的新的更高要求,促进知识社会的形成,推动现代化的发展进程。

第二节　工人阶层文化消费的主要特征

为深入了解现阶段工人文化消费的现状,南京市社科院与市总工会于 2016 年 9—10 月联合开展了针对南京市企业职工文化消费现状的千人问卷调查。问卷的设计主要从文化消费主体、文化消费方式、文化消费能力、文化消费意愿四个层面进行设计。为确保本次调查结果的客观性、科学性和全面性,本次调查本着企业类型多样化原则、企业规模效益差异性原则和企业内部按性别、年龄等配比发放原则,共发放问卷 1000 份,其中回收有效问卷 956 份,问卷回收率为 95.6%。本次调查共涉及 25 家企业,其中国有企业、集体企业 10 家,外资企业占 6 家,民营企业 9 家。被调查者中男性职工占 49.1%,女性职工占50.9%。调查对象的具体人口特征如表 3—1 所示,调查问卷如附录(一) 3—1 所示。

---

① 徐望:《论文化消费之于全面建成小康社会和现代化的意义》,《艺术百家》2015 年第 S2 期增刊。

表 3—1　　　　　　　调查样本的基本情况（N = 956）

调查指标	选择项	回答人数	有效百分比(%)	调查指标	选择项	回答人数	有效百分比(%)
性别	男	468	49.1	户籍	农村	214	23.2
	女	485	50.9		中小城市或城镇	331	35.9
					大城市	377	40.9
年龄	16—30 岁	226	23.9	企业类型	国有及国有控股企业	329	34.9
	31—40 岁	322	34.0		外资企业	94	10.0
	41—50 岁	305	32.2		民营企业	338	35.8
	51 岁以上	94	9.9		集体及集体控股企业	141	14.9
					其他	42	4.4
文化程度	小学及以下	7	0.7	工作岗位	一线员工	263	27.6
	初中	80	8.4		高层管理人员	62	6.5
	高中、职高、中技	206	21.7		一般管理人员	376	39.5
	大专	246	25.9		技术人员	87	9.1
	本科	357	37.5		营销人员	46	4.8
	研究生	55	5.8		后勤服务等辅助岗位员工	119	12.5
月收入（元）	2000 及以下	63	6.6	婚姻状况	已婚（含再婚）	726	79.6
	2001—3500	345	36.3		未婚	162	17.8
	3501—5000	301	31.7		丧偶	8	0.9
	5001—8000	165	17.4		离异	16	1.8
	8001 及以上	76	8.0	有效样本	合计	956	—

根据本次工人文化消费现状的问卷调查及调研访谈，南京工人阶层的文化消费呈现如下几个主要特点：

一　工人文化消费的支出比例与其收入成正比

调查发现，工人月收入水平越高，其文化消费支出在家庭总支出中所占比例越大，而超过七成调查对象也认为收入状况是影响文化消费的主要因素。如表 3—2、表 3—3 所示。

表 3—2　　　　　　　　　　　　调查对象月收入

指标		频数	有效百分比（%）
月收入（元）	2000 及以下	63	6.6
	2001—3500	345	36.3
	3501—5000	301	31.7
	5001—8000	165	17.4
	8001 及以上	76	8.0

表 3—3　　　　　　　　　　　　工人的文化消费支出

指标		频数	有效百分比（%）
文化消费占家庭总支出的比例	低于 10%	180	19.1
	10%—20%	436	46.3
	20%—30%	245	26.0
	30%—50%	62	6.6
	高于 50%	19	2.0

从表 3—2 和表 3—3 的数据可以看到，调查对象的月收入与其文化消费支出呈显著相关，线性表现呈大体一致。即月收入水平越高，其文化消费支出在家庭总支出中所占比例越大。

消费不但是社会经济发展水平的指示器，也是社会分层的指标之一[1]，是社会结构所决定的收入分配制度的体现，是在个人的"自由选择"的表象下面蕴藏了权力和资源对比关系不均衡所造成的收入分配不均衡的现实。[2] 可见，消费是与社会分层紧密联系在一起的，是以社会阶级和群体为依托而出现的需要。马克斯·韦伯从三个维度对社会阶层

---

[1]　李培林、张翼：《消费分层：启动经济的一个重要视点》，《中国社会科学》2000 年第 1 期。

[2]　王宁：《消费社会学——一个分析的视角》，社会科学文献出版社 2001 年版，第 23 页。

进行了划分，即权力、声望和经济，因此单从经济层面来考虑，职工的收入越高，则代表在社会结构中处于更上层的位置及与其社会位置相匹配的资源和权力，而普通工人由于社会地位的限制和社会剥夺所造成的资源匮乏，决定了他们不得不抑制自己的消费欲望。

二　工人对文化消费的认同度较高

从宏观上来看，南京市工人对文化消费的认知度较高。调查对象针对"文化消费对生活质量和幸福感的重要性"这一问题的态度，认为"很重要"和"比较重要"的总和达到74.2%。如表3—4所示。

表3—4　　　　　　　　员工对文化消费重要性的认知

指标		频数	有效百分比（%）
文化消费对生活质量和幸福感的重要性	很重要	240	25.4
	比较重要	461	48.8
	一般	188	19.9
	不大重要	38	4.0
	不重要/无关	17	1.8

从微观层面来看，可从以下几个维度进行解析。首先从学历来看，在认为"很重要"和"比较重要"的态度中，初中文化程度的工人对文化消费的认同度最低，为33.3%，其余文化程度的员工对文化消费均有较高的认知度，其中本科学历的员工为87.2%，研究生学历为85.4%。如表3—5所示。

表3—5　　　　不同文化程度员工对文化消费的认知度　　　（单位：%）

文化程度 ＼ 文化消费重要性	很重要	比较重要	一般	不大重要	不重要/无关
小学及以下	50.0	33.3	0	0	16.7
初中	14.1	19.2	48.7	14.1	3.8
高中、职高、中技	15.6	42.4	31.7	7.3	2.9

文化消费重要性　　　　文化程度	很重要	比较重要	一般	不大重要	不重要/无关
大专	25.3	54.7	15.9	1.6	2.4
本科	30.8	56.4	10.5	2.0	0.3
研究生	43.6	41.8	12.7	1.8	0

其次从户籍来看，来自大城市的工人对文化消费的认同度要高于来自中小城市或城镇以及来自农村的工人，从"很重要"及"比较重要"的态度中，农村和中小城市或城镇户籍的员工分别为68.5%和72.9%，而大城市户籍的员工数据统计为79.6%（参见表3—6）。

表3—6　　　　　　　户籍对工人文化消费认知度的影响　　　（单位：%）

文化消费重要性　　　　所在户籍	很重要	比较重要	一般	不大重要	不重要/无关
农村	27.7	40.8	22.1	6.1	3.3
中小城市或城镇	20.6	52.3	20.6	4.3	2.2
大城市	29.1	50.5	17.1	2.4	0.8

再次从工作岗位来说，一线员工对文化消费的认同度最低，而高层管理人员、一般管理人员、技术人员、营销人员和后勤服务等辅助岗位职员认为文化消费很重要或比较重要的比例均过半，另外值得注意的是，从"很重要"这一层次来看，高层管理人员所占比例远远高于其他工作岗位的员工，如表3—7所示。

表3—7　　　　　　　岗位对工人文化消费认知度的影响　　　（单位：%）

文化消费重要性　　　　工作岗位	很重要	比较重要	一般	不大重要	不重要/无关
一线员工	15.7	39.8	32.6	9.2	2.7
高层管理人员	44.3	42.6	11.5	0	1.6

续表

文化消费重要性 / 工作岗位	很重要	比较重要	一般	不大重要	不重要/无关
一般管理人员	30.2	56.6	11.3	1.3	0.5
技术人员	28.7	48.3	18.4	2.3	2.3
营销人员	24.4	48.9	17.8	4.4	4.4
后勤服务等辅助岗位职员	20.5	47.0	25.6	4.3	2.6

最后从收入来看，从本次调查的结果来看，收入越高，对文化消费的认同度越高，反之，则越低。收入在 2000 元及以下的工人，对文化消费认同度最低，认为文化消费很重要或比较重要所占比例分别为 25.8% 和 27.4%，两者合占 53.2%；而收入在 2000—3500 元、3500—5000 元、5000—8000 元以及 8000 元以上的员工认为文化消费很重要或比较重要所占比例分别为 62.6%、81.5%、84.8% 和 91.8%。可见工人对文化消费的认同程度是随着收入的增加而提升的。如表 3—8 所示。

表 3—8　　　　　　收入水平对工人文化消费认知度的影响　　　　（单位：%）

文化消费重要性 / 收入水平	很重要	比较重要	一般	不大重要	不重要/无关
2000 元及以下	25.8	27.4	25.8	17.7	3.2
2000—3500 元	19.3	43.3	30.4	5.0	2.0
3500—5000 元	23.9	57.6	14.4	2.4	1.7
5000—8000 元	31.1	53.7	13.4	0.6	1.2
8000 元以上	45.9	45.9	4.1	2.7	1.4

以上从员工学历、户籍、工作岗位、收入几个维度做了关于对文化消费认同感的分析，这几种维度可操作为：学历高——低、城市户口——农村户口、管理层——一线员工、收入高——低。明眼人可以

看出，这几个维度从本质上反映了调查对象社会阶层的分化，深层次体现着不同的消费观念与消费文化。从社会学的角度来看，消费活动不仅仅是一种个体行为，还是一种共有行为，是一种同时为许多人表现出来的文化，它不仅仅是可观察行为，还包括不可观察、可以理解的价值、信仰和想象（文化要素），消费文化表达某种意义或传承某种价值系统的符号系统，隐含着某种阶层意义。即如费瑟斯通总结的第二种文化消费视角："文化消费是人们通过对社会差距的表现和维持来实现自身对商品的满足并取得某种社会地位。"① 布迪厄根据个人所拥有的资本（包括经济资本、文化资本和社会资本）总量差异，将社会阶层划分为支配阶级、中间阶级及普通阶级。不同的阶级，由于其所处的社会空间位置差异，由此而形成的阶级惯习也截然不同，从而导致了文化消费等实践活动的差异，其文化消费理论就认为不同阶级文化消费行为进一步实现了阶级之间的区隔与融合，改变了消费者的社会空间位置，即处于越高的社会阶层，则具备着越高的文化消费水平。

三　网络媒体成为工人进行文化消费的主要方式

本次调查对"业余时间主要的文化消费方式"这一问题，其中排名前三的是"看手机"，占调查总数的 72.8%；"看电视"，占调查总数的 56.8% 以及"电脑上网"占调查总数的 43.1%，如图 3—2 所示。

另外对于"获取知识信息最主要的来源"这一问题，956 人中的 789 人选择的是"手机"，占调查总数的 82.5%；695 人选择的是"电脑网络"，占调查总数的 72.7%，近些年随着网络和电子设备的迅疾发展，利用网络获取信息已然成为工人信息来源的主要方式。从数据中可以发现，传统获取信息的方式影响式微，如出版物、各种培训和教师讲授等方式明显弱于网络媒体。如图 3—3 所示。

---

① ［英］迈克·费瑟斯通：《消费文化与后现代主义》，刘精明译，译林出版社 2000 年版，第 18—19 页。

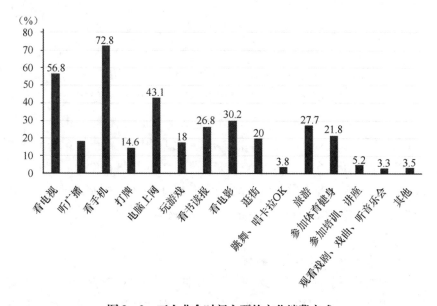

图3—2 工人业余时间主要的文化消费方式

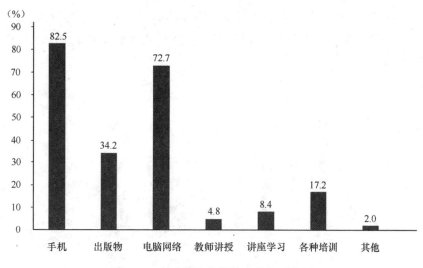

图3—3 工人获取知识信息的主要来源

从社会学的视野中来看,消费经常是一种社会交流和表演的过程,是以他人的期待和评价为行动导向的,因而是韦伯所讲意义上的"社会行动"。如今随着手机 APP 如微信、微博、QQ 空间等社交软件的广泛应用，使人与人之间的虚拟互动变得更加便捷，方便了日常表演的"舞台"。以微信为例，根据腾讯公司 2016 年年度业绩报告，微信覆盖着 90% 以上的智能手机，月活跃用户数达 8.9 亿，已成为中国电子革命的代表，成为人们生活中不可或缺的日常使用工具。网络的使用离不开网络设施的基础设施建设，根据《中国信息社会发展报告 2015》，南京市的信息社会发展指数达到 0.67（全国平均水平为 0.5038，低于 0.6 表示处于准备阶段，大于 0.6 则表示进入初级阶段），在全国城市中排名第 13 位，在全国省会城市中排名第 3 位，由此可以看出南京互联网基础设施水平全国领先，正是由于这些基础设施的完备，使南京工人便捷上网成为可能。

四　工人文化娱乐方式多样

从宏观来看，工人文化娱乐方式多样，越来越注重生活化、品质化。工人文化娱乐方式主要集中在旅游、体育健身和看电影。本次调查共有 956 人回答了"愿意自己花钱的文化消费项目"一题，其中有 715 人选择"旅游"，占调查总数的 74.8%；405 人选择"体育健身"，占调查总数的 42.4%；396 人选择"看电影"，占调查总数的 41.4%。如图 3—4 所示。

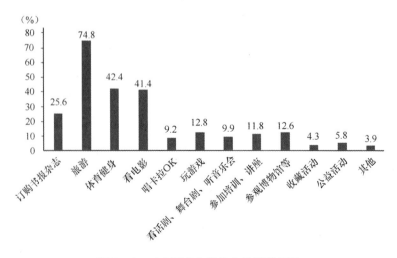

图3—4　工人愿意自费的文化消费项目

而对于"最喜欢的文化娱乐类型"这一问题，其中有 502 人认为是"运动"，占调查总数的 52.5%；521 人认为是"电影"，占调查总数的 54.5%；655 人认为是"旅行"，占调查总数的 68.5%。如图 3—5 所示。可见，员工最喜欢的文化娱乐类型和员工自己愿意花钱的文化项目两者基本上是一致的。

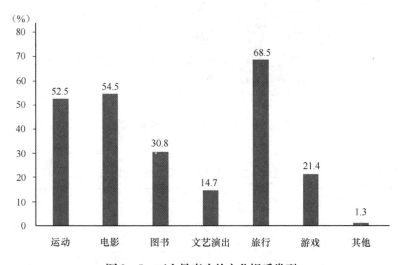

图 3—5　工人最喜欢的文化娱乐类型

消费的时代性是不证自明的，随着社会经济的发展、个人收入的提高和基础设施的完善，可供人们选择的娱乐方式越来越多。

五　外出旅游成为多数工人重要的文化消费方式

调查结果显示，76.2% 的工人每年都会外出旅游 1—3 次。如图 3—6所示。以下从多个维度考量。

首先从文化程度上来看，初中文化程度的工人最近一年都没有外出旅游所占比例最高（36.3%），在旅游次数为 1—3 次方面，本科生所占比例最高，达 82.5%，文化程度为研究生的工人在每年旅游 4—6 次和 6 次以上所占比例都高于文化程度低的工人。如表 3—9 所示。从整体上看，文化程度较低尤其是初中及以下文化程度的工人外出旅游次数较少。

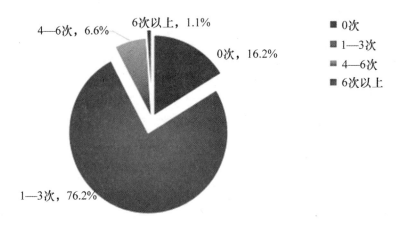

图3—6　工人每年外出旅游的频率

表3—9　　　　　　　文化程度对工人外出旅游次数的影响　　　　（单位：%）

每年外出旅游次数 文化程度	0 次	1—3 次	4—6 次	6 次以上
小学及以下	28.6	71.4	0	0
初中	36.3	58.8	5.0	0
高中、职高、中技	24.8	68.8	5.4	1.0
大专	12.4	81.3	5.4	0.8
本科	9.0	82.5	7.3	1.1
研究生	16.4	67.3	12.7	3.6

　　其次，从户籍来看，来自农村的工人旅游支出要低于来自中小城市或城镇以及大城市的工人。再次，高层管理人员外出旅游次数最多，而一线员工和后勤服务等辅助岗位员工最近一年都没有外出旅游所占比例要高于其他岗位的员工。

　　在一个组织系统内部，高学历和高层管理人员相较而言从事着更为复杂的脑力劳动，同时也能获得较多的出差机会。一方面，休闲是对工作的弥补，繁重的工作需要及时的休闲与放松；另一方面，高层管理人员有较多的出差机会，间歇的游玩时间也是旅游时间的一部分。旅游是花费时间和金钱给自己放松和增加人生新经验、新经历的社会行为，是一种消费活动，是从特定的社会阶级的责任和义务中获得暂时的解脱，从而获得自由（Dumazedier），也是逃离日常事务理性化牢笼的出路。

在中国传统文化中，孝敬父母不仅是社会对子代的道德期望，也是国家的法律要求，体现着中国家庭的伦理意义，而体现在消费关系上则是"敬"。工人利用工作之余的休闲时间与父母、子女以旅游等方式进行感情交流，完成着社会和家庭赋予或期望的角色义务，同时，个体从家人那里获得情感安慰和情感依赖中，获得了情感的社会支持。

从家庭方面而言，与家人的共同出游则很大程度上也体现了现代化对家庭的影响，即家庭与工作及社会关系的变化——社会和个人活动领域的分离——是当代家庭社会的显著特征，正如马克·赫特尔所说，"广泛的社会公共制度包括工作和社区是和社会生活中的私人领域尤其是最重要的制度——家庭相脱离的"①。

六　体育健身项目丰富，但工人参与锻炼存在障碍

调查统计中显示，工人体育健身项目类型丰富。本次调查共有943人回答了"最喜欢的体育健身项目"这一问题，其中有457人选择的是"健步走"，占调查总数的48.5%；213人选择的是"跑步"，占调查总数的22.6%；78人选择的是"游泳"，占调查总数的8.3%。如图3—7所示。虽然体育健身项目种类很多，但是可以发现，经济、便利的健身项目较受工人的欢迎。

虽然运动类型多样，但运动次数明显较少，大多数调查对象每周的运动次数在1—2次，每天坚持半小时的则寥寥无几。本次调查共有950人回答了"每周体育健身锻炼半小时的次数"这一问题，其中有118人认为"一次也没有"，占调查总数的12.4%；484人认为是"1—2次"，占调查总数的50.9%；258人认为是"3—4次"，占调查总数的27.2%。如图3—8所示。

---

① ［美］马克·赫特尔：《变动中的家庭——跨文化的透视》，宋践、李茹等译，浙江人民出版社1988年版，第56页。

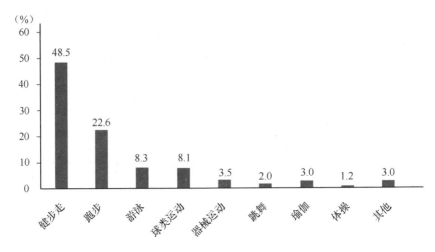

图3—7　工人最喜欢的体育健身项目

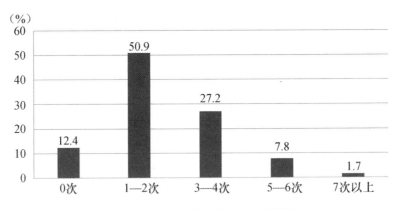

图3—8　工人每周体育健身半小时的频率

　　健步走和跑步之所以深受工人的喜爱，因其拥有以下几个特点，首先与其他运动项目相较而言，不需要专业的运动场地和运动设施，成本较小；其次可与亲戚朋友一起运动，带有休闲性质，方便信息交流；再次，随意性较大，不必集中长时间去参加锻炼。

　　调查显示工作和家务忙是工人参与体育锻炼最主要的障碍，其中有53.5％的人认为受"工作忙"影响，有36.7％的人认为受"家务忙"影响，还有31.8％的人认为是"自己缺乏毅力"。基于此次调查的主要单位是民企（35.8%）和国企（35.0%），且其中已婚员工占近80%，在此数据背景下，理解工人忙于工作和家务就是可以理解的了。30—50岁之间处于人生的中年时期，也是创造财富的黄金时期，同时，在家庭中，子女经济尚未独立，父母年老多病，生活压力较大。因此，存在体育锻炼障碍在情理之中。

第三节　工人阶层文化消费存在的主要问题及影响因素

借助本次问卷调查和工人的个案访谈，归纳了工人文化消费存在的诸多问题，并深入分析了影响工人文化消费的主要因素，具体分析如下：

一　工人文化消费存在的主要问题

（一）文化消费支出在工人家庭消费支出中的比例相对较低

在本次调查中，大约有75%的调查对象认为文化消费对提升生活质量和幸福感"非常重要"和"比较重要"。但他们对于文化消费的积极倾向并没有转化为现实的消费支出，文化消费支出在家庭消费中的比例较低。发达国家文化产业发展的经验表明，一个国家人均GDP达到3000美元时，文化消费的规模将大幅攀升至与物质消费水平并重的阶段；当人均GDP超过5000美元时，文化消费进入井喷期，开始形成稳定的规模，并成为保持经济稳定增长的内在动力。对比该标准，2015年南京市人均GDP达18995.84美元，文化消费理应进入井喷期，而实际文化消费与之差距甚大。在本次调查中，超过九成的调查对象其年度文化消费支出占家庭总支出的比例低于30%，而只有2%的调查对象高于50%。由此可见，尽管工人对文化活动的重要性有着比较积极的评价，但他们中的绝大多数人并没有将其作为家庭消费支出的重点。

（二）工人的文化活动形式比较单一

互联网时代的来临正快速改变着人类社会的几乎所有领域，其中就包括人们的文化活动形式。本次调查显示，尽管依然有超过一半的调查对象将看电视作为主要的文化活动形式之一，但看电视显然已经不再是最主要的文化活动形式。相比之下，超过七成的调查对象选择将"看手机"作为主要的文化活动方式，另有超过四成的调查对象选择了"电脑上网"。在时间安排上，有超过一半的调查对象每天上网时间在2—4小时之间，上网的主要目的是关注朋友和同事动态。相比之下，只有不到三分之一的调查对象选择将"看电影"和"看书读报"作为主要的文化活动形式；而选择参加学习和文艺活动、听广播、打牌、玩游戏、逛街、跳舞以及观看戏曲等文化活动形式的人非常之少，几乎可以忽略不计。由此可见，以互联网为依托的文化活动已经成为了当前工人文化活动最主要的形式，互联网尤其是移动互联网对人们传统的文化活动形式带来了巨大冲击，参加文艺活动、打牌、逛街、跳舞等传统社交形式不再受到重视。

（三）工人文化消费结构中发展型消费相对不足

享受型消费就是人们为了满足享受需要而进行的消费活动，发展型消费则是人们出于更高更好的发展而进行的消费活动。前者注重短期受益，而后者更侧重长远受益。合理的文化消费结构应该在两者之间保持一定的平衡。从本次调查结果来看，在工人文化消费结构中，享受型消费偏重，而发展型消费相对不足。超过七成和四成的调查对象选择"旅游"和"看电影"作为"愿意自己花钱的文化消费项目"。与此相比，他们在购买书籍等发展型项目上的支出意愿却很低，其中超过一半的人年度购书支出低于300元。如果按每本书30元价格计，并且排除可能的少量借阅行为，有一半的工人年度阅读图书不超过10本。该比例远远低于大多数发达国家成年人的平均图书阅读量。

（四）工人接受教育培训的情况不够理想

科学合理的培训不仅可以提升员工的工作技能，增强他们对企业的归属感和主人翁精神，同时也有利于实现企业与员工之间的良性沟通，增强企业的向心力和凝聚力，提升企业永续经营的生命力。但本次调查发现，南京市企业整体上对员工的培训不够重视，员工接受培训的情况不理想。在所有接受调查的员工中，有超过三分之二的人认为其所在企业给予员工的培训机会"一般"或"很少"，另有15%的调查对象则认为"几乎没有"。这种"不理想"不仅反映在培训的整体水平上，同时也反映在培训的整体结构上。在文化层次结构上，"两头大，中间小"的情况非常明显，文化层次为小学的员工获得的培训机会最多，其次为文化层次为研究生的员工，而处于中间层的高中或技工类员工获得培训的机会最少。这三个群体中分别有50%、40%、5.9%的调查对象认为企业给的培训机会"很多"或"比较多"，比例非常悬殊。在职位层级上，不同群体的受培训机会之间的差距也非常明显，其中，有一半的高层管理人员认为"很多"或"比较多"，而只有一成左右的一线员工或后勤辅助岗位员工选择了相同的答案。

（五）工人每周体育锻炼量过少

健康的体魄是高效工作的重要保证和事业成功的基石。按照人体运动学的一般规律，一个成年人正常应当保持每周3—5次，每次半小时至一小时之间的运动量。如果用这一标准来衡量工人的运动量，可以发现其严重不达标。在本次调查中，超过五成的调查对象每周体育锻炼半小时的次数维持在1—2次；超过12%的调查对象则从不进行体育锻炼；而能够维持每周3—4次锻炼频次的调查对象还不足三成。

（六）企业开展文化活动情况一般

文化活动是企业活动不可或缺的部分，在企业文化塑造，经营管理，以及党组织建设等领域扮演着重要角色。尽管绝大多数的受调查对象都希望所在企业能够开展丰富多彩的文化活动，但调查显示，企业实际开展的文化活动与人们的这种期待之间还有相当的距离。只有两成的调查对象认为其所在的企业开展的文化活动"很多"或"比较多"，其他近八成的调查对象则认为"一般""较少"，以及"几乎没有"。以体育活动为例，有接近一半的受访对象认为其所在单位只是偶尔开展体育活动，超过三成的受访对象则认为单位几乎从不开展体育活动。

二　影响工人文化消费的主要因素分析

影响工人文化消费的因素是多元化的，其中既有个体层面的因素，个人的收入水平、文化水平、年龄及与之相关联的价值观等无疑是影响工人文化消费的核心要素；从企业层面来讲，企业性质、工作岗位等因素决定工人的收入分层及价值观，也间接影响着工人的文化消费；此外，公共文体服务设施是否到位，城乡差异，社会整体文化氛围的好坏等都会对工人的文化消费产生影响。本书主要针对上述三个层面的客观影响因素展开分析。

（一）个体层面

1. 收入水平因素

在本次调查中，有超过七成的受调查对象将收入因素视为制约他们文化消费的最主要因素，而教育、住房、工作压力，以及闲暇等因素的制约作用紧随其后。这些因素之间既相区别，又紧密关联。它们都属于与个人特征相关的物质性因素，彼此之间可以相互转化。收入水平首先制约着人们的消费观念，收入越高，对文化消费的认同度越高，反之，则越低。在月收入 2000 元及以下的员工中，大约有一半的受调查对象认为文化消费很重要或比较重要；而收入在 8000 元以上的员工中则有超过九成的人给出了相同的回答。收入水平对文化消费最直接的影响是制约了人们的整体文化消费水平。接近 85% 的受调查对象的月收入低于 5000 元，这是超过九成受访对象的年度文化消费支出之所以占家庭总支出低于 30% 的最主要因素。收入要素同时也在相当程度上决定了工人的文化活动形式，相比较旅游等高费用活动来说，上网、看电视、逛公园等低费用或免费的活动形式更加受到工人的青睐。

2. 文化程度因素

文化程度首先制约着工人对文化消费重要性的判断。总体来说，两者之间呈正相关关系。大约三成的初中文化水平的受调查对象认为文化消费很重要或比较重要。而做出相同回答的人在受调查的本科生和研究生中则超过 85%。尽管有超过 83% 的小学及其以下文化程度的调查对象认为文化水平对于文化消费很重要或比较重要，但对这种"重要或比较重要"应当理解为文化消费能力的一种制约。也就是说，他们能够充分意识到文化水平低已经严重影响了他们的文化消费能力。文化程度的高低同样影响着人们的消费结构，这一点在旅游观光等项目上体现得尤为明显。高达 36.3% 的初中水平调查对象在过去一年中没有出外旅游，而外出旅游达到 4—6 次的只有 5%。与之相比，这两个数字在研究生水平的调查对象那里则分别为 16.4% 和 12.7%。文化程度同时是人们是否有机会接受培训的重要因素。在不同文化层次的调查对象中，分别有40%和25%的研究生获得的教育培训机会很多或比较多。相比之下，高中、职高和中技类的工人很难获得教育培训的机会，大约只有0.5%的调查对象认为能够接受到的教育机会很多或比较多。尽管说，超过一半的小学文化水平的调查对象认为他们接受的教育培训很多或比较多，但我们并不能错误地将这种培训归结为文化活动。事实上，针对小学文化水平的员工所做的培训绝大多数都属于最基本的工作技能培训，这与他们的文化水平过低紧密相关。

3. 年龄因素

在本次调查中，三分之二左右的调查对象的年龄在31—50岁之间，基本能反映工人的真实年龄结构。调查显示，年龄因素对工人的文化消费形成具有一定影响。在手机上网方面，越是年轻的员工花在互联网尤其是手机上网的平均时间越长。其中，在16—30岁之间的年龄档中，有9.8%的调查对象平均每天用于手机上网的时间超过6小时，而50岁以上的人员中，只有2%达到此时长。在娱乐活动方面，中间年龄段的人（31—50岁）比低年龄段（16—30岁）和高年龄段（50岁以上）的人都更加愿意选择和家人一起参加娱乐活动。值得注意的是，50岁以上的员工选择独自参与娱乐活动的比例要明显高于其他年龄段的员工。年龄同样是产生员工旅游支出差异的重要因素。具体来说，16—30岁、31—40岁、41—50岁，以及50岁以上四个年龄段的员工年度旅游花费支出高于3万元的比例分别为3.1%、5.7%、4.6%、3.3%。显然，处于中间年龄段的员工花在旅游上的费用要高于低年龄段和高年龄段的员工所花费用。

（二）企业层面

1. 企业类型因素

本次调查共涉及国有及国有控股企业、外资企业、民营企业和集体企业及集体控股企业等多种企业形态。调查发现，不同类型企业工人的文化消费存在显著差异。首先体现为不同形态企业中员工对文化消费重要性的认知存在显著差异。其中，外资工人的认知度最低，只有63.8%的调查对象认为文化消费很重要或比较重要。该数字远远低于国有企业及国有控股企业和民营企业的比例，两者分别为79.9%和76.9%。值得注意的是，虽然民营企业的员工在总体上对文化消费认同度较高，但是从"很重要"这一层次比较来看，所占比例远低于其他类型的企业，只占 21.3%。而其他三种类型的企业，基本都有接近三成的调查对象认为文化消费很重要。

其次，企业类型同样对工人受教育培训的机会和年休假制度的执行情况带来相当影响。在培训机会方面，在所有接受调查的工人中，集体及集体控股工人认为接受教育机会很多或比较多的比例为 26.6%，外资工人认为很多或比较多所占比例为 14.9%，前者接近后者的 2 倍。国有及国有控股企业和民营企业所占比例分别为 17.4% 和 16.1%。在年休假制度的执行方面，外资企业在认真落实休假制度情况方面做得最好，工人的认同度最高；集体及集体控股企业的工人对于企业能够认真落实年休假制度认同度最低；国有及国有控股企业和民营企业工人对企业落实年休假情况感知度差不多，所占比例分别为 72.3% 和 76.2%。值得注意的是，尽管在所有企业类型中都有超过九成的员工认为本企业能够认真落实或大部分人能够落实年休假制度，但是高达 8.9% 的民营企业员工认为本企业从未执行过年休假制度，该比例甚至超过了所有其他类型企业比例之和的 2 倍。

2. 工作岗位因素

本次调查将调查对象的岗位划分为一线员工、高层管理人员、一般管理人员、技术人员、营销人员、后勤服务等辅助岗位人员等不同类型。调查发现，工作岗位的不同对工人的文化消费具有重要影响。首先，处于不同工作岗位的员工对文化消费的认可度不同。总体说来，员工所处的岗位越高越看重文化消费。一线员工、营销人员，以及后勤辅助人员对文化消费的认可度最低，认为文化消费很重要的人员比例都在 25% 以下。其中，一线员工认为文化消费很重要的不到 16%。与之相比，有 30% 左右的技术人员和一般管理人员和超过 44% 的高层管理人员认为文化消费很重要。持文化消费很重要观点的高层管理人员的比例高出一线员工等低层级岗位人员的比例 10% 左右。

除此之外，岗位的不同还从多个方面影响着工人的文化消费行为。具体说来，在体育锻炼方面，高层管理人员在锻炼次数为 3—4 次和 5—6 次这两个层次上所占比例明显高于其他岗位的员工，所占比例分别为 41.7% 和 13.3%。值得注意的是，有 18.8% 的一线员工和 17.6%

的后勤服务等辅助岗位员工和 15.2% 的营销人员锻炼次数为 0，而高层管理人员所占比例仅为 1.7%。外出旅游和教育培训同样体现出这一趋势。一线员工和后勤服务等辅助岗位员工最近一年都没有外出旅游所占比例要高于其他岗位的员工，所占比例分别为 27.2% 和 21.4%；而高层管理人员外出旅游次数达 4—6 次所占比例最高，占 16.7%。在接受教育培训方面，有一半左右的高层管理人员认为单位给予的教育培训机会很多或比较多。与之相比，持相同观点的一线员工和后勤服务等辅助岗位员工只有一成左右，其他岗位的员工则都在 20%—28% 之间，明显少于高层管理人员。

（三）社会层面

1. 公共文体服务设施因素

文体活动的开展需要有比较好的场地支撑。考虑到大多数的工人的收入水平不高（75% 以上的调查对象月收入低于 5000 元）的缘故，免费或收费低的文体公共服务设施的多寡就会直接影响到工人文体活动的开展。本次调查显示，当前南京市的文体公共服务设施还不够充分，这在一定程度上制约了工人文体活动的开展。以体育锻炼设施为例，在谈及哪些因素制约了自己参加体育活动时，有一半左右的访谈对象将原因归结为缺乏场地或场地费用过高。除此之外，现有文化服务设施功能发挥不到位也是制约工人文化消费的重要因素。南京市工人文化宫是为全市百万员工服务的公益性文化事业单位，是工人开展各种文体活动和相关培训项目的中心场所。丰富工人业余生活，提升工人文化活动水平是文化宫的重要职能。但是，从本次调查的结果来看，南京市文化宫在这方面的职能发挥不明显，工人对工人文化宫缺少兴趣。通过对员工最经常去的公共文化场馆调查发现，只有 8.4% 的调查对象将工人文化宫作为首选，这与将图书馆（24.9%）和博物馆（34.9%）作为首选的人数比例相去甚远。

2. 城乡差异因素

本次调查对象的户籍身份包含农村、中小城市或城镇，以及大城市三种不同的户籍。调查显示，户籍身份对工人的文化消费认知和实际消费支出都具有显著影响。这种影响首先体现在文化消费认知度上，其中尤以来自大城市的员工与来自农村的员工之间的差异为甚。在所有的调查对象中，大约有八成来自大城市的员工认为文化消费很重要或比较重要，而持相同答案的农村户籍员工只有不足七成。相反，有高达 9.4% 的农村户籍的员工认为文化消费不重要或不大重要，而持相同观点的大城市户籍员工只有 3.2%，前者接近后者的 3 倍。同样，户籍来源不同，工人的旅游消费支出也不同。调查发现，来自农村的员工旅游支出要低于来自中小城市或城镇以及大城市的员工，其中，来自大城市的员工旅游支出最高，支出为 0.5 万—1 万元的，占 25.2%；1 万—3 万元的，占 23.1%；3 万元以上的，占 6.2%。

第四节　扩大和引导工人阶层文化 消费的对策与建议

扩大和引导工人阶层文化消费，有助于推动产业结构的转型升级，有助于提升工人自身的生活质量和幸福指数，有助于促进工人的全面发展和现代化的实现。针对目前工人阶层文化消费的现状，从文化消费的供给主体、消费主体、消费内容供给、消费平台、消费保障等几大方面，提出若干扩大和引导工人文化消费的对策与建议。

一　构建多元化主体参与的工人文化消费供给体系

一要发挥政府的主导作用。政府部门要将工人文化消费纳入文化建设的总体目标，统筹安排，精心组织，建立起政府主导下，以企业和社区为重点，工会、共青团、妇联等组织共同参与的员工文化消费供给体系。政府要进一步落实文化管理服务职能，着力提升公共文化服务。要强化顶层设计，加强政策引导，加快推进文化产业发展的整体规划；推动全面深化改革进程中要进一步深化文化体制改革，实现文化领域中市场机制的完善，为文化产业、文化消费市场创造良好的服务环境；探索公共文化服务社会化发展机制，建立起政府向社会力量购买公共文化服务机制，发挥社会力量在提供公共文化服务、改善社会文化治理方面的作用；制定落实有利于扩大文化消费的产业政策，加大对重大项目的扶持力度，做大做强基地园区，出台各类社会保障政策，维护文化消费权益等；打造有城市特色的文化消费空间，重视工人文化消费的类型，培养工人健康向上的消费理念等。

二要履行企业的社会责任。目前企业仍然是员工开展文化活动的主要场所，为员工提供必要的闲暇时间、工资收入、活动设施和活动形式是丰富员工精神文化活动的重要条件。让员工享受到丰富多彩的精神文化生活，既是企业文化建设的核心内容，更是企业履行社会责任的重要要求。一方面企业要加强科学管理，合理安排好工作与休息时间，使员工有充足的时间和精力参与到精神文化活动中来；另一方面要加强企业文化、员工文化建设，增加文化设施投入，积极开展喜闻乐见、丰富多彩的文化活动，满足员工精神文化需求。还要关心员工身心健康，做好心理疏导和人文关怀，培育和引导员工健康向上的生活情趣，促进员工全面发展。

三要提升社区的平台价值。社区是员工居住生活的场所，在丰富员工精神文化生活中发挥着重要作用。第一是抓机制建设。将员工精神文化活动纳入社区精神文明建设工作目标和社区建设规划，量化硬件、软件指标，逐月、逐季考核，予以重点发展。第二是抓阵地建设。本着资源共享的原则，积极争取辖区内单位、学校、企业的内部资源对社区群众开放，不断扩大社区文化设施的有效供给。第三是抓队伍建设。培育和打造素质较高、具有文艺特长、乐于奉献的文化辅导员队伍，不断丰富文化活动内容、提高活动质量。第四是抓活动建设。注重把先进性和广泛性、知识性和趣味性、教育性和娱乐性有机地结合起来，把思想道德教育、科教文化卫生知识普及和开展群众性体育活动有机地结合起来，提升对员工的吸引力。

四要突出工会的自身优势。扩大和引导工人文化消费，工会要发挥引领作用。工会作为工人文化权益的维护者，要积极发展以工人为本的先进企业文化、工人文化，在丰富工人精神文化生活方面发挥着重要作用。对于工人在工作岗位内的文化消费，工会是组织者、维护者；对于工人的业余文化消费，工会要成为引导者、鼓励者。一是用社会主义核心价值体系凝聚职工群众，进一步坚定理想信念，发挥工会网络、报刊、出版、文艺团体等宣传舆论阵地作用，运用网络、微博、手机报等新媒体，大力弘扬工人阶级伟大品格和劳模精神。二是充分发挥工会文化阵地的作用，积极争取政府政策和财政支持，把工人文化宫、俱乐部、体育场、职工技校、职工书屋等纳入公共文化服务体系。三是组织文艺工作者深入企业、深入工人，创作出更多反映工人群众生产生活的优秀文化产品。针对企业实际组织开展工人歌咏比赛、文艺晚会、书法绘画摄影展、征文演讲比赛、体育比赛等活动，为广大工人提供更多更好的精神食粮，努力建设工人共有的精神家园。

二　强化高质量文化消费的潜在需求培养

保障和拉动文化消费需求主要包括两个方面，一是收入方面，二是消费者素质方面。只有双管齐下，才能既保证对高质量文化消费的精神追求，又保障有足够财力进行高质量的文化消费。要想持续提高文化消费质量，就要格外注重对消费者素质的培养，使其成为高质量文化消费的潜在需求者和有力保障者。保障和拉动工人文化消费需求，要从三大角度发力：

一要增强工会组织工资协商制度的效能。收入水平是影响工人文化消费的重要因素，而在企业内部要解决这一问题的有效手段便是集体协商。在党政的支持下，增强工会在平等协商中的话语权，充分发挥三方机制的作用，深入推进工资集体协商工作；积极探索上级工会代表下级工会、上级工会服务于下级工会、上级工会指导下级工会的工资集体协商模式，提高工资集体协商的谈判层次及协商的质量；建立工人劳动报酬收入与经营者业绩捆绑考核机制，把工人工资收入增长与企业经营者考核指标结合起来，促进工人劳动报酬与企业经济效益同步增长。

二要推动落实职工带薪休假制度。带薪休假制度是为职工提升生活质量、促进身心健康的一项制度化设计。切实落实职工带薪休假制度，强化全社会依法休假理念，将带薪年休假制度落实情况纳入各地政府议事日程，作为劳动监察和职工权益保障的重要内容，推动企事业单位加快落实职工带薪年休假制度，重点抓好民营企业带薪休假制度的落实。本次调查结果显示，部分民营企业、集体企业带薪休假制度落实得相对较差，而工作内容较多、员工疲于应付、企业带薪休假制度不完善等客观因素是带薪休假制度未能完全落实的主要原因。要改变现状，需要用工单位、劳动监察部门、工会和职工等多方面努力。其一是要建立严格的监督机制，劳动监察部门对重点企事业单位进行不定期检查，发现有规不依现象不要姑息，严肃查处。其二是工会方面加强对职工带薪休假权益的积极争取和切实保障。其三是建立健全职工权益追溯机制，在职工权益受到侵害时，通过集体协商机制维权等。

三要提升工人素质以提高文化消费质量。鼓励和支持企业加强对工人的职业培训，提升工人的文化素养，形成高质量的文化追求，提高工人整体的文化消费质量。工会要参与制定企业文化建设规划，发动职工群众文化创造的积极性，提出工会的建设性意见，加强调查研究，广泛了解职工群众的利益意愿、文化心态、现实需求，共同制定出切实可行的总体规划和实施办法，让蕴藏于职工群众中的文化创造活力充分激发。着眼激活文化引领力，丰富和满足职工精神文化需求，健全职工书屋、电子阅览室、多功能文化活动中心等文化服务场所；采取将篮球、乒乓球、象棋等文化项目导入职工宿舍文化阵地建设等方式，引导职工充实工余生活；以创建模范职工之家活动为载体，健全职工读书区、健身区、服务区等文化活动场所，开展职工喜闻乐见的高质量的文化活动，营造良好的企业文化氛围；将精英文体团队作为展示集团形象和职工风采的亮丽名片，成立书法、绘画、摄影、文学、球类竞技等丰富多样的文体协会，吸纳工人自发组建文化团体，强化工人文化素养的培育和养成。

三　提升工人文化产品与服务的供给质量

提升工人文化消费需求，需要加强文化供给侧和需求侧两端改革。2016 年底国办印发了《关于进一步扩大旅游文化体育健康养老教育培训等领域消费的意见》，多项内容涉文化领域，比如支持实体书店发展、扩大文物单位文创产品开发试点等。推动文化产品供给侧改革，核心是增强文化消费内容的供给，加大企业产品与服务的有效供给。

一要强调工人文化产品与服务的特色。通过推出"工人文化消费品牌榜"，评选出面向工人的"十大文化创意产品""十大文化旅游线路""十大文化体育赛事""十大文化艺术展演"等类型的活动，通过工人对品牌的评选，挖掘出一批具有市场竞争力、社会影响力和消费带动力的品牌，从供给侧发力，进一步增强了相关文化企业的品牌培育意识。

二要关注文化消费产品的差异化供给。收入、年龄、文化水平、工作岗位、企业类型以及公共文体服务设施等因素都是影响工人文化消费的重要因素。在企业内部，不同年龄的员工存在文化消费的差异；公司高管、专业技术人员、普通工人之间存在文化消费的分层差异；不同类型企业的工人间存在不同的文化消费习惯，因此要关注文化消费产品的差异化供给。

三要根据工人文化消费的需求提供文化产品与服务。针对工人阶层当前文化消费需求的三大重点，即旅行、电影和运动，开展有针对性的文化产品供给与服务。针对旅行，开展"世界这么大，我想去看看"员工活动规划，尝试弹性休假计划，每个员工根据自己的工作实际选择可行的带薪休假时间，年底前开展一次员工旅行汇展，评奖予以鼓励；针对电影，开展一次"我最喜爱的一场电影"影评评选，鼓励员工业余时间走进影院；针对运动，开展员工"我来晒运动"月度评选，鼓励员工加强身体锻炼；等等。

四要促进工人文化宫的转型发展。根据全国总工会在《关于推进工人文化宫改革与发展的意见》中的要求，要树立新的文化发展观，坚持以人为本，服务职工，面向市场，把职工群众的精神文化消费需求作为工人文化宫的市场导向与服务定位。因此，促进工人文化宫的转型发展，激发工人文化宫在新时期的作用显得尤为必要。要把工人文化宫打造成综合性的融教育、文化、信息、娱乐、体育和旅行六位一体的"工人文化服务中心"，成为基层文化类社会组织的活动平台，成为工人的精神文化乐园。

四　升级工人文化消费服务方式

互联网和移动互联网的日益大众化、媒体化，为新兴文化业态和新的表现形式提供了广阔空间，"互联网 + 文化"发展势头迅猛。本次问卷调查的结果显示，在线消费受到工人的青睐。对文化消费方式的选择倾向，有33.5%的人选择倾向于在线消费，超过了23.4%的线下消费，还有43.0%的人表示"视情况而定"。建议由工会牵头，研发工人文化消费的"老大哥"云服务平台，为提高工人文化消费质量提供全方位服务。通过云服务平台，打破地域的分割形成一个统一大市场，把大量的文创企业和机构纳入进来，为工人提供丰富的个性化产品，以满足工人文化消费的个性化需求；通过云服务平台，把针对工人培训的各类平台资源纳入进来，请各类专家和专业技术人员讲授工人需求的各类专业知识，增强工人的自主学习选择，加大工人的线上培训力度；通过云服务平台，把体育和娱乐消费等机构平台纳入进来，让工人线上"体验"和预订，保障工人完成"一站式"消费计划，提高其文化消费权益的成效。

与"老大哥"云服务平台相呼应，工会引导企业发行工人红色（象征着革命、工会组织）"文化消费"卡，兼具信用卡功能，通过一卡通便捷服务，把工人需求量最大的文化消费项目和服务纳入到一卡通"文化消费"卡中来。

第四章

工人阶层的心理健康

21 世纪步入全球化竞争时代，经济、科技飞速发展，知识经济勃兴，高技术企业猛增，人们生活和工作的节奏越来越快，压力加重，使工人阶层的心理问题也越来越突出。国内外的实践表明，心理疾病是威胁个人生命健康的大敌，是破坏企业组织效率的大敌。如果员工心理健康存在问题，就会导致员工工作积极性和工作热情下降，工作绩效和工作满意度降低，还会引起企业间人际关系的紧张，导致离职现象。企业管理层的心理问题更可能导致决策失误而引起严重的经济损失，特殊行业员工的心理问题甚至还可能给社会和环境造成灾难，从而给企业带来严重的形象损失和经济损失。而国内针对工人心理健康的研究现状不容乐观，突出表现在心理健康服务总体水平不高、关于企业员工心理健康的研究寥寥无几、组织对员工心理健康重视程度很低和员工自身心理健康观念淡薄等方面。① 近年来伴随着华为"自杀门"，富士康"跳楼门"，年轻人过劳死等系列事件，更加凸显出工人阶层心理健康问题的严峻性。

第一节　心理健康的定义及标准

一　心理健康的定义

心理健康是相对于躯体健康而言的，是内隐的，因难以测量而经常被忽略。国内外社会组织和学者对心理健康的定义很多，其中当前国外心理学领域主要从三个角度来研究心理健康，即个人发展角度、

---

① 邓子鹃：《国外雇员心理健康研究综述》，《淮阴工学院学报》2008 年第 6 期。

主观幸福感角度和压力抗拒型人格角度。个人成长角度的心理健康定义为个体积极心理素质和潜能的充分发展。① 主观幸福感角度将心理健康看作积极情绪如幸福和关于一个人的生活是否可以接受两方面的结合。压力抗拒型人格认为心理健康应该根据提升躯体健康效果，如对心理压力源的免疫系统来定义。② 如 1946 年的第三届国际心理卫生大会将心理健康定义为："在身体、智能及情感上与他人的心理健康不相矛盾的范围内，将个人的心境发展成最佳的状态。"《简明不列颠百科全书》关于心理健康的定义："心理健康是指个体心理在本身及环境条件许可范围内所能达到的最佳功能态度，不是指绝对的十全十美状态。"而世界卫生组织（WHO）给出的定义是："心理健康不仅指没有心理疾病或变态，个体社会适应良好，还指人格的完善和心理潜能的充分发挥，即在一定的客观条件下将个人心境发挥成最佳状态。"③ 当前对心理健康的概念界定很不统一，不过第三届国际心理卫生大会所做定义被国际上广泛承认和引用。

　　而国内学者的定义也很多，如刘艳认为心理健康是"个体内部协调与外部适应相统一的良好状态"④。张延朋通过总结他人的研究成果后得出结论认为，心理健康就是指"一个人的生理、心理与社会处于相互协调的和谐状态，并能适当地满足个人的基本需要"⑤。一般认为心理健康是指个体的心理活动处于正常状态下，即认知正常、情感协调、意志健全、个性完整和适应良好，能够充分发挥自身的最大潜能，以适应生活、学习、工作和社会环境的发展与变化的需要。⑥

二　心理健康的标准

　　关于心理健康的标准，国内理论研究方面的学者也给出了许

---

　　① Schultz D. G. , *Psychology Models of the Healthy Person Ability*, Pacific Grove CA Brooks/Cole, 1977.

　　② 邓子鹃：《国外雇员心理健康研究综述》，《淮阴工学院学报》2008 年第 6 期。

　　③ 邢莹：《大学生心理健康教育》，郑州大学出版社 2002 年版。

　　④ 刘艳：《关于"心理健康"的概念辨析》，《教学研究与实际》1996 年第 3 期。

　　⑤ 张延朋：《心理健康研究综述》，《经济研究导刊》2011 年第 36 期。

　　⑥ 邓子鹃：《国外雇员心理健康研究综述》，《淮阴工学院学报》2008 年第 6 期。

多不同的标准。人们普遍认为心理健康的标准应该具备以下几个特征：（1）能够了解并接受自己；（2）对学习或工作有热情；（3）良好的人际关系；（4）良好的适应能力；（5）言行协调统一。①

其中两个有世界影响的心理健康标准，一是 WHO 关于心理健康的标准，其细则包括：（1）有足够充沛的精力，能从容不迫地应付日常生活和工作的压力而不感到过分紧张；（2）处事乐观，态度积极，乐于承担责任，事无巨细不挑剔；（3）善于休息，睡眠良好；（4）应变能力强，能适应外界环境的各种变化。

二是美国心理健康协会关于心理健康的标准，其内容包括 26 项：（1）经常感到快慰、舒适；（2）不为恐惧、愤怒、爱、妒忌、罪恶或忧愁等情绪所捆绑；（3）能坦然接受不如意的事；（4）能以忍、开放的心胸，面对自己、面貌一新对他人，必要时还能自我解嘲；（5）能不高估也不低估自己的能力；（6）能接受自己的缺失；（7）能保持高度的自尊心；（8）能善于处理所面临的各种情境；（9）能从每日生活点点滴滴中，吸取生活乐趣；（10）能经常感受人际关系的乐趣；（11）能经常关怀他人，热爱他人；（12）拥有永久的、非常良好的友谊；（13）相信别人，由衷地欢迎别人，也渴望人家爱我、信任我；（14）尊重别人的思想与意念，纵然这些思想与意念与我有些分歧；（15）不强迫他人接受我的意见，也不随便接受别人的看法，甚至甘心让人家颐指气使；（16）乐于参与各种团体的活动；（17）对左邻右舍，甚至所接触的任何人，都具有高度的责任心；（18）愉快地面对生活中的各种需求；（19）能自行处理所有的问题；（20）勇于负责；（21）尽可能谋求与环境的良好相处；（22）乐于接受新经验与新观念；（23）能充分运用自己的天赋；（24）能确立合理的人生目的；（25）能自我思索、自我抉择；（26）能全力投入工作，从而寻求乐趣。

---

① 张延朋：《心理健康研究综述》，《经济研究导刊》2011 年第 36 期。

第二节　工人阶层心理健康的主要特征

为深入了解广大工人阶层在当前形势下的心理健康状况，更好地促进人的全面发展，积极开展对工人的心理疏导和人文关怀，南京市总工会委托华旭心理开展了万名员工的问卷调查。本节对工人心理健康现状的分析数据，主要源于这次问卷调查。本次心理健康共调查 10000 名员工，其中国有及国有控股单位占 48.2%，事业单位占 21.5%，民营（个体）企业占 13.7%，外资企业（含合资）占 8.7%，政府机关单位 4.1%。剔除四分之一的事业单位、政府机关人员外，四分之三的调查对象是工人，确保调查结果能够反映工人阶层的心理健康现状。调查对象的具体人口特征如表 4—1 所示。

表 4—1　　　　　　　调查样本的基本情况　（N = 10000）

调查指标	选择项	有效百分比（%）	调查指标	选择项	有效百分比（%）
年龄	20—30	30.4	学历	高中及以下	20.7
	30—40	33.1		专科	29.9
	40—50	26.7		本科	44.0
	50—60	9.3		硕士	5.1
	>60	0.3		博士	0.2
性别	男	48.2	南京人	是	65.5
	女	51.8		否	33.9
职位	职员	70.7	单位性质	国有及国有控股	48.2
	班组长	9.3		事业单位	21.5
	科长	6.1		民营（个体）企业	13.7
	行政科长	1.5		外资企业（含合资）	8.7
	行政处级	1.2		政府机关单位	4.1
	其他	9.7		其他	3.8

续表

调查指标	选择项	有效 百分比（％）	调查指标	选择项	有效 百分比（％）
编制	正式工	59.4	行业	生产制造业	38.2
	合同工	33.7		IT 行业	1.4
	劳务派遣	4.1		电力、燃气及水的 生产和供应业	5.2
	其他	2.4			
单位规模	＜100	16.0		交通、仓储、物流业	10.6
	100 人—500 人	31.6		批发和零售业	6.1
	500 人—1000 人	9.6		住宿、餐饮等服务业	4.0
	1000 人—5000 人	24.4		金融业	2.1
	＞5000 人	17.9		其他	31.1

　　借助本次心理健康问卷调查，本节归纳了南京市工人的心理健康呈现如下几个主要特点：

一　工作及工作环境满意度相对较高

　　调查结果显示，大多数员工对自己的工作情况较为满意，有43.8％的员工表示"一般"，35.3％的员工表示"比较满意"，10.6％表示"很满意"，但仍有9.1％和1.2％的员工表示"不大满意"和"很不满意"。如图4—1所示。

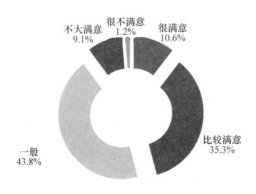

图4—1　工人工作满意度

大多数员工认为同事关系较为融洽，表示"比较和谐"和"很和谐"的分别占60.9%和27.3%，表示"一般"的占11.2%，表示"不大满意"和"很不满意"的仅占0.4%、0.1%；大部分员工表示喜欢自己的工作伙伴，对于是否喜欢自己的上司、同事、同学、合作伙伴或者合伙人，选择"很喜欢"和"一般"的分别占22.0%和62.3%，仅有3.4%的员工表示"不大喜欢"或"很不喜欢"。

大部分员工可以向上司提出不同的看法，关于不敢向上司提出不同的看法和意见，48.2%选择了"基本不是"，10.%选择了"完全不是"；大部分员工能够正确看待批评，在工作中受到批评时，79.9%的人会就事论事，很快就会过去；74.3%的员工觉得能力和工作成绩是被领导和同事恰当地评价和认可了；大部分员工的上司会积极帮助员工，57.1的上司会积极地帮助员工工作，32.5%的上司会完全放手交给员工处理；大部分员工的团队精神较强，遇到困难时，有44.6%的员工会经常发挥集体智慧，发动群众，群策群力。

二　收入满意度相对较低

大多数员工对目前自己的收入状况不太满意，表示"一般"的占46.6%，表示"不大满意"和"很不满意"的分别占24.8%和7.6%，两者合占32.4%，而表示"比较满意"和"很满意"的仅占17.3%和3.3%。如图4—2所示。

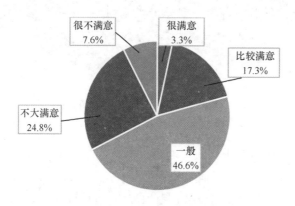

图4—2　工人收入满意度

部分员工对工作不满意的主要原因也是因为收入低。调查显示有51.0%的员工认为对工作不满意的首要原因是工资收入低，福利差。当然，不同性质的单位对员工的收入满意度也有影响，其中合资企业和外资企业员工的收入满意度相对高些，而民营（个体）企业和国有及国有控股企业相对低些。

三　生活及人际沟通整体良好

从员工的生活及人际沟通来看，员工家庭生活满意度很高，与同事朋友间的人际沟通保持良好状态。

绝大多数员工对家庭生活的满意度很高，其中有35.4%的员工对自己的家庭生活表示"很满意"，超过一半的员工（占比53.3%）表示"比较满意"，表示"一般"的占10.2%，仅有1.1%的员工表示对家庭生活并不满意。如图4—3所示。

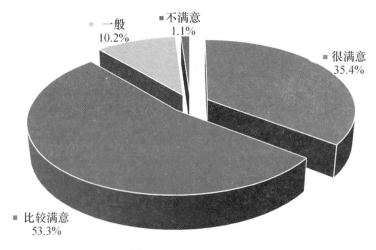

图4—3　工人家庭生活满意度

多数员工与同事朋友间沟通良好。关于感到别人不理解不同情自己，88.6%的员工选择了偶尔和几乎没有；80.1%的员工有几个可以推心置腹的朋友，会向他们疏导心中的苦恼；52.8%的员工认为大多数人还是值得信任的，仅有4.6%的员工认为他人完全不可信任；64.7%的员工表示很少怀疑别人赞美的真实性，但也有25.9%的员工表示经常或总是会怀疑；大部分员工在遇到人际疏远时，会采取积极的应对措施。大部分员工很少会嫉妒别人；关于当感到别人比你优秀时，91.9%的员工表示"很少有"或"完全没有"嫉妒之感。

四　身体健康状况自我评价良好

大多数员工对自己的身体健康状况满意度较高，有39.5%的员工表示"一般"，38.2%的员工表示"比较满意"，10.6%的员工表示"很满意"，表示"不大满意"和"很不满意"的分别占9.8%和1.3%。如图4—4所示。

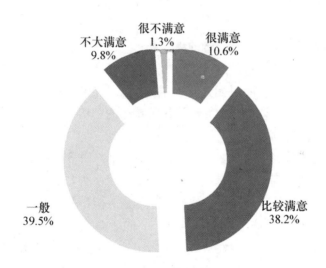

图4—4　工人身体健康满意度

对于心理健康，大多数员工对心理健康知识有些许了解，79.2%的员工听说过，有些许了解，12.0%的员工很了解、学习过很多心理健康相关知识，仅有8.9%的员工表示完全不了解心理健康知识。

五　业余生活相对简单，关注社会问题

关于业余时间的安排，大多数人选择了看电视、读书看报和上网。

59.0%的员工将看电视作为第一选择，27.7%的员工将读书看报作为第二选择，分别有11.9%和11.1%的员工选择了上网或做家务，作为第三选择。

但是多数员工对业余生活较为满意，表示"一般"的占46.5%，表示"比较满意"和"很满意"的分别占33.0%和7.5%，表示"不大满意"和"很不满意"的分别占10.6%和2.1%。

对于员工最喜欢看的电视栏目，41.6%的员工选择了新闻联播，作为第一选择。其次有20.9%的员工选择了电视连续剧，排在第三位的是音乐文艺和人物访谈，占比均为14.1%。对于最关注的社会问题，32.0%的员工选择了社会是否稳定，排在第一位。第二关注的问题是社会保障，占比27.8%，接下来是物价上涨，占比24.2%。

六　大部分工人拥有正确的自我观

大部分员工知道自己的优点和缺点，对优点能积极地去发扬，对不足能自觉地去改进；同时能充分地了解自己，包括自己的经验、感受、能力及优缺点，整体地接纳并宽待属于自己的一切，区别自己与别人并勇于承担个人的角色责任，拥有正确的自我观。

员工对工作成绩的满意度较高，仅有5.4%的员工每天完成工作后对自己的成绩感到不大满意；员工对工作的承受力较高，47.6%的员工觉得大部分可以承受，36.4%的员工觉得量大但是基本可以承受，仅有5.7%的员工觉得不能承受；一半员工的职业与职业规划基本一致，有47.5%的员工认为自己现在从事的职业和自己的职业规划基本上一致，26.8%的员工表示没有想过这个问题，18.4%选择了完全无关；员工对自己工作的未来发展挺有信心，关于是否有信心保持现在的职位和地位并且赢得更大的发展，38.7%表示比较有信心，30.7%表示一般有信心，18.1%的员工表示不太有信心或很没有信心。

七　大部分工人情绪乐观稳定

大部分员工情绪乐观稳定。76.4%的员工在早晨起床不会感觉忧郁或没精神。但仍有56.6%的员工表示偶尔会有苦闷、没有前途、没有希望的感觉。

大部分员工心理素质良好，不会冲动。48.2%的员工在危急时刻，"总是"或"大部分时候"能够保持冷静，有40.7%的员工"有时候能"，仅有9.4%的员工表示"很少能"保持冷静。

大部分员工心态开放，84.0%的员工表示愿意接触自己不熟悉、不擅长的事物。

第三节　工人阶层的主要心理问题 及影响因素

借助工会员工心理健康问卷调查及调研座谈，本节总结归纳了工人阶层的主要心理问题及其影响因素，具体分析如下：

一　工人阶层心理健康存在的主要问题

（一）工人生活和工作的压力较大

问卷调查结果显示，当前工人的生活和工作压力相对较大。从生活压力来源看，排在前三位的是配偶/情侣关系、生活事件和生活态度，其中25.4%的员工选择了配偶/情侣关系作为第一压力源，25.2%的员工选择了生活事件，19.1%的员工选择了生活态度。如表4—2所示。

从工作压力来源看，排在前三位的是工作环境、收入和工作量。23.4%的员工选择了工作环境作为第一压力源，20.8%的员工选择了收入作为压力源，还有14.9%的员工选择了工作量作为压力源。如表4—2所示。

表4—2　　　　　　　　工人的生活和工作压力来源（%）

生活最大压力来源	有效百分比	工作最大压力来源	有效百分比
配偶/情侣关系	25.4	工作环境	23.4
生活事件	25.2	收入	20.8
生活态度	19.1	工作量	14.9
老人赡养	11.6	管理因素	9.2

生活最大压力来源	有效百分比	工作最大压力来源	有效百分比
生活居所	9.5	工作绩效	8.5
亲子关系	5.7	工作环境	6.8
		内外竞争	4.9

工人最希望在生活中获得的支持，排在前三位的是配偶/情侣支持、亲友和谐和生活有序，其中56.8%选择了配偶/情侣支持作为第一支持，39.9%选择了亲友和谐，29.5%选择了生活有序。如表4—3所示。

工人最希望在工作中获得的支持，排在前三位的是学习培训、领导鼓励和薪酬福利。其中32.8%的员工选择了学习培训作为第一支持，28.0%的选择了领导鼓励，27.9%的选择了薪酬福利。如表4—3所示。

表4—3   工人最希望在生活和工作中获得的社会支持（%）

希望在生活中获得的支持	有效百分比	希望在工作中获得的支持	有效百分比
配偶/情侣支持	56.8	学习培训	32.8
亲友和谐	39.9	领导鼓励	28.0
生活有序	29.5	薪酬福利	27.9
社交丰富	5.5	同事支持	6.9
娱乐活动	5.2	工作对象配合	3.9
亲子活动	4.2	工作岗位轮换	1.3

（二）工人压力较大引起较严重的身心反应

在工作和生活压力作用下，不仅心累，身体也疲劳乏力、反应迟钝、活力降低，对什么事情都提不起精神，常感觉焦虑、烦乱、无聊和无助，到医院里却检查不出病症。

本次问卷调查结果显示，南京市工人中具有头痛症状、记忆力不好、不能集中注意力、失眠或入睡困难、胃部不适、常感到疲倦无力、肩颈背部肌肉酸痛、感到紧张焦虑状况的分别有49.1%、76.2%、64.2%、52.6%、53.4%、72.9%、79.3%、67.5%。以上各种症状严重程度在中度及以上者分别占12.5%、24.8%、17.7%、19.3%、

15.1%、28.3%、37.6%和22.7%。可见部分工人的压力状况已经引起较严重的身心反应，要引起足够重视，以防止进一步恶化。如表4—4所示。

表4—4　　　　　　　　工人存在的身体和心理症状（%）

身心表现		头痛	记性不好	不能集中注意	失眠	胃部不适	疲倦无力	肩颈背痛	紧张焦虑
没有症状		50.9	23.8	35.8	47.4	46.6	27.1	20.7	32.5
有症状	较轻	29.2	46.9	39.4	27.6	38.3	38.9	36.9	39.1
	中度	8.7	17.7	13.4	12.1	10.9	19.2	21.9	14.1
	较重	3.0	6.6	3.8	6.6	3.8	8.2	13.8	7.7
	严重	0.8	0.5	0.5	0.6	0.4	0.9	1.9	0.9
	合计	49.1	76.2	64.2	52.6	53.4	72.9	79.3	67.5

（三）部分工人面临职业倦怠的危机

职业倦怠（burnout）是指个体在工作重压下产生的身心疲劳与耗竭的状态，是一种情绪衰竭、人格解体、个人成就感降低的综合症状。工人的职业倦怠给经营者造成大量现实成本和机会成本的损失。职业倦怠与缺勤率和离职率相关，损害工作绩效，带来恶劣的同事关系、家庭问题和糟糕的个人健康。

本次调查结果显示，部分工人面临职业倦怠的危机。23.5%的员工感到对一切事物的兴趣都比以前减少了，有约80.1%的员工在一定程度上会感觉自己在很多方面比不上其他人，87.4%的员工觉得做出决定有困难，75.6%的员工觉得苦闷、没有前途、没有希望，但严重程度均较低。67.6%的员工对工作有厌倦感，其中非常严重的有6.6%。可见部分员工对于工作缺乏热情，有情绪耗竭倾向，表现为个体情绪化过度和情感资源的耗尽，没有活力，甚至在心理上觉得无法继续工作。

（四）部分工人缺乏自我安全感

心理学家马斯洛认为，安全感是决定心理健康的最重要因素，它是"一种从恐惧和焦虑中脱离出来的信心、安全和自由的感觉"，支撑起生命和心理健康。当一个人缺乏安全感时，其心理的成长就会停滞，而一个有安全感的人则会更关心心灵的成长，追求更高层次的需要，更容易达到自我实现的境界。

本次调查结果显示，24.2%的员工基本不敢向上司提出不同看法；28.0%的员工认为他人值得信任；21.0%的员工经常会怀疑别人的赞美是否真实；71.0%的员工会"看情况"说出对人或事物的真实想法；可见员工在不同程度上缺乏自我安全感，自信心不足，对外界环境不够信任。

二　影响工人阶层心理健康的主要因素

影响工人阶层心理健康的因素有很多，除去遗传因素的影响，突出体现在经济压力、工作压力、生活方式、社会支持、自我认知等方面。

（一）经济压力

经济压力较大影响工人的心理健康，这一结果在以往的相关研究中也有所体现。经济压力对心理健康的影响，表现为压力越小，患心理疾病的危险性也越低；对经济状况越不满意，其患心理疾病的危险性越高。经济压力体现在收入水平相对低下、家庭生活条件较差、家有病人开支增加、面临房贷或债务等方面。收入与心理健康的关系，并非收入越高心理越健康。但是一般来说，收入越低的工人因为不满其自身的经济状况，要承受较大的压力，心理疾病的危险性相应也较高。本次心理调查结果显示，大多数工人对目前自己的收入状况满意度不高，其中不满意率达32.4%，这部分工人的心理状况值得关注。

家庭生活条件如住房条件等，也是工人经济收入的一个具体体现。收入高，生活条件往往也好；收入不高，生活条件往往也较差。对于那些收入不高、家庭生活条件相对较差的工人来说，无形中就会形成一定的生活压力。也有好多工人为改善生活条件购置了新房，如果收入不高就可能面临一定的还贷压力。这些压力都在一定程度上影响着工人的心理健康。

（二）工作压力

工作压力是指因工作负担过重、变换生产岗位、工作责任过大或改变等对人产生的压力，工作压力主要来自外部环境和人内心的一种自我希望，适度的压力能让人产生挑战自我的成就感，而过度的压力就会引起焦虑、沮丧等不良心理，从而引发身体疾病，如头痛等。已有的研究结果显示，工人出现心理问题的原因主要来自工作压力。压力不必然导致心理问题，但是长期处于同种压力状态中对雇员的生理和心理健康显然有负面影响，即影响心理健康的水平。[①]

本次调查结果显示，工作环境、收入和工作量是工人工作压力的最主要来源。工作环境是指对制造和产品质量有影响的过程周围的条件。这种条件可以是人的因素（如：心理的、社会的），也可以是物的因素（如：温度、湿度、洁净度、粉尘等），其中物的因素一般包括：厂房维护，灯光照明，噪声，取暖、通风、空调、电器装置的控制，以及与厂房维护有关的安全隐患。良好的工作环境对身心应该都有好处，心情好工作肯定有动力，长期积累下来也不容易产生一些职业病。相反，如果工作环境脏乱差，噪声大，也容易给人带来生理和心理上的危害。如果工人所做的工作不是自己愿意做的，或者经常被要求在有限的时间内完成超量的工作，或者遇到不好相处的主管等，都会给工人带来工作压力。其中职业倦怠就是在工作重压下产生的一种负面心理状态。本次调查结果显示，有67.6%的工人对工作有厌倦感，其中非常严重的有6.6%。这表明相当部分工人对工作缺乏热情，处在身心疲劳与耗竭状态。

（三）生活方式

生活方式也是影响工人心理健康的重要因素。一般来说，健身运动、户外活动不仅有利于身体健康，而且还是放松身心的好方法，对于缓解压力、调节紧张的情绪等都有着重要的作用。与朋友聚会，不仅是获得社会支持的一个主要方式，而且也是解决困扰、调节心情的一个直接手段。因此，适当的健身运动、户外活动和与朋友聚会等积极的生活方式，是现代社会对抗压力、放松身心的有效措施。相对来说，无运动、无活动和无聚会的生活方式是不良或消极的。研究结果显示，生活方式与工人的心理健康有着一定的联系，即不良生活方式不利于工人的心理健康，积极的生活方式有利于工人的心理健康。

本次调查结果显示，工人的业余时间，更多地选择了看电视、读书

---

① 邓子鹃：《国外雇员心理健康研究综述》，《淮阴工学院学报》2008年第6期。

看报和上网等静生活方式，动生活方式相对不足。本书第三章文化消费调查的结果显示，超过五成的工人每周体育锻炼半小时的次数维持在1—2次，12.4%的工人从不进行体育锻炼，而能够维持每周3—4次锻炼频次的不足三成。业余生活相对单调，缺乏运动与交友的不良生活方式，不利于工人的心理健康。

（四）社会支持

工人得到的社会支持越多，心理健康状况越好，患心理疾病的危险性越低；反之，工人得到的社会支持越少，心理健康状况则越差，患心理疾病的危险性则越高。这说明社会支持是影响工人心理健康的重要因素。具体来说，影响工人心理健康的社会支持具体表现在以下两个方面：

一是来自配偶和亲友等个人层面的支持。离婚或失去配偶之后，他（她）会由于突然失去心理交流和感情沟通的对象而顿生孤独感；加上由于担心受到歧视，在遇到困难时，不愿向他人倾诉，生怕自己的处境被人知道，对外加强心理戒备等，这些都会增加心理压力。因此，单亲家庭结构、非正常婚姻状况下的员工，由于缺乏良好的社会支持，面对心理困扰或问题，不容易得到很好的支持和帮助，容易把问题积压下来提高患心理疾病的危险性。本次调查结果显示，工人最大的生活压力源是配偶/情侣关系，最希望在生活中获得的支持，排在第一位的也是配偶/情侣支持（第二位是亲友和谐），这从某种程度上说明配偶和亲友的支持是影响工人心理健康的核心因素之一。

二是来自政府、企业和工会等公共层面的支持。政府的公共政策是否关注工人的心理健康，企业是否关注工人心理健康对企业发展的影响，工会是否积极开展各类有益工人心理健康的活动，如果这些社会支持都是正向的，那么就有益于工人的身心健康，反之则不利于工人的身心健康。当前企业和工会层面对工人的社会支持相对不足也是影响工人身心健康的重要因素。本次调查结果显示，只有五分之一的企业为工人建立了心理健康教育服务中心，很多企业对工人缺乏必要的心理健康教育或未能建立对个别员工进行心理疏导的机制，这些公共层面支持的不到位也影响着工人的心理健康。

（五）自我认知

自我认知水平的高低及正确程度也是影响工人心理健康的一个重要

因素。如果一个人不能正确地认识自我，过低地评估自己，觉得处处不如别人，就会产生自卑感，丧失信心，做事畏缩不前；相反，如果过高地评估自己，也会骄傲自大，盲目乐观，导致工作的失误。因此，正确的自我认知是自我调节和人格完善的重要前提。

正确的自我认知包括对自我心理健康的正确评估。正确的自我心理评估建立在正确自我认知的基础上。自我评价心理健康的工人，是在一定程度上对自己进行积极的自我暗示，有利于他们产生积极的情绪和行为，促进心理健康；反之，则是消极暗示，不利于工人的心理健康。正确的自我认知也包括面临心理问题时的应急反应。碰到烦恼时找人说、上网、做事和学习的工人，心理疾病高危性比例相对较低，那些闷头想和乱发泄的工人心理疾病的危险性则较高；愿意求助的工人比不愿意求助的工人，心理健康水平高，患心理疾病的危险性也小。积极处理和应对烦恼，尽早排解烦恼带来的不良情绪，有助于解除心理困扰。如果不能加以积极应对，烦恼持续的时间长了，则不仅危害人的心理健康，也会危害人的身体健康。

第四节　促进工人阶层心理健康的对策与建议

党的十八届五中全会提出，推进健康中国建设。倡导健康生活方式，加强心理健康服务。心理健康是影响经济社会发展的重大公共卫生问题和社会问题。为深入贯彻落实党的十八届五中全会和习近平总书记在全国卫生与健康大会上关于加强心理健康服务的要求，根据《精神卫生法》《"健康中国2030"规划纲要》和相关政策，国家卫生计生委、中宣部等22部门于2016年12月30日以国卫疾控〔2016〕77号联合印发《关于加强心理健康服务的指导意见》。该《意见》充分认识加强心理健康服务的重要意义、总体要求、大力发展各类心理健康服务、加强重点人群心理健康服务、建立健全心理健康服务体系、加强心理健康人才队伍建设、加强组织领导和工作保障七部分25条。其中加强重点人群心理健康服务，第一条就提出要普遍开展职业人群心理健康服务。

　　工人心理健康问题需要政府、工会、企业和工人个体多方面共同努力才能取得良好的效果。首先，各级政府应该着手建立完善的心理健康服务体系，规范从业人员的资格认证和监管。其次，工会系统要建立健全心理健康服务体系，开发心理健康中心的在线引导，加强对工人的针对性培训，提升对工人的心理健康教育服务。再次，企业作为工人心理健康好坏的利益攸关者，要正视员工心理健康的重要性，构建员工心理健康管理体系，搭建员工心理健康平台，开发员工优势心理资本。最后，工人自身要更新健康观念，不仅关注身体健康还要重视心理健康，努力提高自身应对压力的能力和情绪管理能力，合理安排好业余生活，学会运用社会支持，能够正确评价自己。本节主要从工会和企业两个层面提出若干对策与建议。

一　工会层面

(一) 制定工人心理健康规划

　　为进一步贯彻落实《关于加强心理健康服务的指导意见》，工会组织要制定相应的工人心理健康五年发展规划。规划要围绕员工"快乐工作，健康生活"的目标，坚持"以观念引领心理健康，以活动促进心理健康，以管理改善心理健康"，推动企业建立内部心理健康管理机制，提升对员工的心理健康教育服务。规划要把工会心理健康服务体系的功能发挥出来，使各级心理咨询服务站真正成为工人的"心灵驿站"；做大做强各级心理健康中心，实现心理咨询的线上线下互动；鼓励企业加大心理健康和社会工作人才配备，加强人才队伍建设；鼓励企业开展面向员工的心理健康培训，发挥相关社会组织的力量与作用；加大宣传工作力度，在工人中普及心理健康知识；进一步加强组织领导和工作保障，明确经费支撑等。

(二) 发挥多层次心理健康服务体系的功能

　　工会系统已经搭建起从省市级、中间产业层次到街道层次的多层次心理咨询服务体系，通过普及知识宣传和开展心理教育讲座的形式开展心理健康教育活动。要充分发挥已经创建的多层次心理咨询服务体系的功能，把现有的心理咨询服务站充分使用起来，鼓励各服务站引进专业的心理咨询机构或社工机构，把关爱工人心理健康的使命发挥出来，使各级心理咨询服务站真正成为工人的"心灵驿站"。

（三）开发心理健康中心的在线引导

成立或做大做强心理健康中心，开发中心的在线引导功能，发挥专家咨询的功能，让有利益诉求、思想交流、情绪表达的工人能够直接通过网络和手机把自己的心理问题向专家倾诉。通过中心的在线引导，加强对工人的正面引导和感情交流，真正了解工人的想法，充分理解工人的感受，及时缓解工人的心理压力。

（四）强化针对专业知识、人际交往及情绪和心态调整的培训

本次问卷调查的结果显示，工人希望今后能够学习提高的方面主要有"专业知识"、"人际交往"和"情绪和心态调整"，分别占到79.3%、61%和56%。而工人希望工会开展心理健康教育和心理疏导时考虑的主题主要集中在工作压力调节、情绪管理和人际关系，分别占77.0%、69.8%和66.0%。如图4—5所示。这为工会系统开展针对性培训提供了基础需求和培训方向。

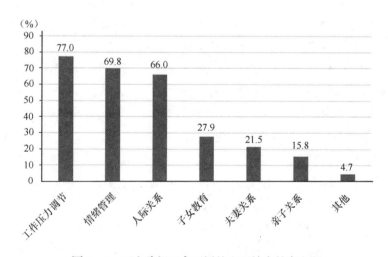

图4—5　工人希望工会开展的心理健康教育主题

（五）开展丰富多彩的工会活动

59.4%的工人认为单位很少组织或不组织工会文化活动。工人希望能多组织群众参与面大的健康、减压、娱乐、对抗性的集体活动，促进

干群、同事关系，如户外运动，文体比赛，参观学习，亲子活动，专题讲座、座谈会，维权教育活动，文艺演出，慰问探望，节日庆祝活动等积极健康的员工集体活动。以活动促健康，以活动促交流。交流是释放压力的有效途径，交流的过程也是自我反思的过程。多与同事进行交流沟通，及时倾诉自己感受到的无助和不快，获取心理支持，增强自信心。工会通过在工人中发掘有特长、有潜力的工人，成立各类兴趣小组，号召工人利用业余时间参加自己喜爱的活动。

（六）普及心理健康知识

工会要借助各种宣传载体和辅导培训等形式，在工人中普及心理健康教育，使大家掌握心理学的理论，提高待人处事能力和个性心理品质，从而促进自我成长和自我完善，不断树立正确的自我意识、良好的情绪特征、坚强的意识品质、较高的奋斗目标、和谐相处的交往能力和创新进取、自强不息的人生态度，并且要懂得进行自我控制、自我调整。

二　企业层面

（一）认清员工心理健康的重要性

加强员工心理健康工作是非常有必要的，当问及"对员工开展心理健康教育，进行员工心理疏导有必要否？"时，认为"非常有必要""很有必要"和"有一定必要"的分别占到38.1%、29.1%和27.4%，三者合占94.6%，仅有5.4%的人认为"没有必要"。企业需要正视员工心理健康的重要性并意识到员工存在的心理问题，这样才能切实关注员工的心理健康，积极建立一种行之有效的健康辅导工作机制，通畅沟通疏导渠道，充分发挥其利益诉求、思想交流、情绪表达等多种功能。

（二）构建员工心理健康管理体系

员工心理亚健康的主要原因是工作生活压力大、业余文化活动缺乏、个人价值观迷茫、企业和个人发展前景不明朗等，这使得构建员工心理健康管理体系势在必行。工会要围绕员工"快乐工作，健康生活"的目标，坚持"以观念引领心理健康，以活动促进心理健康，以管理改善心理健康"，在专业咨询机构的指导下，推动建立内部心理健康管理机制，提升对员工的心理健康教育服务。企业通过成立员工心理健康领导小组，由工会牵头、其他部门协助开展工作。建立员工心理健康档案，并对每位员工的心理健康问题进行指导、跟踪，同时在企业内部改进工作流程、环境等，及时预防、解决员工的心理健康问题。

（三）搭建员工心理健康平台

员工长期处在"高压"之下，对员工自身和企业都产生了负面影响。员工个人面对工作压力时，常常束手无策，甚至采取一些消极的缓解压力的方法，最终的结果便是形成恶性循环，严重损害身心健康。企业应采取成立员工心理健康教育服务中心或员工心理健康咨询室，为员工提供心理疏导服务，可以通过个别谈心、员工信箱、团体辅导等方式为员工提供心理疏导，帮助员工处理工作、生活、人际、情绪、压力等方面的心理问题；通过设立员工心理健康咨询热线、开辟心理驿站网页、设置心理辅导专员、成立心理辅导志愿者队伍和实施员工帮助计划（Employee Assistance Program，EAP）等多种平台和方法来实施员工心理健康计划。

（四）加强员工心理健康培训

通过员工培训可以提高劳动生产率，增强员工对企业的忠诚度，提升企业的劳动绩效。著名的管理学之父沃伦·本尼斯说："员工培训是企业风险最小、收益最大的战略性投资。"调查结果显示，员工希望单位工会开展心理健康教育和心理疏导时考虑的主题主要集中在工作压力调节、情绪管理和人际关系方面，可见单位应该多开展这类的心理健康培训。企业通过认真分析员工在人际沟通中出现心理问题的原因和表现形式，合理地选择培训的类型和方法，针对不同职业阶段的员工的心理问题，采取相应的危机干预措施，有针对性地疏导员工不必要的心理负担和压力。比如开展压力管理培训，让员工学习获得社会支持的技巧、在工作中获得他人帮助的策略，并将其在工作中得到应用和巩固，就是一种卓有成效的提高压力应对能力的方法。

（五）创造良好的工作环境

员工希望在工作中获得的支持排在前三位的有"薪酬福利""领导支持"和"学习培训"，希望获得的其他支持有"同事支持""工作对象配合"和"工作岗位轮换"。企业通过创造良好的工作环境，为员工心理健康发展扫清障碍。通过建立良好的企业文化，改善工作氛围，提高员工对工作的满意度；关注员工个人发展，完善职业生涯规划和成长通道，给员工以动力和希望；提供有竞争力的薪酬和奖励制度，激励员工朝着积极、健康的方向迈进；建立畅通的沟通渠道，让员工之间、上下级之间可以平等对话、互通信息、交流思想；积极举办各种形式的文化体育活动，舒缓工作的压力，增强员工之间的情感交流，提高团队的凝聚力。

第五章

工人阶层的敬业度

处在双重社会转型阶段的工人阶层，一方面，部分工人找不到合适和满意的工作，就业形势趋紧，另一方面，企业面临着员工的归属感较低、工作绩效不高、员工流动过快等问题。因此通过深入的调查研究，把握工人阶层的敬业度现状，找准影响工人敬业度的主要影响因素，并提出有针对性的对策建议，对于企业和工人来讲，是一种互利共赢；对于政府和社会来说，也是构建和谐社会、努力实现人的现代化的重要内容。

第一节　敬业度的理论构架

新知识经济时代，层出不穷的信息技术和日新月异的市场环境，使得全球范围内的企业竞争愈演愈烈，达到白热化状态。各个企业，无论大小，都努力探寻提高公司绩效的法宝。在摸索的过程中，"员工敬业度"被越来越多的事实证明是影响组织绩效的关键因素。被誉为"世界经理人"的美国通用电气公司前 CEO 杰克·韦尔奇曾断言：任何一家公司若想在竞争中取胜，必须设法使其员工敬业。

一　敬业度的内涵界定

关于敬业度的内涵，国内外有不同的理论观点和主张。我国学者曾晖、韩经纶认为，敬业度可以理解为员工对工作的投入程度，也可理解为"工作投入"，其基本含义为：对待工作的一种持久的、积极的情绪和动机唤醒的状态。在这种状态下，员工随时可以全身心地投入到工作中，并在工作过程中伴随有愉悦、自豪、鼓舞的体验；工作时感觉时间

过得很快，不容易疲倦；面对困难及压力，有很高的承受力，一旦进入
工作角色后就不愿意从工作中脱离出来，并愿意在工作上付出额外的努
力。① 乔治·盖洛普和他所创立的资讯团队认为：所谓员工敬业度，即
是在给员工创造良好的工作环境，发挥他们的优势的基础上，每个员工
作为自己所在组织中的一分子，由此产生一种归属感，同时也是一种主
人翁的责任感。

在双重社会转型阶段讲工人敬业度，与计划经济体制下过于强调个
人付出的"无私奉献"不同，不能把敬业片面地理解为绝对地、终身
地只能从事某个职业，敬业是选定一行就爱一行，与合理的人才流动并
不冲突。敬业度是一种工作态度，它是企业与员工间的一种双向互动，
既包括员工对自身工作的成就感和满意度，也包括员工对企业的自豪感
和归属感。

二　敬业度主要研究思路

美国著名心理学家马斯洛（Maslow）在其《人类动机理论》一书
中首次提出了需求层次理论，将人的需要分为：生理需求、安全需求、
社交需求、尊重需求以及自我实现需求。1945 年虽然他在原有需求层
次基础上增加了求知需求和求美需求，但是他初次提出的五个层次需求
仍然得到人们的最广泛认可。马斯洛认为这五种需求呈层级关系，从低
级到高级的顺序是生理需求、安全需求、社交需求、尊重需求和自我实
现需求。生理需求是人类为了生存和繁衍所必需的衣、食、住、行等方
面的需求；安全需求是人类对人身安全、生活稳定以及免遭痛苦、威胁
或疾病等方面的需求；社交需求包括友爱需求和归属需求；尊重需求包
括自尊和受人尊重，自尊是要求有独立、自由、成就感和自豪感等，受
人尊重是要求名誉、地位、威望，希望得到别人的承认和赏识；自我实
现的需求是指个人能力发挥的最大化和理想抱负的实现。②

五种需要可以分为两级，其中生理上的需要、安全上的需要和感情

---

① 曾晖、韩经纶：《提高员工敬业度》，《企业管理》2005 年第 5 期。

② 钟育云：《马斯洛需求层次理论对完善组织激励机制的启示》，《中国经贸》2009 年第
14 期。

上的需要都属于低一级的需要，这些需要通过外部条件就可以满足；尊重的需要和自我实现的需要是高级需要，必须通过内部因素才能满足。一个人对尊重和自我实现的需要是无止境的。同一时期，一个人可能有几种需要，但每一时期总有一种需要占支配地位，对行为起决定作用。任何一种需要都不会因为更高层次需要的发展而消失。各层次的需要相互依赖和重叠，高层次的需要发展后，低层次的需要仍然存在，只是对行为影响的程度大大减小。人的这五种需求一般是在低一层次的需求获得"相对"满足之后，追求高一层次的需求就会成为优势需求。[①] 同时低层次需要不会随高层次需求的出现发展而消失，只是对行为的影响有所减弱，无论需求层次发展到哪级，只要低层次需求长期不能满足，人就会退到这一层次的需求上。

依据马斯洛的需求层次理论，以盖洛普的 Q12 员工敬业度调查为基础，我们认为工人工作中有五个较典型的维度是敬业度的驱动因素，可以潜在地影响工人的敬业程度，如图 5—1 所示。

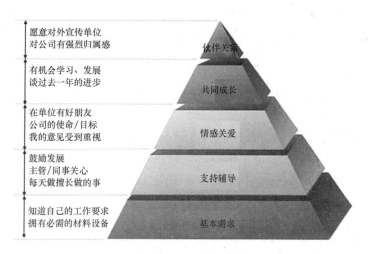

图 5—1　工人敬业度维度模型图

① 张勇：《马斯洛理论在人力资源管理中的应用》，《合作经济与科技》2010 年第 12 期。

在敬业度模型中，基本需求主要测量员工对于企业提供的材料和设施是否能够得到有效支持以及对于自身工作的了解程度；支持辅导主要测量员工在单位中是否能够得到单位的鼓励发展、领导或同事的关心程度、有无受到表扬的机会以及是否有机会发挥自身特长；情感关爱主要测量员工在单位中的团队融洽合作程度，如在单位中是否有好朋友、同事是否注重质量、公司的宗旨是什么以及个人的意见是否受到尊重；共同成长主要测量在单位中个人是否有机会学习、发展以及有无领导或同事关心谈及个人的进步；伙伴关系是共享层次，主要测量个人是否认同所在单位，能够切实将自身与单位紧密结合，荣辱与共。这五个维度不是独立存在，而是相互影响、相互依存，共同作用于敬业度这个核心层。

敬业度调查表采用李克特五等分量表的形式，由一组陈述组成，每一陈述有"完全不赞同""不赞同""无所谓""赞同"和"完全赞同"五种回答，分别对应 1、2、3、4、5 分，每个被调查者的敬业度总分就是他对各道题的回答所得分数的加总，这一部分可说明他的态度强弱或他在这一量表上的不同状态。

第二节　工人阶层敬业度的主要特征

以盖洛普的 Q12 员工敬业度调查为基础，由南京市总工会、南京市社会科学院和南京领航人才三家单位组成的联合课题组设计了本土化的敬业度调查问卷，以南京市为例，于 2012 年 4—6 月在全市范围内开展了工人敬业度问卷调查。按照类型抽样法在全市共抽查了 34 家企业，其中国企 8 家，民营企业 18 家，外资企业 8 家，共发放问卷 1550 份，回收有效问卷 1445 份，有效回收率为 93.2%。调查对象的具体人口特征详如表 5—1 所示，调查问卷如附录（一）5—1 所示。以问卷调查为基础，本节主要分析了南京市工人阶层敬业度的主要特点。

表 5—1　　　　　　　　调查样本的基本情况（N = 1445）

指标	选项	频率	有效百分比（%）
性别	男	689	49.4
	女	705	50.6
年龄	16—30 岁	545	37.7
	31—40 岁	502	34.7
	41—50 岁	275	19.0
	50 岁以上	76	5.4
文化程度	小学及以下	9	0.6
	初中	134	9.5
	高中、职高、中技	337	23.8
	大专	393	27.8
	本科	504	35.6
	研究生	39	2.8
企业类型	国有及国有控股企业	360	25.4
	民营企业	628	44.2
	外资企业、合资企业	422	29.7
	其他类型	10	0.7
企业规模	3000 人以上	201	14.0
	2000—3000 人	68	4.8
	1000—2000 人	427	29.8
	500—1000 人	203	14.2
	200—500 人	251	17.5
	100—200 人	91	6.4
	100 人以下	190	13.3
工作年限	1 年及以下	144	10.0
	1—3 年	362	25.2
	3—5 年	318	22.1
	5—7 年	101	7.0
	7—10 年	128	8.9
	10 年以上	384	26.7

通过对有效问卷数据分析，发现南京市工人敬业度从总体上看呈现以下几大特点：

一　工人敬业度总体水平中等偏上

根据事先确定的计分方法，每个调查者在 5 个维度 20 道陈述题上的态度总分即为该调查对象的敬业度得分，量表的总分为 100 分，取值范围为 20—100 分。总分越高，说明工人敬业度水平越高；总分越低，说明工人敬业度水平越低。所有调查对象的敬业度得分的平均分即为南京市工人敬业度总体水平。

调查结果显示，南京市工人敬业度总体水平得分为 78.3 分（百分制，如果用五分制来衡量是 3.9 分）。调查对象的敬业度得分分布集中，分数处于中等偏上水平。从正态分布曲线可以看出（详见图5—2），工人的敬业度水平维持在一个较为稳定的区间，个体之间的差异较小。近年来，不少80后、90后青年工人跳槽频率高，职业流动性大，人们形成了工人不安心于本职工作、缺乏主人翁意识的刻板印象。而本次调查结果表明，南京市工人对于本职工作较为满意，对于企业具有较强的认同感和归属感。

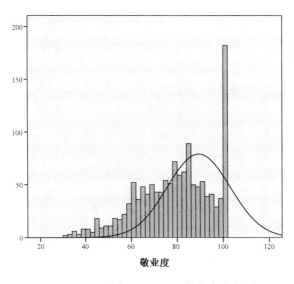

均值=78.27
标准偏差=16.123
N=1352(缺失值93)

图5—2　工人敬业度直方图

二　低敬业者和高敬业者合占近一半

将调查对象按照分数段进行分组，将得分处于 60 分以下区间的命名为"低敬业度组"，61—85 分区间的命名为"中等敬业度组"，85 分以上区间的命名为"高敬业度组"。调查结果显示，"低敬业度组"占比为 12.8%，敬业度均值为 49.8 分；"中等敬业度组"占比为 51.8%，敬业度均值为 73.9 分；"高敬业度组"占比为 35.4%，敬业度均值为 95.0 分。过半的工人属于中等敬业者，有 10% 多一点的工人处于低敬业或怠业状态，可喜的是，超过 35% 的工人非常敬业。如表 5—2 所示。

表 5—2　　　　　　　　　工人敬业度分组比较

敬业度分组	所占比例（%）	敬业度均值
低敬业度	12.8	49.8
中等敬业度	51.8	73.9
高敬业度	35.4	95.0

三　敬业度五大维度中工人满意度较高的是情感关爱

在敬业度模型五大维度中，工人满意度较高的是情感关爱，平均分达到 80.4 分；其次是基本需求，平均分为 79.5 分；其他三个维度即支持辅导、伙伴关系和共同成长员工满意度相对偏低，得分很接近，平均得分分别为 76.5 分、76.1 分和 76.0 分。如图 5—3 所示。

从敬业度的五大维度来看，情感关爱层得分较高且出现了"倒置现象"。这一方面说明南京企业在员工情感关爱方面工作卓有成效，但另一方面也反映出企业在支持辅导和共同成长层面还存在可能的提升空间。情感关爱在敬业度模型中效度如此显著，说明南京工人的团队合作较为融洽，与工人对和谐人际关系的追求直接相关。梅奥等人依据霍桑实验结果提出的"社会人假设"高度契合地解释了这一结果。"社会人"假设认为，人们最重视的是工作中与周围人友好相处，物质利益是相对次要的因素，正如梅奥所说"人是独特的社会动物，只有把自己完全投入到集体之中才能实现彻底的'自由'"。企业管理者要考虑到人是"社会人",会在感情上产生需要,通过各种方式满足员工归宿、交往和友谊的需要才能更加有效地激励员工。

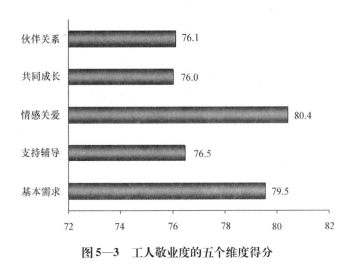

图5—3　工人敬业度的五个维度得分

　　另一方面,南京企业在支持辅导和共同成长层面还有待进一步提升,这具体体现在员工的发展能否得到单位领导的肯定、能否得到领导与同事的关心、能否发挥自身的特长、能否有进一步学习、发展的机会等方面,概括地说就是员工的职业发展机会不足和企业对员工的认可程度不高。而员工的职业发展机会是员工长期的物质与精神的需求,在很大程度上决定了员工的工作和生活质量。企业对员工的认可程度高低决定了企业能否激发员工的向心力,如果企业能够正确地对员工的工作能力、态度、成绩等进行评估并给予充分的认可,则会大大调动起员工积极的工作态度。

四　五大维度与敬业度均呈高度相关

　　将敬业度五大维度与敬业度进行相关分析,计算皮尔逊相关系数,发现五大维度与敬业度在 $P = 0.01$ 的条件下通过显著相关检验。如表5—3所示。
　　两个变量之间的相关系数绝对值越接近 1,相关越密切;越接近于

0，相关越不密切；当相关系数的绝对值大于0.8时，两者具有很强的相关性。本次调查中，五大维度与敬业度的相关系数均超过了0.8，其中相关系数值最大的是支持辅导，其次是情感关爱，再次是伙伴关系，而与物质因素相关的基本需求相关系数相对略低，也达到了0.857。

表5—3　　　　　　　　　　五大维度与敬业度相关分析表

		敬业度	基本需求	支持辅导	情感关爱	共同成长	伙伴关系
敬业度	皮尔逊相关系数	1	.857**	.939**	.899**	.891**	.896**
	P值		.000	.000	.000	.000	.000
	样本量	1352	1352	1352	1352	1352	1352

** 在.01水平（双侧）上显著相关。

第三节　影响工人敬业度的主要因素

工人的敬业度受到诸多因素的影响，它们从不同方面影响着工人的敬业乐业水平，本次实证调查的结果显示，企业自身特征是影响工人敬业度的决定性因素，而工人个体特征也是影响工人敬业度的有效因素，除此之外，外部社会环境因素也在一定程度上影响工人的敬业度。如图5—4所示。

一　企业自身特征是影响工人敬业度的决定性因素

从中观层面来讲，企业为员工提供环境、制定制度。而敬业的员工了解组织目标，为了组织的利益与工作伙伴共同努力，提高工作绩效，而组织则需要通过自身的运作促进、培养和保持员工工作敬业。"依据社会交换理论，员工的一些需要只有通过组织才能得到满足，员工的心理和行为受到组织行为的制约和影响"。[①] 因此，企业的支持度对员

①　王平换等：《员工敬业度的影响因素及提升措施研究》，《中国管理信息化》2011年第13期。

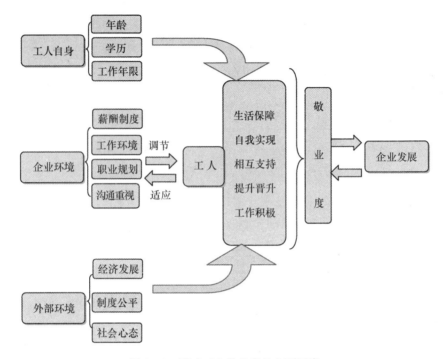

图 5—4 影响工人敬业度的主要因素

工个人来说相当重要，只有当员工感知到了来自组织的关心和重视时，员工才愿意留在组织内部。而且，此次调查也表明情感因素的需求已成为影响员工长久敬业度的首位因素，但是收入的保障仍然是实现情感需求的基础。

（一）企业薪酬制度影响工人敬业度

大量研究表明，薪酬福利是吸引新员工入驻企业的关键因素之一，薪酬对于员工来说，是在工作中获取的最基本元素，它的公平与否直接影响工人的敬业度水平。企业实行合理的具有竞争力的工资与福利制度，保证员工的合理收入与相对增长，对于提高员工忠诚度与满意度会起到十分重要的作用。企业在制定薪酬制度时，应当充分考虑内外部的公平，在外部环境中要符合本行业的收入基准水平，体现出一定竞争力，让员工有体现个人工作价值的感受。在保持外部竞争的公平性的同时，更要注重把握内部员工的收入分配合理性。亚当斯在其公平理论中指出，"人的工作积极性不仅与个人实际报酬多少有关，而且与人们对报酬的分配是否感到公平更为密切"。

本次调查结果也显示，工人的收入水平、收入满意度与工人敬业度之间存在正相关关系，即工人收入水平越高、收入满意度越高，则工人敬业度越高；反之，工人收入水平越低、收入满意度越低，则工人敬业度越低。将收入满意度与敬业度及五大维度进行相关性检验，六组变量 p 值在 0.01 水平上均显著相关，相关系数的绝对值在 0.482—0.641 之间，呈现出高度相关的趋势。这再次验证了马斯洛的需要层次理论，只有工人获得了较高的工资收入，更大程度上满足其本身及家人的生存、发展需要，提高其生活品质，才能更好地激发出工人的工作积极性、主动性和归属感。如表 5—4、图 5—5 所示。

表 5—4　　　　　　　　不同收入水平工人敬业度差异比较

敬业度分组	所占比例（%）	敬业度均值
低收入员工	22.5	72.4
中等收入员工	70.1	79.1
高收入员工	7.4	86.5

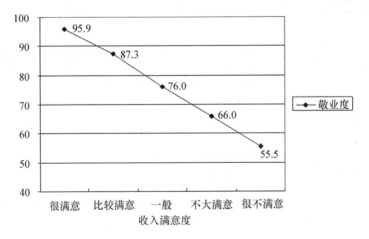

图 5—5　工人收入满意度与敬业度均值图

（二）企业情感激励影响工人敬业度

情感激励就是管理者加强与员工的感情沟通，尊重员工，使员工始终保持良好的情绪以激发员工的工作热情。本次敬业度调查的结果也显示，情感因素超越基本需求成为影响工人敬业度的关键。人们都知道，在心境良好的状态下工作思路开阔、思维敏捷、解决问题迅速。而且，当员工受到重视，被企业承认时，其获得的心理安全感更强，员工敬业度更高。企业与组织对员工的重视程度越高，员工的积极性就会越高，无论是工作上的表现还是生活中的问题，企业的重视会提升员工的认同度，继而企业的资源优势与发展趋势也会随之日趋壮大，对于员工的保障体系也会更加成熟。另外，员工的业绩在得到领导与同事的认可时，他们会认为自己的价值得到了体现，从而极大促进了员工工作热情，使得他们能全身心投入到工作中去。

（三）企业性质与规模影响工人敬业度

本次调查结果显示，工人敬业度与企业性质和企业规模存在显著相关关系。首先，工人敬业度受企业性质的影响。企业类别不同，组织支持对工人敬业度产生的影响有显著差异。采用单因素方差分析方法，计算不同类型企业工人在敬业度及其五大维度上的平均分。分析结果显示，国有及国有控股工人的敬业度相对较低，得分为 71.0 分；外资企业和民营企业工人的敬业度则相对较高，得分分别为 79.9 分和 81.4 分。具体如表 5—5 所示。民营、外资企业相比国有控股企业，他们的活力较强，管理决策迅速，并且企业文化建设较好，因此工人敬业度水平较高，而通常国有控股企业机构组织冗余，员工晋升途径较少，面对庞杂的管理模式，员工的积极性难以提高，从而造成敬业度的下降。

表 5—5　　　　　不同类型企业工人敬业度差异比较

企业类型	敬业度	基本需求	支持辅导	情感关爱	共同成长	伙伴关系
国有及国有控股企业	71.0	74.1	70.0	76.9	65.4	64.7
民营企业	81.4	82.4	79.0	82.6	79.8	81.4
外资企业、合资企业	79.9	80.2	78.3	80.4	79.4	78.4

敬业度也受企业规模的影响。在不同规模的企业中，工人数量与工人敬业度并不成正比。我们按照工人数量的多少将调查企业合并为四大类：小型企业（100人以下）、中小型企业（100—500人）、中型企业（500—2000人）和大型企业（2000人以上）。通过单因素方差分析结果表明，中小型企业（100—500人）工人的敬业度相对较高，其敬业度均值为84.8分；而大型企业（2000人以上）工人的敬业度反而低些，其敬业度均值为75.1分。如表5—6所示。中小型企业的工人人数较少，组织结构简单，个人在企业中的贡献容易被识别，因而便于对工人进行有效的激励，从而提升敬业度水平。相反大型企业，庞大的阶层化组织内容易产生怠惰与无效率的情况，工人的不满也会不断加剧而影响工作状态。

表5—6 不同规模企业工人敬业度差异比较

企业规模分类	所占比例（%）	敬业度均值
小型企业	13.4	78.8
中小型企业	24.4	84.8
中型企业	43.3	75.8
大型企业	18.9	75.1

（四）企业发展前景影响工人敬业度

本次调查结果显示，企业发展前景与工人敬业度高度相关。认为企业发展前景很好的工人其敬业度得分相对也较高，而认为企业发展前景很不好的工人敬业度得分也相对较低，两者之间的关系接近于线性。如图5—6所示。采用相关分析方法检验工人对企业发展前景的评价与敬业度六个变量之间是否存在相关性，结果表明，p值在0.01水平上呈现显著相关。相关系数的绝对值在0.490—0.631之间，呈现出高度相关的趋势。随着工人对企业选择越来越理性化的今天，没有人愿意在一个发展前景不明朗的企业工作，这样的工作经验对他们今后自身的发展起不到促进作用。因此，企业如何提升自身竞争力，建立工人对企业的信心成为企业管理者所要思考的问题。

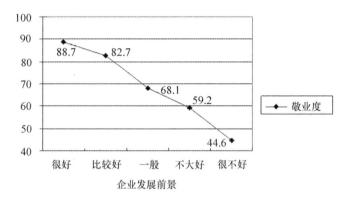

图5—6   企业发展前景评价与工人敬业度交叉图

二   个体特征是影响工人敬业度的有效因素

敬业度是工人在情感和知识方面对企业的一种投入，它在很大程度上受到企业环境影响的同时，也不可避免地受自身特征的影响，不同工人的社会特征使其对待工作环境、管理方式时存在一定差异。本次调查结果表明，工人的敬业度与其年龄、工作年限、收入水平和工作满意度等存在一定的关系，但与工人的性别、文化程度、婚姻状况等无关或仅存在弱相关关系。

（一）年龄大小影响工人敬业度

调查结果显示，不同年龄段工人在敬业度及五个维度上存在显著差异。其中敬业度和五大维度平均得分较高的是16—30岁年轻组，41—50岁中年组在敬业度、基本需求、支持辅导、共同成长和伙伴关系方面的平均得分相对偏低，31—40岁中青年组在情感关爱方面得分相对偏低。不同年龄段工人对于与自己工作密切相关的敬业度及其影响维度等问题会有不同的见解或看法。刚走上工作岗位的年轻工人社会经验、工作技能、人脉关系等社会资源均处于较弱状态，而结婚、生子、买房、买车等消费需求处于最为旺盛时期，其对于所在企业的心理依赖度和物质依存度均大于中年组。50岁以上的工人大多在企业工作时间较长，在企业资源分配中因其资历、技能等因素，这个群体获得的利益相对于其他群体来说更多，表现为对企业的归属感较强。

如图 5—7 所示。

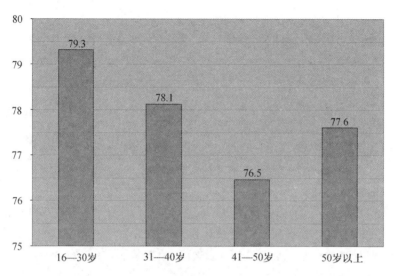

图5—7　不同年龄组工人敬业度比较

（二）工作年限影响工人敬业度

调查结果显示，新员工（工作时间 5 年以下）比老员工（工作时间在 5 年以上）的敬业度更高，这与先前年龄差异的敬业度水平是一致的。根据在企业工作时间的长短，将员工分为新员工（工作时间 5 年以下）和老员工（工作时间在 5 年以上）两大类，发现新员工在敬业度及其五大维度上的平均得分高于老员工。如表5—7 所示。将工作时间与敬业度及五大维度进行相关性分析，在 0.01 水平上均通过检验，呈负相关关系。但从相关系数绝对值来看，均在 0.10—0.21 之间，呈弱相关关系。随着在企业工作时间的增加，员工对工作和组织的熟悉度增加，从而获取的信息、知识、技能逐渐衰减，导致个体在认知、情感、体力上投入工作后渴望得到回报的感觉降低，新员工和老员工相比，对工作和组织存在更多期许，也得到老员工和领导层的更多关注，所以新员工的敬业度反而高些。

表5—7　　　　　　　　　不同工作年限的工人敬业度比较

工作年限	所占比例（％）	敬业度均值
工作时间5年以下	58.1	80.6
工作时间5年以上	41.9	74.9
总计	100	78.2

（三）工作状况满意度影响工人敬业度

工作状况满意度包括工人对工作环境、工作压力、劳动保障等内容的评价。调查结果显示，工作状况满意度与工人敬业度存在正相关关系，即工人对自身工作状况越满意，则其敬业度越高；反之，则越低。对工作状况很满意的工人，敬业度均分高达94.2分，而对工作状况很不满意的工人，其敬业度均分则只有50.7分。如图5—8所示。将工作状况满意度与敬业度及五个维度进行相关性检验，结果显示在0.01水平上呈现显著相关，相关系数的绝对值在0.476—0.605之间，呈现出高度相关性的趋势。企业管理者如何通过改进管理方法、改善工作环境营造出"快乐工作、体面工作"的工作环境，提高工人的工作满意度，是留住人才，降低工人跳槽率的重要因素。

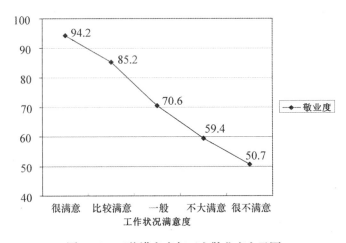

图5—8　工作满意度与工人敬业度交叉图

三　社会环境因素也在一定程度上影响工人敬业度

工人敬业度也在一定程度上受到外部环境因素的影响，较为明显的是受整体经济形势的影响。社会经济无论处在发展期还是衰落期，都会给工人的工作带来影响。如果当前国内经济处于快速稳定的发展期、物价水平有所下降、就业相对充分，那么工人对于目前的工作就不会产生担忧之情，对社会经济发展与前景充满信心，工作状态自然也会随之提升，敬业乐业度就会处于较高水平。反之，在经济危机之时，就业困难、物价上涨、社会处于动荡期，工人自然会为自己的未来担忧、对经济发展较为悲观，工作状态的影响显而易见，也可能产生消极心理，降低对工作的投入。工人敬业度还受到制度公平、社会心态等诸多因素的影响，此处不再一一赘述。

第四节　提升工人敬业度的对策与建议

一个国家的繁荣发展离不开企业的蓬勃发展，企业发展是国家发展的根基和源泉。而工人敬业度则是企业获得成功的关键因素，它日益成为企业的核心竞争力，因而提升工人的敬业度有利于增强一个国家的综合竞争力。

要提升工人的敬业度，需要政府、企业、工会、工人个体多方面的综合努力，其中政府的主要作用是为企业和工人的发展创造一个良好的外部环境；企业的主体地位不容忽视，员工敬业度的高低直接影响企业的发展绩效；工会的着力点在于构建和谐企业劳动关系、推进工资集体协商制度、实施员工素质建设工程等；而工人的个体特性与工作和组织的契合度，也同样影响着工人敬业度。本节主要从政府和企业的视角，各提出五条有针对性的对策建议，即"5+5"策略，以提升工人的敬业度。

一 政府——创造公平公正的外部环境

(一) 推进企业创新建设工程，打造创新型国家

进一步推进企业创新建设工程，着力提升工人的创新力、企业的竞争力和国家的发展力。

1. 强化企业的技术创新主体地位

按照彼得·德鲁克的见解，创新必须以技术、以市场为中心。因此，政府要进一步明确企业的技术创新主体地位，建立以企业为主体的技术创新体系，打造创新型国家。强化企业的技术创新主体地位，要支持企业建设高水平研发中心；强化企业技术创新主体地位，要以企业为主导深化产学研结合，要引导并促使企业与研究机构之间建立产学研密切合作的创新网络和整体化系统。

2. 充分发挥工人阶层在建设创新型国家中的主体作用

要进一步推进企业创新建设工程，激发工人的创造活力，着力自主创新。为推进企业自主创新和转型升级、促进经济发展方式转变，各级工会要通过广泛开展工人经济技术创新、技术革新和发明创造活动，积极推进工人技术交流和技术协作，引领广大工人争创"创新能手""创新示范岗"和"创新型班组"，提高工人的技术创新能力和攻关能力。在创新实践中，培养更多的掌握新知识、新技能、新本领的知识型工人和一线创新人才，为建设创新型国家和创新型企业充分施展才华。

(二) 保障相对弱势群体的合法权益，促进"起点"公平

1. 切实维护劳务派遣工的合法权益

部分企业存在滥用劳务派遣工的行为，这是导致工人敬业度不高、人才流失加速的重要原因之一。为防止劳务派遣的适用领域无限制扩大，劳务派遣在正式工作岗位上不断扩张，建议严格执行人社部出台的《劳务派遣暂行规定》，进一步规范劳务派遣行为。

2. 密切关注一线工人的合理诉求

近些年来，市场分配长期向资本、管理、技术倾斜，劳动报酬在初次分配中的比重逐年下降，导致基层一线工人的收入水平相对偏低。一线工人的社会地位、政治地位也偏低，因此需要密切关注一线工人的合理诉求。

3. 逐步统一兜底社会保障体系

统一兜底社会保障体系，重点是要整合目前的多种退休和养老保险制度，实现机关、事业单位和企业基本养老保险制度的并轨，保障公民"起点"公平。要在保持机关和事业单位养老金水平基本稳定的基础上和不超过合理养老金替代率的前提下，实现机关事业单位养老保险制度同企业养老保险制度的并轨。[1]

（三）深化收入分配制度改革，调整行业"剪刀差"

行业薪酬收入差距过大是当前薪酬分配秩序的突出问题。据人社部劳动工资研究所发布的数据，薪酬收入最高和最低行业的差距，我国按大行业划分是 4.7 倍（2009 年），按细分行业划分是 15.9 倍（2008 年）。而按大行业西方国家维持在 1.6 至 3 倍之间（2007 年）。统计数据还显示，我国电力、电信、石油、金融、保险、水电气供应、烟草等行业员工人数不到全国 8%，工资和工资外收入却占全国的 55%。要解决行业收入差距过大问题，政府需要深化收入分配制度改革，调整行业"剪刀差"。

1. 提高劳动报酬占初次分配比重

在目前我国劳动力过剩的总体格局未变的前提下，需要政府干预劳动力价值市场机制。通过进一步完善初次分配的劳动法律法规，强调提高劳动报酬占初次分配的比重。将合理调整工人收入分配纳入国民经济和社会发展计划，并作为对各级政府及相关部门的考核目标。将提高普通工人收入、开展工资集体协商、缩小行业收入差距、缩小企业内部基尼系数等内容列为对各级地方政府考核的重要内容。

2. 完善工资集体协商机制和工资诉讼机制

实践证明，推进工人工资集体协商，建立经营者和劳动者协商确定劳动报酬的共决机制，是建立与市场经济相适应的现代企业收入分配制度的重要环节，也是工人追求工资收入最大化、企业追求利润最大化最佳结合点的有效途径。一是积极探索工资协商立法的试点工作，使工资集体协商工作具有一定程度的强制性。二是深化工资集体协商制度。围

---

① 江苏省社会科学院编：《2011 年江苏经济社会形势分析与预测》，江苏人民出版社2011 年版，第 309—310 页。

绕广泛开展集体协商"要约行动"、进一步规范集体协商程序、加强集体合同的审查管理和履约监督、着力提高集体协商主体的能力几个重点方面开展工作。三是开展工资集体协商员工满意度测评。充分借助第三方力量对签订工资集体协议的企业，开展工人对工资集体协商、协议履行等情况的满意度测评工作。将工人满意度测评结果作为企业开展工资集体协商状况的评价标准。

3. 进一步规范行政性垄断行业收入

2012年2月七部委联合制定了《促进就业规划（2011—2015）》，强调要"改革国有企业工资总额管理办法，对部分行业工资总额和工资水平实行双重调控，缩小行业间工资水平差距"。通过严格控制国企垄断行业的工资收入分配，监督部分改制企业、民营企业的收入分配问题，明确违反工资政策的法律责任，加大拖欠员工工资的违法成本等，这无疑是必要的。要规范垄断行业薪酬分配秩序，从长远来看，更为重要的是依照《反垄断法》的要求，深化国有企业改革，充分引入、激活市场竞争，依靠市场的力量逐步打破垄断行业的垄断地位。

（四）深入实施职工素质建设工程，完善职工培训体制

要提升工人敬业度，可以发挥培训在个人与组织匹配中的桥梁作用，当前的重要抓手是深入实施职工素质建设工程，完善职工晋升制度。

1. 制定工人素质提升中长期发展规划

结合深入实施职工素质建设工程，一要研究制定职工素质全面提升中长期发展规划，编写统一的培训教材，强化职工通用能力，根据企业要求开展岗位培训，充分利用网络教学。二是完善职工技术技能培训平台，建立"技能培训指定站点"和"素质提升工程示范基地"。通过政府补贴等形式，鼓励NGO组织、企业、职业院校、培训机构等社会团体积极参与职工教育培训工作。三是将职工素质全面提升计划与职工技能大赛紧密结合，以赛促学。四是落实职工素质全面提升计划的经费保障。

2. 加强工会"大学校"阵地建设

进一步整合现有的职业教育资源，一是开展订单式培训。职业技能培训的内容以市场需求为导向，增强培训的针对性，突出技能、注重实

效，逐步形成政府、用工企业和劳动者都受益的长效机制。二是努力加强校企合作。从市场需求和劳动就业出发，向支柱产业、新兴产业、中小企业、民营企业开放，以专业链对接产业链。三是探索"夜校"的培训方式。结合职工的休闲时间，如夜间或周末，给予职工接受再教育的机会和空间。

3. 倡导建立类似八级工制度的工人晋升制度①

通过建立类似八级工制度的工人内部晋升制度，让工人有正常的发展渠道，使得部分高技术工人可以与管理层一样享有较高的薪酬和社会地位。建立健全工人技能竞赛、技能培训与等级鉴定一体化工作机制，对高技能水平劳动者给予奖励和认证。

（五）加强工人职业道德建设，提倡敬业精神

党的十七届六中全会《决定》，对公民道德建设提出了新任务，提出要加强社会公德、职业道德、家庭美德和个人品德"四德"建设。爱岗敬业是最基本的职业道德要求，也是社会主义职业道德的首要规范。②加强职业道德建设有利于培养工人的敬业精神，逐步形成良好社会风尚，推动人类社会进步。

1. 加强"三结合"深化工人职业道德建设

坚持积极探索新形势下加强工人思想道德建设的特点和规律，不断创新内容、形式和机制，推动工人思想道德建设更加贴近实际、贴近生活、贴近工人。一是职工职业道德建设与职工素质建设工程相结合。《全国职工素质建设工程五年规划（2010—2014年）》提出的"六大素质"，即思想道德素质、科学文化素质、技术技能素质、民主法治素质、健康安全素质、社会文明素质，内容涵盖了职工从业上岗所必备的基础知识和最基本的职业素养。大力开展"创建学习型组织，争做知识型职工"活动，大力开展职工教育培训工作。二是职工职业道德建设与职工文化和企业文化建设相结合。打造和谐企业文化，需要大力提升职工的

---

① 清华大学社会学系李强教授及北京大学中国经济研究中心主任姚洋等部分专家学者赞同恢复工人的八级工制度。

② 社会主义职业道德主要规范：爱岗敬业、诚实守信、办事公道、服务群众、奉献社会。

职业素养。专业、敬业和道德是必备的职业素养，它是一个人职业生涯成败的关键因素。通过推进"职工书屋"建设和职工读书活动，不断创新职工学习载体，搭建职工学习平台。三是职工职业道德建设与和谐劳动关系企业创建相结合。提升职业素养是创建和谐劳动关系的重要途径。和谐稳定的劳动关系，是企业和工人的共同愿景，是企业健康发展和工人快乐工作的前提，也是劳资双方互利共赢的基础。

2. 强调工人的敬业精神和诚信意识

新时期加强工人职业道德建设，其核心内容就是工人的敬业精神和诚信意识。工人的敬业精神是由职业道德的职业行为规范在工作中，在劳动过程中形成并提升起来的。如果工人的职业道德是企业形象，那么，工人的敬业精神就是企业的"内功"和"脊梁"。与敬业精神一样，诚信也是职业道德建设的重要内容。企业讲诚信不仅是应尽的社会职责，同时也是企业求得生存发展的必要途径。大量的事例证明，社会的腐败现象，许多都是由行业不正之风引起的。要把工人职业道德建设作为一项工程来抓，要求各企业制定适合本企业的职业道德规范，强化工人的敬业精神和诚信意识，加强对职业道德的约束考核。

3. 倡导崇尚劳动、尊重劳动者的社会氛围

要努力营造有利于职业道德建设的社会氛围，在全社会大力倡导崇尚劳动、尊重劳动者的风气，让尊重他人、尊重劳动成为每一个人应尽的义务，营造一种积极向上的社会氛围，让工人阶层得到其原本就应得的尊重。要在全社会大力倡导勤奋劳动、诚实劳动、创新劳动的良好风尚，大力弘扬工人阶级伟大品格和劳模精神，继承中华民族崇尚劳动的传统美德，树立正确的劳动观，推动形成尊重劳动、鼓励劳动、保护劳动的浓厚氛围。劳动没有贵贱之分，只要为社会创造财富和价值，就是光荣的，每一位劳动者都应该得到承认、受到尊重。要更加尊重劳动者特别是基层一线劳动者，切实保障劳动者的经济、政治、文化、社会权益，实现体面劳动，促进劳动者的全面发展。要在收入分配中高度重视劳动要素，加快形成合理有序的收入分配格局，切实提高劳动报酬在初次分配中的比重，使劳动力价值得到公平合理的确认，让"劳动光荣、工人伟大"的主旋律更加响亮。

二　企业——构建工人敬业度改善体系，提升工人敬业度和幸福感

拥有高敬业度的员工已经成为企业最好的竞争资源。已有的研究结果显示，敬业员工对企业所关注的经营业绩指标影响最大，包括效率、顾客忠实度、员工保留率、安全和价值等。[①] 公司员工的敬业度越高，公司的创新绩效、生产率和利润率也就越高。敬业度日渐成为企业重要的管理评价工具。

（一）优化企业管理模式，明确各方权责关系

为了实现自己的经济使命和社会使命，完成正常的经济运作流程，一个企业必须设置一定的组织部门以分管更细小的经济运作环节。优化企业内部管理当前的重点应放在完善公司治理和加强流程管理上来。

1. 建立激励与约束相平衡的公司治理机制

现代企业生产经营活动的规模日益庞大，与环境的关系也日益复杂，企业需要根据自身特点，选择科学的组织结构来帮助企业合理组织生产，提高经营效率。如被称为"金拱门"传奇的麦当劳在组织结构上具有标准明确的特征，与其标准化的经营模式相匹配。在组织结构设置上，麦当劳采用矩阵式组织结构，使其分布在世界各地的麦当劳分店共享组织资源，共担组织成本；在职务设计上，麦当劳通过规范的职务说明书，清楚描述了餐厅经理、生产操作人员、服务生等所有员工的职务、权责关系。合理的公司治理机制必须在企业的经营效率和监督约束效率之间寻找一个最佳平衡点。其中有几点是企业达成的共识：一是分工明确，权责对等；二是工作设计要遵循 SMART 原则；三是根据环境与组织结构的变化，注意集权与分权的平衡。

2. 完善以市场需求为导向的流程管理机制

一个科学的组织结构，需要有清晰的工作流程，工作在各个环节中的具体工作人员，能够准确定位自己的工作特征。随着工业文明的

---

① Harter 等通过元分析指出，员工敬业度与企业经营绩效具有正相关，无论哪个行业，其规模和性质多么不同，平均而言，员工敬业度为前 50% 的经营单位与后 50% 的单位相比有以下特点：（1）客户服务质量提高 86%；（2）员工保留率提高 70%；（3）生产率提高 70%；（4）利润率提高 44%；（5）安全性提高 78%。［美］柯特·科夫曼等：《由此，踏上成功之路》，方晓光译，机械工业出版社 2003 年版。

进步与信息的流通，市场已经转向了买方市场，此时顾客需求开始起市场导向作用，消费者需求开始取代新科技对企业创新方向起着决定性作用。因此企业必须重新考量，完善以市场需求为导向的流程管理机制。一是在开发调研流程中，必须了解市场供需之间的差异，确定企业所要满足的需求定位，寻找企业创新的突破口。二是在产品开发或设计流程中，必须根据市场调研的结果，将消费者的需求转化为一定的产品。三是在产品销售流程中，必须遵循顾客至上的原则，满足消费者在购物过程中的需求。四是在售后服务流程中，必须给予消费者以适当的激励。

（二）开展职业生涯规划管理，拓展员工职业晋升空间

"员工职业发展机会"是影响员工敬业度的关键因素之一，为增强员工与企业的契合度，开展职业生涯管理，提供适合他们的晋升通道是比较好的方式。

1. 制定职业生涯发展规划

职业生涯发展规划是个人目标与企业目标的结合，需要成立由企业领导、人力资源部门等组成的职业生涯管理委员会，研究并设计员工的职业生涯规划。职业生涯规划应根据员工在不同发展阶段的需求做适当的调整，如开创阶段要使员工形成合理的预期值，进步阶段要为员工提供晋升发展的平台，维持阶段要开发员工的潜能，退出阶段要建立老员工的关怀文化等。

2. 开展以职业发展为导向的培训

职业生涯发展的基本条件是员工素质的提高，这就要求企业建立完善的以职业发展为导向的培训体制，包括新员工的适应性培训、职业培训、变动工作的培训等。企业通过加大对员工教育培训投入力度，根据员工职业生涯规划，利用现有的条件，定期地组织培训或再学习规划，提升员工晋升的发展空间。

（三）制定相对公平有效的薪酬福利体系，增强内部公平性和透明度

"一流的公司要用一流的员工，支付一流的薪水。"目前，对于绝大多数中国企业的员工来说，薪酬福利毫无疑问是决定敬业度最重要、最直接的因素。比起行业收入差距这种外部公平性，内部公平性即一家

企业内部的薪酬分配差距同样影响员工的敬业度。企业在制定薪酬福利政策、确定薪酬福利水平时应当充分考虑内外部公平性原则。

1. 缩小企业内部基尼系数

针对部分外资企业和民营企业内部高管、中层和一线员工收入差距悬殊的问题，需要实施"控高提低"以缩小企业内部基尼系数。企业制定的薪酬结构，应该对所有员工都适用。薪酬结构中明确规定工人工资成本占企业利润的比重，在分配上适当向一线员工倾斜。企业高管平均薪酬与员工平均薪酬控制在适当范围之内，企业高管的薪酬要与企业效益挂钩，避免出现企业业绩下滑高管薪酬还上涨的不合理情况。

2. 建立"激励—薪酬"管理体系

因为薪酬问题而离职的员工占工人流失的比例较高，员工的薪酬福利水平与敬业度直接正相关。因而，提高企业薪酬福利管理水平有助于企业在短期内快速提升员工敬业度，减少员工离职。建立"激励—薪酬"管理体系，是提高员工敬业度的有效方法之一。企业应根据本身的特点，实行差别激励，对不同的员工实行不同的激励形式，如对拥有管理和技术能力的人力资本可采取声誉激励、晋升激励、产权激励等中长期激励方式，对技术工人采取中短期激励方式等，提高员工敬业度，增强企业的生命力和创新力。

3. 采纳模块式福利

针对员工群体中流失率最高的任职一到两年的员工、年龄在26岁到35岁之间的员工和专业技术人员，建议调整现有福利的成本结构，采纳模块式福利。不同的模块包含适合特定员工群体的福利项目，可以满足处于不同人生阶段的员工的需求：对于年龄在20岁到35岁之间的员工，可以满足他们对现金、休假时间、用车以及职业培训的需求；对于年龄为30多岁到40多岁的员工，可以满足他们对更多的工作生活平衡、养老金和医疗保险的需求；对于55岁及更加年长的员工，则更多地强调养老金和医疗福利等。

4. 提供年度整体薪酬报告

已有的研究结果显示，让员工了解企业在员工薪酬福利方面付出的投资，对于提升员工对福利价值的认知、实现差异化竞争至关重要。如果仅仅是简单地提供工资单，将严重降低员工对企业提供的整体报酬价值的感知。提高透明度的方法之一是向员工提供一份带有企业标识的年度整体薪酬报告。该报告提供员工的工资及福利报酬明细，连同年度绩效评估流程与职业发展路径，向员工展示其当前工作的价值以及其在组织中的未来发展机会，整体薪酬报告可以成为保留关键人才的强大工具。

（四）构建企业和谐的人际关系，强化团队意识

构建企业和谐的人际关系，强化团队合作精神、重视员工之间及员工与管理者之间和谐关系建设，是保持员工良好心境而愉快工作的关键，其中又以员工与管理者之间的关系尤为重要。

1. 完善企业与员工间的沟通机制

企业的管理者与员工之间沟通交流顺畅，有助于建立和谐的企业内部的人际关系，满足员工的高层次需求，增进企业与员工的互相理解和信任，增强企业的凝聚力，提高员工的敬业度。在信息化时代的今天，通过企业短信、QQ平台，工人谈心室、西祠讨论版、领导邮箱等多种路径，都可以有效地建立起企业管理者与员工之间的沟通机制。管理者通过沟通平台，容易将企业大事通知到中层或员工个人，通过这些平台也容易传达对员工重大节假日及生日等节日的问候和个性化慰问。这些沟通平台也可以成为企业大事的公共决策平台，实现管理者对员工的意见征询。

2. 选拔和培养优秀的管理者

如何构建有利于敬业度养成的员工—管理者关系是关系员工敬业度培养和提升的关键。管理者在基于提高员工敬业度的管理中应当完成以下几方面的工作：一是与员工就企业的愿景和目标进行充分沟通，使员工清晰地明白自己工作的意义和方向。二是与知识型员工协商制定其个人的工作目标，并为其达成目标提供帮助。三是保持自身较高的敬业度，为员工做很好敬业度的标杆。四是促进组织或部门内部尊重员工个人价值的组织文化形成。五是重视员工的期望和需求，及时地反馈和处理员工的意见和问题。企业要组织成长性好、有发展潜力的企业高级管理人员到国内外企业学习，加快培养适应国际竞争需要的优秀人才。

3. 强化团队意识①

团队意识是一个企业同心协力不断向上的原动力，它会让每位队员产生一种归属感，觉得为团队做贡献，就是在为自己争荣誉。可以说，一个企业的团队意识越强，它的生命力就越旺盛、越长久。作为全球最富实力的咨询公司，麦肯锡很注重团队文化的建设，支持和信任的文化被认为是其团队成功的关键。作为企业管理人员，要营造高支持和信任的团队文化，努力激发员工的团队意识。一要有明确的团队目标，并使其深入每个员工的内心；二要尊重员工，以鼓励为主，尽量少一些批评；三要充分调动员工的主观能动性；四要树立领导的威信和建立良好的人际关系等。

（五）塑造以人为本的企业文化，增强员工的归属感

企业文化是企业内全体成员的意志、特性、习惯和科学文化水平等因素相互作用的结果。吸引人的也许是公司的薪资待遇，但留住人的一定是企业文化。塑造以人为本的企业文化，确立企业的核心价值观，有利于形成良好的组织氛围，使员工产生一种归属感，增强员工敬业度。

1. 加强以价值观为核心的企业文化的导向作用

企业领导人在选择企业目标时，要充分考虑到与企业有关的各种人员和群体的价值观中，选择合理的组织目标，才能有效提高员工敬业度。只有实现个人与组织价值观的匹配，把企业文化真正融入每个员工个人的价值观中，他们才能把企业的目标当成自己的奋斗目标，才可以为企业的长远发展提供动力。通过加强以价值观为核心的组织文化的导向作用，塑造良好的企业文化氛围。

2. 搭建企业文化的平台和机制

构建和谐企业文化的核心内容之一是积极搭建企业文化的平台和机制。第一要建立一个有效的管理机制。通过设立管理机构，配备管理人员，制定企业文化、员工文化，包括工会文化在内的全面管理制度，由行政和工会分工负责，各侧重一面。第二要建立一个有效的保障机制。

---

① 团队意识是指团队的工作效率、工作关系、团队沟通和团队支持等团队氛围的总体感受。

从行政管理到人、财、物的资源配备，做到有标准、有目标、有考核、有监督、有激励。第三要建立一种不断成长的学习平台。企业首先可以通过举办定期或不定期的知识培训，更新员工的知识结构；可以为员工的学习创造一定的有利条件，鼓励员工到高校、科研院所进行学习和研究；要加强对外的合作和交流，积极学习先进企业的创新经验；要在企业中形成自觉学习的氛围。另外还要建立一些有效的文娱活动平台和阵地。通过开展形式多样、内容丰富、"寓教于乐"的文体活动，增强企业活力，提高员工队伍凝聚力。

3. 实施员工心理援助计划

企业应该在想方设法改善员工物质生活的同时，关心和重视他们精神文化方面的需求，为此，我们倡导以企业为主体实施员工心理援助计划（Employee Assistance Program，EAP）。通过倡导在大型企业开展EAP、小型企业建立心理疏导室等方式，开展对员工心理的疏导，关注员工群体的心理和行为问题，消除员工的浮躁心理，调整员工的弱势心态，达到提高员工敬业度，增强员工归属感的目的。

第六章

工人阶层的素质提高

当前我国经济发展迈入新常态，经济动力转向创新驱动，经济结构发生深刻变化，新产业、新业态、新模式纷纷涌现，对知识型、技术型、创新型人才需求迫切。2015年五一前夕，习近平主席在庆祝"五一"国际劳动节大会上的讲话中强调，"要始终高度重视提高劳动者素质，培养宏大的高素质劳动者大军"。讲话指出了提高劳动者素质的重要性，提出要实施职工素质建设工程，推动建设宏大的知识型、技术型、创新型劳动者大军，强调要深入实施科教兴国战略、人才强国战略、创新驱动发展战略，把提高工人队伍整体素质作为一项战略任务抓紧抓好。

第一节 提高工人阶层素质的必要性

工人素质是指工人从事某项事情（行为）所需具备的知识、技巧、品质以及工作的能力。工人队伍整体素质是由工人的思想政治素质、科学文化素质、专业技能素质、民主法制素质和身体心理素质五个方面构成的工人综合素质。其中工人的思想政治素质主要包括思想品德、政治素质、职业精神等内容；科学文化素质主要包括科学精神、文化素质、文明素养、创新意识等内容；专业技能素质主要包括专业知识、专业技能、业务能力等内容；民主法制素质主要包括民主素养、法律意识等内容；身体心理素质主要包括身体素质、心理素质、安全卫生等内容。

新时期提高工人阶层素质有其必要性，它是经济发展新常态对工人阶层素质所带来的新诉求，是互联网＋时代对工人阶层素质所产生的新影响，是实现人的现代化对工人阶层素质所提出的新要求。

一　提高工人阶层整体素质是适应经济发展新常态的需要

审视国内，经济新常态所带来的企业转型、全面深化改革，对企业发展和工人发展都带来了新的机遇和挑战。新常态的"新"在于当前经济发展的特征与之前高速增长时期有很大区别，主要表现为速度在变化、结构在优化、动力在转换，正在向形态更高级、分工更复杂、结构更合理的阶段演进。新常态下，经济结构不断优化升级，经济从要素驱动、投资驱动转向创新驱动——以人的转型升级加快推进经济结构的转型升级。"科技进步、劳动者素质提高、管理创新驱动"，是中国实现经济转型的根本路径。转变经济发展方式，必须提高工人的思想政治、科学文化、专业技能、民主法制和身体心理素质。提高职工素质，一直以来都是工会的一项重要社会职能。走进新常态，推进素质工程有了更丰富的内涵和更高的要求。职工技术比武，高技能人才大赛，职工书屋，创业培训——工会始终注重培育一批技术技能型、复合技能型、知识技能型人才，并把造就高技能人才与普遍提高职工技能水平结合起来，激发广大职工的劳动热情和创造潜能，增强职工的学习能力、创新能力、竞争能力和创业能力，为经济转型升级提供人才储备和智力支持。

二　提高工人阶层整体素质是适应互联网＋时代发展的需要

互联网＋时代的来临，对工人的传统知识和技能提出了新挑战。当互联网能够"＋"上一切生产要素之后，人才也成为与之相适应的重大要素组成。"互联网＋"就是"互联网＋各个传统行业"，但这两者并不是简单相加，而是利用信息通信技术以及互联网平台，让互联网与传统行业进行深度融合，创造新的发展生态。特斯拉的大佬们就是连接了能源领域、汽车领域和互联网领域的专业高手，并且将其整合在一起，创造出颠覆性的产品特斯拉。如果说工业革命让劳动密集型和规模化占据了主流；那么现在，知识密集型占据了重要舞台。可以预测，基于在传统企业和移动互联网的连接，未来应该是属于那些善用"互联网＋"跨界能力进行创新、在移动互联网领域掌握传统产业、在传统产业掌握移动互联网的人才。工会要适应互联网＋时代的新要求，促进传统企业和移动互联网的连接与融合，培养传统行业工人的创业创新意识，为新兴产业、新型业态的产生发展提供良好的发展环境。

三　提高工人阶层整体素质是实现人的现代化的需要

我国现代化建设的进程，在很大程度上取决于国民素质的提高和人才资源的有效开发。没有人的素质现代化，新型工业化、信息化、城镇化等都会落空。现代化最核心的是人的全面发展，人民群众既是现代化成果的享有者，也是现代化建设的主体力量。要着眼于人的综合素质的提高，着眼于人的生活质量的提高，大力促进民生现代化和人的现代化。实现现代化的关键是实现人的现代化，工人作为城市人的主体构成部分，要具备或适应人的现代化对工人素质所提出的新的更高要求。实现人的现代化，要求与现代社会相联系的工人阶层的素质普遍提高和全面发展，强调工人阶层整体素质的提升，包括与现代科技和生产力发展水平相适应的生理、心理、思维方式、思想道德、知识能力、行为方式等各个方面的普遍提高和全面发展。

四　提高工人阶层整体素质是工会组织自身转型发展的内在需要

近年来，党和政府对以工会为首的人民团体参与社会管理的作用更加重视，给予的空间越来越大。党的十八大提出，要"强化企事业单位、人民团体在社会管理和服务中的职责"，形成"党委领导、政府负责、社会协同、公众参与、法治保障的社会管理体制"。2015年7月，中央首次召开群团工作会议，习近平主席强调，"我们必须根据形势和任务发展变化，加强和改进党的群团工作，把工人阶级主力军、青年生力军、妇女半边天作用和人才第一资源作用充分发挥出来，把13亿多人民的积极性充分调动起来。我们必须把群团组织建设得更加充满活力、更加坚强有力，使之成为推进国家治理体系和治理能力现代化的重要力量"。工会组织在提高工人阶层整体素质中可以发挥重要作用，主要体现在以下四个方面：一是加强工人教育，提升工人的专业技能、思想政治、科学文化等素质是工会的重要职责之一，是工会组织自身发展的内在要求所决定的；二是工会组织基层组织覆盖面广、劳动者中的会员人数庞大，具有贴近工人、联系企业的天然优势；三是作为群团组织，工会拥有沟通政府、企业、工人的天然优势；四是工会组织具备推动工人素质提高的各类平台与网络。

第二节　提高工人阶层素质的区域经验

本节以南京市总工会为例，总结了南京工会提高工人阶层整体素质的主要经验。"十二五"期间，南京工会走发展型维权道路，强调以职工队伍整体素质提高为核心利益诉求，切实维护职工的学习权发展权，在提高职工队伍整体素质方面积累了丰富的经验，初步总结如下：在整体素质提高方面，形成了"123"综合服务平台；在专项素质提升方面，已经形成了以专业技能素质提高为主导的一系列行之有效的平台与抓手。南京工会提高职工队伍整体素质的主要经验如图6—1所示：

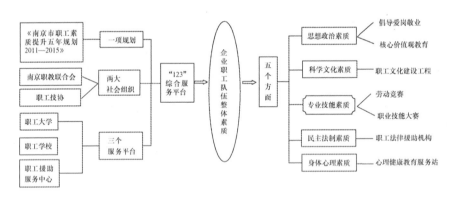

图6—1　南京工会提高工人阶层整体素质的主要经验

一　打造"123"综合服务平台，提高工人阶层整体素质

南京工会提高工人阶层整体素质，主要依赖"123"综合服务平台，"1"指的是一项规划，即《南京市职工素质提升五年规划2011—2015》；"2"指的是两大社会组织，即南京职教联合会和职工技协；"3"指的是三个服务平台，即职工大学、职工学校和职工援助服务中心。

（一）一项规划引领工人阶层整体素质提高

南京市总工会高度重视工人素质的提高，为"充分发挥工会大学校作用，把提高职工整体素质作为一项战略任务抓紧抓好"，早在 2011 年就推出了《南京市职工素质提升五年规划 2011—2015》（宁工发〔2011〕67 号文），引导职工素质建设工程的发展。规划针对提高职工思想道德素质、社会文明素质、科学文化素质、技术技能素质、民主法制素质和健康安全素质等提出了一系列量化指标，提出力争用五年时间，初步构建起南京职工素质建设工程科学体系，培养和打造符合时代需要、推动南京发展的高素质职工队伍。为保障"职工素质建设工程"的顺利推进，规划提出要完善组织保障机制、实行资源共享机制、建立经费保障机制、强化目标管理机制，成立全市工会推进职工素质建设工程领导小组，由市总工会领导和办公室、组织建设部、宣传教育部、民主管理部、保障工作部、生产保护部、法律工作部、女职工部等近 20 个部门和单位共同组成，负责研究制定全面提高职工队伍素质的发展规划和具体目标任务，办公室设在市总工会宣教部，具体处理日常事务。

（二）两大社会组织为主导落实工人阶层整体素质提高

在落实提高南京工人阶层整体素质方面，两大社会组织发挥了牵头作用，即南京职教联合会和职工技协。

一是南京职教联合会。南京职教联合会成立于 2010 年 2 月，由市总工会牵头，联合市教育局、人社局、财政局及 20 余所大学院校和 100 多家企业发起成立，是目前国内规模最大的职教联合会。南京职教联合会着力于整合社会资源、加强校企合作，解决了学员实训实习难问题，努力提升职工素质。目前，南京职教联合会已拥有 172 家理事单位，建立教育实训基地 27 个，推进校企合作项目 342 个，累计完成各类培训 41 万人次，其中职业技能培训 22.5 万人次。在此基础上，2013 年 3 月联合合肥、芜湖、马鞍山、滁州、镇江、扬州等城市工会，成立了长江沿岸城市职教联盟，搭建起沿长江流域的现代职业教育与产业合作平台，2014 年黄石、安庆市也加入了联盟。全总在上报中央书记处的报告中，列举了南京职教联合会的做法。依托南京市职教联合会，联合多家企业成立江苏长江职教产业集团。启动建设基于云计算和移动终端技术的在线培训载体——"天丰移动职教培训平台"，采用最新网络和通信技术整合培训资源、师资资源、教材资源，联合各家高等院校、职业技能培训机构的优质教育资源，打造线上职业培训课程体系，为广大职工参与职业技能培训、交流提升技术提供了便捷、经济的崭新通道。

二是南京市职工技术协会。市职工技协是市总工会领导下的职工自愿结合开展群众性科技活动的社会团体。2013 年以来，市职工技术协会以实施企业创新建设工程为主线，提出了建设完善"职工科技创新、职工职业（行业）技能大赛、职工素质提升、职工专利信息服务、职工专业委员会和新闻宣传"等公共服务平台的目标。其中，通过建设职工素质提升平台，整合拓展各级工会和社会技术培训资源，根据新时期工人培训市场发展需要，为企业、职工量身定制培训，开展全方位服务。近年来市职工技协在提高职工素质方面的创新性做法主要有以下几个方面：第一是建立由讲师、工程师、技师、企业家等组成的讲师团；陆续完善并收集各专业高技能人才资料，建立完善的技能人才库。第二是继续强化现有培训项目，联合人社、安监、质监、财政等单位着力培训高技能人才。第三是了解职工的发展需求和愿望，结合职工个人业务能力、工作水平和发展潜力，在对职工综合素质进行客观评价的基础上，开展教育培训内容设计。第四是选树一批技术能手和先进典型，充分发挥榜样作用，加快职工岗位成才。南京职工技协在服务职工科技创新、素质提高、企业技术进步、科技成果转化等方面做出了重要贡献。

（三）三个服务平台为载体推动工人阶层整体素质提高

南京工会推动工人阶层整体素质提高的三个服务平台，是指职工大学、各类职工学校和职工援助服务中心。

一是职工大学平台。由南京市总工会举办的市职工大学成立于1958 年，曾用名南京市业余工业大学、南京市工业大学，1994 年以来更名为南京市职工大学，是目前南京市为数不多的具有招收成人脱产高等学历教育学生的成人高校之一，连续 20 多年被国家教育部、中华全国总工会及省、市有关部门评为先进办学单位。学校实行"学历 + 技能"的教学模式，在教学中把以学历为目标的理论教学和以就业为目标的技能培训相结合，鼓励学生在毕业时能取得"一书多证"。职工大学是市职教联合会的主要成员，也是市总工会下岗工人再就业培训基地，近年来，培训了上千名下岗职工，培训专业有计算机应用、宾馆客房服务等，在提升职工素质方面发挥了重要作用。为充分发挥职工大学的职业教育及再就业培训的功能，增强工会大学校作用，南京市于2014年立项规划设计了占地近500亩的职工大学新校区，加大对职工大学的扶持力度。

二是各类职工学校平台。南京职工学校尤其是女职工学校的发展，成为职工素质提升的重要平台。十多年来，围绕职工素质提升，南京市总工会逐步建立起职工学校的平台阵地。首先是成立了讲师团，接下来成立了职工学校研究会，在这个基础上选出了50所示范学校，到2014年开展优秀案例征集评选，为基层提供培训菜单。南京市女职工素质培训初步形成了"1＋6"的培训内容，其中"1"就是本专业、本行业、本单位的基本技能素质，技能提升为主导；"6"包括婚姻家庭、子女教育、品质修养等社会关系、心理健康方面的内容。目前全市女职工周末学校有362所，通过三年时间选出了50所示范学校，按照职工技协的要求，开展全市性的女职工培训，被全国总工会授予全国总工会培训示范学校。

三是职工援助服务中心平台。南京市职工援助服务中心是市总工会进行下岗失业职工培训及再就业的综合服务平台。近年来市总工会大力实施工会就业援助计划，促进就业、再就业，累计帮助17万多人次下岗失业人员、农民工、大中专毕业生走上就业岗位。目前，南京市总工会已经成为全市除人社部门以外唯一的公益性职介机构，多次被市政府评为促进就业先进集体和职介培训诚信单位，2012年被国务院授予"全国就业工作先进单位"。市职工援助服务中心的主要做法，第一是加强下岗失业人员技能培训、开展"就业创业技能大赛"，近年来累计培训学员3.54万人，就业率达85%。第二是完善"创业培训、创业指导、创业贷款"三位一体的创业帮扶机制，为3318名创业者发放创业贷款1.6亿元、贴息411.6万元，带动6万人就业。第三是创建"送温暖爱心帮扶市场"，为有创业意向的职工提供车床、厨具、小型生产线等生产资料，以及创业项目、优良品种、专业技术等科技资料。第四是成立了以大专院校和科研院所专家教授、企业科技人员、创业成功人士为主体的志愿者队伍，组织开展科技型志愿者服务，已建立了包括种植业、养殖业、养老业、幼教业、旅游业、服务业等55个职工的"创业实习基地"和"创业孵化基地",与103名初始创业者签订了产值近亿元的"创业技术对口帮扶协议书"。

二　以专业技能素质提高为主导,提高工人专项素质

南京工会提高工人阶层整体素质,以专业技能素质提高为主导,围绕工人的各项专业素质,搭建了一系列有针对性的载体与平台,实施了一系列有针对性的举措与活动,取得了良好的成效。

(一)以劳动竞赛和职业技能大赛为抓手,提高工人专业技能素质

十五大以来,南京市总工会通过实施劳动竞赛和职业技能大赛为抓手,通过实施企业创新建设工程和以一系列经济技术创新活动为载体,推动和促进工人专业技能素质的快速提高。

一是以劳动竞赛带动职工专业技能素质的提高。围绕全市经济发展目标和每年的生产任务,以创建"工人先锋号""巾帼示范岗"为载体,深入开展"五一功臣杯""建设新南京,建功'十二五'""迎青奥、讲文明、树新风"等系列劳动竞赛,先后以青奥场馆建设、城市基础设施建设、工业改造项目、交通和地铁服务为重点,开展主题鲜明的劳动竞赛1.4万场(次),全市劳动竞赛企事业单位覆盖面达86%,职工参与率达87.5%;有40个班组被评为全国工人先锋号;2个班组获全国五一巾帼奖状;303个班组被评为省级工人先锋号。通过形式多样的劳动竞赛活动,将技能竞赛与职工技能培训、岗位练兵紧密结合,将主体工种和专业工种相结合,技能竞赛与解决生产经营中的实际问题相结合,有力推动各类企业劳动竞赛的开展。2014年全市各级工会组织劳动竞赛1300场次,参与职工170万人次。2014年底在南京召开的全省班组建设推进会上,江苏省劳动竞赛委员会对南京市劳动竞赛工作给予了高度肯定。

二是以职业技能大赛带动职工专业技能素质的提高。十五大以来,南京市总工会会同相关单位举办了235个工种的全市职业技能大赛,形成了"培训、练兵、比武、晋级"四位一体职工技能发展机制,共吸引546万人次职工参加,颁发国家职业资格证书58.1万份,全面完成南京工会十五大启动的职工技能等级进位五个点行动。目前我市持有各种技能等级证书的职工近120万人,其中高技能人才达30.55万人,技

术工人的比例达67%。通过广泛开展科技创新、科技攻关、发明创造、合理化建议、节能减排等职工经济技术创新活动，举办职工科技创新展，评选十佳创新成果4次，优选出科技创新人物40名，全市职工累计完成科技创新成果（技术革新、技术攻关）34.52万项，合理化建议41.23万条，先进操作法7600项，发明专利23.65万项，创造经济效益342.5亿元。其中2014年共举办市级职工职业（行业）技能大赛50场，1.2万名职工通过竞赛获得技能等级证书。

三是以职工科技创新平台带动职工专业技能素质的提高。市总工会启动南京市职工科技创新平台，评选表彰"南京市职工十大科技创新成果"，"南京市职工十大先进操作法"和"南京市职工十佳合理化建议"。2014年中电熊猫"投射电容（内表面）式触摸屏"创新成果获得全省唯一的一等奖。2014年12月成立"南京市职工科技创新讲师团"，聘请45名来自南京有关大学院所的经济管理、人文科学和应用技术三大类专家、教授和大型企业的技师，为全市企事业单位的职工提供相关培训和技术指导方面的服务。

（二）以倡导爱岗敬业和核心价值观教育为抓手，提高工人思想政治素质

一是强调职工世界观、价值观的引导。理念决定行为，市总工会强调职工世界观、价值观的引导。积极探索新形势下加强职工思想道德建设的特点和规律，不断创新内容、形式和机制，推动职工思想道德建设更加贴近实际、贴近生活、贴近职工。十五大以来，随着形势的发展变化，职工思想道德建设的内容不断变化，从"三观四德"（世界观、人生观、价值观，社会公德、职业道德、家庭美德、个人品德），科学发展观，党的群众路线到社会主义核心价值观，凝聚广大职工共识，为全面建成小康社会、实现中国梦汇聚强大的正能量。

二是强化职业道德建设，倡导爱岗敬业。市总工会把职工职业道德建设作为一项工程来抓，要求各企业制定适合本企业的职业道德规范，强化职工的敬业精神和诚信意识，加强对职业道德的约束考核。倡导企业用共同理想凝聚职工，用时代精神激励职工，用人文关怀善待职工，用企业文化陶冶职工。

三是弘扬新时代劳模精神。市总工会用劳动模范来树立劳动典型，

通过弘扬新时代劳模精神来引导职工树立正确的世界观和价值观。十五大以来评选表彰市级以上劳模和五一劳动奖章获得者 2265 名。运用新闻媒体和各种宣传形式，生动展示劳模立足本职、爱岗敬业、争创一流、甘于奉献的时代风采，在全社会营造"劳动光荣、知识崇高、人才宝贵、创造伟大"的良好氛围。积极打造"劳模创新工作室"，2014 年程军荣、陈德风、沙夕兰 3 家劳模创新工作室被省总工会命名为"江苏省首批创新劳模工作室"。2015 年组建了劳模宣讲团，目前已经举办了73 场宣讲，2 万多职工听取宣讲报告。市总工会创新尝试在全国第一个成立以农民工命名的劳模创新工作室，在全国首先建立了市领导联系劳动模范制度等。

（三）以实施职工文化建设工程为抓手，提高工人科学文化素质

南京市总工会以实施职工文化建设工程为核心抓手，以南京工人文化宫、职工书屋为平台，打造"激情广场""周周乐"、职工新年音乐会等职工文化品牌，开展职工读书节活动，大力开展"创建学习型组织，争做知识型职工"活动，不断提高工人科学文化素质。

一是推动工人文化宫实现转型发展。早在 2010 年市工人文化宫就明确了职工文化发展新阶段的目标为"三个中心"，即：百万职工教育培训的中心、文体活动的中心、广大市民休闲娱乐的中心。明确提出了"一体两翼"的组织模式，即以工人文化宫为主体，市职工文化体育联合会和市"心连心"工人艺术团为两翼（均为注册登记的非民企法人组织），走"五化"之路，即公益化、市场化、群众化、菜单化和专业化。十五大以来，市工人文化宫先后组织创作庆五一《劳动颂》《创造颂》等主题演出，精心打造"激情广场""周周乐"、职工新年音乐会等职工文化品牌，心连心工人艺术团深入厂矿、工地、车间、社区等为一线职工演出，共举办文化体育活动 770 多场次，参与和观看的职工群众超过 180 万人次。

二是以职工书屋创建引领读书节。十五大以来，南京市总工会已经连续举办六届职工读书节，设立职工书屋，配送书籍 15 万册。每年职工读书节期间开展一系列主题活动，如与龙虎网合作建立并开通南京市职工读书网，举办职工读书汇报演讲和"职工读书风景线——最美读书人"职工读书、摄影书法比赛等。职工书屋建设已连续多年，倡导每家

单位建立职工书屋，其中 2015 年江苏先声药业有限公司"职工书屋"等 5 家单位被选树为全国工会"职工书屋"示范点，年度新建 100 家市级"职工书屋"示范点。近一两年南京工会从职工书屋倡导走向职工阅读组织的建设，没有书屋的单位可以成立一个职工读书兴趣小组、读书社、读书俱乐部等，发挥社会团体的作用，带动年轻人更好地读书学习。

（四）以职工法律援助机构为平台，提高工人民主法制素质

一是推动职工代表大会制度以增进职工民主意识。南京市总工会按照国家六部委《企业民主管理规定》精神，结合南京实际，制定出台了《关于加强企业民主管理规范化建设的意见》《职工代表大会操作规程》《区域（行业）性职代会运行指南》以及职代会、厂务公开等各项制度操作流程表，详细说明和规范要求企业职代会召开流程、厂务公开内容、会前会后报告和备案制度、提案制度、行业性（区域性）职代会操作办法等。2014 年 10 月，市总工会举办首届职工代表培训班。通过不同单位民主管理、集体协商的工作实践现身说法，帮助参训人员提高对企业民主管理和集体协商工作的认知，提升开展企业民主管理和集体协商工作的实际操作能力。推进职代会制度建设的规范和完善，指导企业搭建好职、企双方沟通对话的平台，编写印发《和谐共赢的民主管理示范单位名录》《企业各项民主管理制度流程图》，开展职工代表优秀提案征集工作，搜集、评选出 30 多篇职工代表的典型提案，汇编印发基层工会和工人。成立市总民主管理工作顾问组，邀请省、市、区总工会专家、有关学者和工人代表等企业民主管理资深工作者担任顾问，深入企业对各项民管工作进行把脉论证，适时指导、建言献策。截至 2014 年底，全市国有控股企业厂务公开民主管理建制率保持 100%，非公经济组织厂务公开民主管理建制率超过 88%。市总工会获得全国工会贯彻落实工资集体协商三年规划先进集体称号。

二是构建职工法律援助网络体系以提升职工法律意识。针对部分职工法律救济的需求，南京市总工会注重开展职工法律援助机构建设。早在 2008 年初，市总工会重新组建充实了南京市总工会律师团，接下来在辖区、县全面建成职工法律援助机构，逐步延伸到所有街镇，已经构建起工会三级法援网络体系。市总工会借助三级法援网络体系，一方面

为工人提供法律咨询与援助，另一方面组织法治宣传教育活动，大力提升职工队伍的法律素质，增强职工队伍依法理性维权的能力。2014年全年举办法律宣传480场次，咨询服务18962人次；送法到基层217场，受众近5万人次。召开职工法律援助团律师普法"巡回课堂"现场推进会，在11个区总工会、8个产业工会举办21场"巡回课堂"，通过"以案说法""以案释法"等形式，提高了职工群众自我保护、理性维权的能力，提升了各级工会干部依法维护职工合法权益的能力。2014年与省总工会联合举办以"法治与我同行，和谐在我身边"为主题的"五一劳动法律宣传服务月"广场法律宣传咨询活动；省、市、区三级工会联动，在新街口正洪街广场举办了"12·4"国家宪法日暨全国法制宣传日系列宣传活动启动仪式。

（五）以心理健康教育服务站建设为平台，提高工人身体心理素质

南京市总工会以职工心理健康教育服务中心为平台，搭建了职工心理健康教育服务工作网络体系，为广大职工的身心健康服务；同时新建成了职工疗养院，维护广大职工的医疗休养权益，成为保护职工身体健康的又一阵地。

一是建立起职工心理健康教育服务工作网络体系。南京市总工会于2012年成立了职工心理健康教育中心和职工心理健康援助服务中心，其中职工心理健康教育中心设在职工大学，为工会干部和一线班组长进行有关心理健康方面的知识培训；职工心理健康援助服务中心则设在市职工援助服务中心内。同时在南京多家企事业单位建立"职工心理健康教育服务中心（站、室）"，在全市建立起几百家职工心理健康教育服务网点，初步形成了市总工会、中间层次工会和街镇（基层）工会三级职工心理健康教育服务工作网络体系。2014年成立职工心理健康教育讲师团，举办首期职工心理健康教育辅导员证书培训，给95名考试合格学员颁发了"职工心理健康辅导员"资格证书。同时开展职工心理健康教育服务进基层、进企业、进车间，送讲座、送培训、送书籍"三进三送"活动，加强青年职工尤其是新生代农民工心理健康疏导。

二是新建成功能齐全的大型职工疗养院。市总工会大力实施工会物质装备建设工程，在牛首山风景区建成新中国成立60多年来南京第一

座功能齐全的大型职工疗养院。职工疗养院坚持为职工群众和劳动模范服务的宗旨，把职工健康利益放在首位，既服务好来自全国的劳模，也进一步提升了对一线职工的服务力。市总工会制定并启动实施了南京市劳模休养培训（2014—2018 年）五年规划，组织 200 名劳模开展疗休养。

第三节 影响工人阶层素质提高的
主要因素

实施职工素质工程，提高工人阶层整体素质，还面临一系列的瓶颈困扰，主要体现在工人自身素质、资源过于分散、培训机构的人财物不足等方面。

一 主观认识影响工人阶层整体素质的提高

当前工人素质存在的主要问题，除目前的职业技能不适应新形势发展的需要之外，还突出存在着价值观缺失、敬业精神不够、竞争意识不强、心理素质不过关、自主学习意识不强等主观问题，这些综合素质的提高不仅仅是靠培训在短时间内就能解决的。

一是部分工人道德观念不强，缺乏进取精神。从思想政治素质来看，目前一些职工，特别是年轻职工，世界观、人生观、价值观三观教育相对缺乏，缺乏对传统文化和现代企业文化的认同，缺乏对主流价值观的认同。有的职工价值取向物化，缺乏精神追求，影响了自身的发展。有的职工自身学习意识不强，认为完成上班任务就可以了，有的认为学习无用，只要干好本职工作就好，其他的一概不重视。

二是部分工人爱岗敬业不够，职业满意度不高。部分工人奉献精神、创新动力和进取精神不足，对于职业追求和规划要求不高。少数工人怕吃苦，没有责任心，不专心，不敬业。本书第五章工人阶层的敬业度调查结果显示，南京市工人敬业度总体水平得分为 78.3 分，其中"低敬业度组"占比为 12.8%，敬业度均值仅为 49.8 分。超过 10% 的工人处于低敬业或怠业状态，说明确实有部分工人爱岗敬业做得很不够。而人的现代化研究课题组的研究结果显示,①南京工人的职业满意度相对偏低。如表6—1所示。

表6—1　　　　　　　　不同职业的职业满意率差异　　　　（单位：%）

职业满意率 不同职业	很满意	比较满意	一般	不大满意	很不满意
公务员	8.6	54.7	30.9	3.6	2.2
事业单位人员	9.9	46.3	37.9	4.9	1.0
工人	4.9	24.0	61.8	7.2	2.0
农民	2.0	24.5	67.3	6.1	0
自由职业者	1.9	26.6	58.9	10.1	2.5
个体工商户	5.6	36.6	52.1	5.6	0
企业经营管理人员	6.4	46.2	39.7	3.8	3.8
社工	3.8	34.0	45.3	13.2	3.8

（P = 0.000，df = 52）

三是部分工人竞争意识不强，缺乏危机感。现代社会是一个充满竞争的社会，现代人应该具有良好的竞争意识与较强烈的创业意识。而部分工人安于现状，竞争意识不强，缺乏危机感，不适应现代化对人的发展要求。

二　部分企业提高工人素质的能力有限

目前有部分企业自身提高工人素质的能力有限，这部分企业主要包括两大块，一是国有企业中困难企业的工人缺乏培训，二是部分小型民营企业、个私企业的工人缺乏培训。在大型技能大赛中，参加者绝大部分都来自大企业，像非公企业、小企业参加的少。伴随着非公企业比重的逐步增大，如何引导这类组织参与到培训中来，引导他们参与到技能大赛中来成为一个重要的议题。而有能力对职工进行培训

---

① 数据来源于南京市社会科学院许益军研究员主持的南京市软科学课题《南京人的现代化研究》（项目编号 201203017）的调查结果。

的企业，目前职工培训也存在的一些突出问题，主要体现在两个方面：一是有的企业对职工的培训缺乏针对性。形式上轰轰烈烈地搞起来了，但是职工是否有这方面的需求，培训有多大作用，可能值得商榷。二是有的企业对职工培训的长远规划不够。有的企业对职工的培训只顾眼前，没有长期的规划和长远的思路。有的企业担心，针对新职工搞了很多培训，但是职工掌握了一定的技能后容易把企业作为跳板，造成人才流失。

三　提高工人素质的管理资源过于分散

对于工人素质的提升，管理资源较为分散，散布在人社、组织部、体育部门、工会、共青团、妇联等职能部门和群团组织中，缺乏统一的政策和协调机构。对于工人的培训，各部门出台的一些政策也不统一，影响了企业对工人培训的认识和积极性。从工会组织来看，职工素质的内涵广泛，涉及的各项专业素质及综合素质，将很多部门的职能纳入进来，管理难度加大，涉及资源整合问题。虽然工会在职工素质培训方面形成了一系列有效载体，如职工联合会、职工大学、文化宫等，的确在培训职工方面发挥了重要作用，但是从整体上看，工会在开展职工培训、服务社会大众方面资源手段还不太足，难以突破一些地区、部门、行业的垄断，取得更好的成效。

四　工会现有提高工人素质的培训机构面临人财物的局限

工会现有提高工人素质的培训机构依然面临人财物的局限：一是场地问题。基层职工文化体育活动阵地及基层工会办公场所被侵占现象还时有发生。二是高端培训人才稀缺。要提高职工素质，离不开高素质的教师队伍。高素质的培训人才相对稀缺，使得培训内容与时俱进能力不够，导致部分企业参加培训的动力及可选择性不足。三是资金不足。近年来从全总、从国家层面，搞技能大赛投入力度不断加大，但是不同区域、不同城市重视程度不同，资金投入也存在很大差异，有的地区经费紧缺问题依然突出。

第四节　提高工人阶层素质的
路径与对策

伴随着新常态所带来的企业转型、全面深化改革，对不同类型的工人都带来了新的挑战和机遇；实现人的现代化，对工人的现代化转型提出了新要求；高度信息化时代的来临，对工人的传统知识和技能提出了新挑战等，新形势新变化要求不断提高工人阶层的整体素质。首先，需要明确党委政府、工会、企业在提高工人队伍整体素质中的功能定位；在此基础上，提出工会提高工人阶层整体素质的路径与对策。

一　明确党委政府、工会、企业功能定位

工人阶层素质的提高，是一个庞大而复杂的系统工程，除工人个体层面外，需要党委政府、工会、企业明确功能定位，"三方联动"，合力推进工人阶层素质的快速有效提高。

（一）企业是落实工人素质提高的主体

企业要建立起完善的职工培训机制，主要包括三个方面：一是领导重视。企业的领导要站在企业生存发展的高度，充分认识提高职工整体素质的重要意义，把企业的长远发展与职工的职业生涯设计结合起来，制定企业的中长期人才发展规划。二是建立职工考核和激励机制。企业安排专人负责考核与激励，建立起相应的激励机制，如鼓励参加学历教育，给予适当的费用补贴；合理化建议被采纳获积分或奖励；项目转化获积分或奖励；将技能的提升与收入挂钩等，提高职工参与学习培训的积极性。三是加大培训投入。按照工会的规定把对职工的教育费用真正运用到职工身上，同时对培训好的职工建立约束机制，比如说要服务一定的年限之类的，尽可能地减少人才的流失。

（二）党委政府在推进工人素质提高中发挥主导作用

工人阶层素质的提高，还要靠党委政府发挥主导作用。一是党委要发挥领导作用，一方面要依法维护工人的教育权发展权，另一方面要给工会"增权赋能"，通过发挥工会的"桥梁纽带"作用来提高工人阶层

的整体素质。政府通过在法律、体制、政策等宏观层面进行有针对性的安排，制定职工素质提高的"十三五"规划，进一步整合职能部门与群团组织的多方资源，形成多方合力，共同提高工人群体的整体素质。

（三）工会在推进工人素质提高中发挥牵头作用

提高工人队伍整体素质，工会要发挥沟通政府、企业、职工的长项，做好政府的帮手，主动担当、有效承接社会职责，发挥牵头作用。工会组织以服务一线职工、服务工会干部、服务各类企业尤其是中小企业为主要目的，整合分散资源、集中零星需求，以扶持困难群体、帮助创业人群为主要任务。工会组织应代表工人提出素质提升方面的要求，推动企业组织开展好职工的教育培训。各级工会组织可通过集体协商等手段，让企业的管理者明确职工应享受的教育培训权益，企业组织培训职工、落实经费保障是应尽的责任，同时以集体合同等形式加以确定；通过职代会或其他职工民主管理形式，对职工培训的开展及经费使用进行监督；通过政府和工会的各种表彰评比来引导和激励企业认真组织开展职工培训；通过广泛调查、源头参与、积极建言，推动政府及其有关业务部门加强对职工教育培训的指导、监督和扶持。

二 工会提高工人阶层整体素质的路径与对策

新常态背景下工会如何提高工人阶层的整体素质，本书提出了"12346"的提高路径，即：要紧紧围绕"一个中心、两大辅助、两个兼顾"开展工作，要面向一线职工和工会干部两大服务主体，重点做好国有企业中困难工人、小型民营企业的职工和新生代农民工三大群体的素质提升，把握提高工人整体素质的社会化、市场化、信息化、创新化四大方向，在此基础上实施规划引领，工会牵头；整合资源，增强合力；分工合作，关注重点；搭建平台，共享资源；创新培训，提升成效；加大扶持，激励发展的提高工人整体素质的六大对策建议。如图6—2所示。

（一）围绕"一个中心、两大辅助、两个兼顾"开展工作

提高工人阶层的整体素质，工会组织要围绕"一个中心、两大辅助、两个兼顾"来开展工作。所谓"一个中心、两大辅助、两个兼顾"，即以工人的专业技能素质提升为中心，辅助以提高工人的思想政

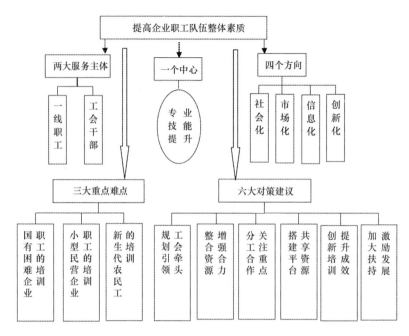

图6—2　工会组织提高工人素质的路径安排

治素质和科学文化素质，同时兼顾工人的民主法制素质和身体心理素质。

　　提高工人的五大素质，并不是平均用力，而是坚持"一个中心、两大辅助、两个兼顾"。首先，工人素质提升的关键是专业技能素质的提升。工会最需要做的也是能做好的就是多给一线工人创造一些培训的平台、机构和师资力量。围绕提高企业专业技能开展的劳动竞赛，逐步从完成生产任务为主转向以提高生产效益为主。技能大赛的工种不能无限制地扩张，应从数量为主转向质量为主，每年以固定20个核心工种为基础开展技能大赛，其他的小工种每年更新，既鼓励创新，也减轻了部分企业年年承办比赛的压力。其次，辅助以工人的思想政治素质和科学文化素质。这是当前工人亟须提升而工会借助已有的平台能够倡导或能够做的一些事情。工会组织要倡导企业加强企业文化建设，好的企业文化自然带动职工素质的提升。要深化对职工的"三观"教育，创新三观教育的内容与形式，切实取得培训实效。加强对职工的职业精神培养，尤其是新生代农民工的职业精神培养，也是当前工会组织培训的重要内容。另外，还要兼顾工人的民主法制素质和身体心理素质。工会组织需要进行适当的引导，既要充分发挥现有组织平台的力量来促进职工民主法制素质和身体心理素质的提高，也要注意引入专业化的社会力量，如心理咨询类社会组织，借助专业的力量来提升职工的相关素质。

（二）面向两大服务主体

工会组织提高工人阶层整体素质，主要面向两大服务主体：一是一线职工，二是工会干部。近年来，工会组织培训存在着重技术人员和中高级管理人员培训，轻一线职工和基层管理人员培训的现象，要把培训主体转移到一线职工上来。为实现工会的转型创新发展，需要提高工会干部参与社会治理的能力，因此仍然需要进一步加大对工会干部培训与交流的力度。

（三）突出三大难点重点

提高工人阶层的整体素质，工会要突出三大难点重点：一是国有企业中困难职工的培训。国有困难企业，维持自身的发展都有困难，职工的培训跟不上。二是小型民营企业的职工培训。部分小型民营企业，在工人素质提升方面关注不够，也缺乏职工培训提升的平台。三是新生代农民工的培训。重视新市民，特别是新生代农民工的培训教育。新生代农民工，一方面该群体存在着职业技能水平相对偏低、敬业精神相对不够等共性问题，另一方面他们的工作地点相对集中，主要聚集在开发区附近，有学习提升与交流互动的意愿和想法，有融入城市的愿望，因此有必要为他们提供进一步提升素质的平台与载体。

（四）把握提高工人阶层整体素质的四大方向

提高工人阶层的整体素质，要把握四个主导方向：

一是社会化。社会化是提高工人整体素质的未来发展走向。强调提高工人的整体素质，要坚持社会化方向，意味着购买社会化服务，工会作为枢纽型社会组织，可以将企业的工人素质分为几个专项，分别向有资质的企事业单位或社会组织购买服务。

二是市场化。提高工人的整体素质，强调市场化方向，主要针对企业高端人才的培养，促进培训机构的规范化运作，靠市场的力量，促进公平竞争，引导培训机构的正常生长。

三是信息化。提高工人的整体素质，要走高度信息化之路，在互联网＋新时代，离开信息化道路已经行不通。要为工人搭建免费的学习沟通平台；要为同类型企业培训平台间搭建沟通网络；要为培训平台与工人间搭建信息沟通渠道等，都离不开信息化建设。

四是创新化。提高工人的整体素质，既要继承好的传统，要求传统培训的内容与形式都要有所创新发展；更要走创新发展之路，形成自身品牌与发展特色。

（五）提高工人阶层整体素质的六大对策建议

要提高工人阶层的整体素质，工会组织可以着力从以下六个方面开展工作：

1. 规划引领，工会牵头

一是深入实施《全国职工素质建设工程五年规划（2015—2019）》。该规划提出了"十三五"期间职工素质建设的指导思想、目标任务、实施战略及具体的任务安排，强调资源协调，多方联动，持续、全面、稳定地提高工人素质。二是由工会牵头成立职工素质建设办公室。由工会牵头，充分发挥人社、教育、体育、共青团、妇联等政府职能部门和群团组织的作用，分工合作，各司其职，共同推进职工素质的提高。同时要建立有效的奖惩机制，通过有效的考核与奖励，让各部门分工合作的机制长期延续下去。

2. 整合资源，增强合力

工会要整合内外部的资源，形成提高职工素质的内外合力。一是加强工会与外部资源的联合。工会要联合多方面的力量来提高职工素质，实现跨企业、跨行业、跨区域合作交流，扩大生源、丰富培训资源，要充分发挥各类培训资源的作用。要充分发挥大企业工会的作用，在基层工会和企业间，通过开展"以有带无、以大带小、以多带少、聚少成多"四种联合培训方式（即：有培训资质的企业带无培训资质的企业，大企业带小企业，某工种相对较多的企业带某工种相对较少的企业和将各企业需求较少的工种集中起来）推动企业间培训工作的合作，提供多样化的、具体化的、针对性强的培训服务。二是做好内部资源的整合与规划。工会组织要整合下属单位的培训力量，逐步变办培训为管培训。

要对职工技协、工人文化宫、职工大学等机构进行整合、规划，协调他们的培训范畴，对其各自任务、生源、师资、设备场地等进行统筹安排，明确各自的培养重点及发展方向，实现差异化发展，减少不必要的相互竞争，共同提高职工素质。

3. 分工合作，关注重点

一是加强不同层次工会间的分工合作。借鉴发达国家重视职工培训的经验，尝试构建由工会基础教育、中级教育和高级教育组成的培训体系。对培训工作实行分工，工会基层组织和企业工会负责初级培训，中间层次工会和产业工会负责中级培训，全总和省市级工会负责高级培训。对于新就业职工和新工会干部，都要实施相对应的初级培训计划。对于新任工会干部，初期培训要让他学习工会工作的基本知识，如组织建设和活动机制等，在此基础上在实践中逐步加强专业培训，让其深入了解社会保险、就业、劳动条件、青年和妇女运动、新生代农民工等与工会有关的主题。二是重点关注三类难点群体。提高工人素质的三类难点群体分别是国有企业中困难职工，小型民营企业的职工和新生代农民工。对这三类难点群体，第一，要有一定的政策倾斜，通过增强补贴等方式鼓励培训机构对这三类难点群体开展针对性培训。第二，增强对这三类难点群体的线上培训力度，将网络培训平台免费向该群体开放。第三，要针对这三类难点群体实施有差异的培训策略，如针对部分小型民营企业职工的培训，可以考虑充分发挥民营企业协会的作用；对于新生代农民工，要充分发挥其工作集中地开发区工会的作用，强调新生代农民工培训内容与方式的创新，真正吸引该群体的学习、文体及休闲参与度。

4. 搭建平台，共享资源

一是做强职业教育培训平台，使之成为工人技能提高和素质提升的重要渠道。职业技能培训的内容以市场需求为导向，增强培训的针对性，突出技能、注重实效，逐步形成政府、用工企业和劳动者都受益的长效机制。要增强职工教育培训的跨区域合作，共同打造高素质职工队伍。二是打造职教培训的网络平台。把该网络平台打造成为工人的网络学习综合平台。把最新政策、政策解读、个人修养、文化教育、心理疏导等方方面面课程内容放到网络平台上去，满足工人个性化的学习要求，提升自身素质。尤其要把与工人利益密切相关的一系列政策进行详细深入的专家解读，以解决职工利益关注重点。通过网络学习综合平台，让工人明确诉求表达渠道，了解信息收集渠道，畅通心理疏导渠道。三是开发工人的健康休闲平台。工人疗养院是工人的健康休闲平台，既要服务好劳动模范，也要逐步提升对一线职工的服务力，维护好工人的健康利益。

5. 创新培训，提升成效

加强对工人素质的培训，目前从培训内容的科学性与形式的灵活性来讲都需要一定的创新与发展。一是制定科学的培训内容。提高工人的整体素质，培训是主要渠道。针对目前培训现状，要丰富培训内容，除职业技能培训外，要增强职业精神、团队意识、敬业精神及心理素质等方面的培训。要创新发展传统的劳动竞赛活动，结合行业、企业结构调整、转型升级需要，引导劳动竞赛由以完成生产任务为主的竞赛，向以提高生产效益为主的竞赛发展。要增强培训的针对性，通过前期调查了解工人的学习需求，根据实际需求来开展培训。如针对新入职的职工，开发一系列有针对性的岗位培训体系和培训课程进行培训。针对企业高管和关键岗位的管理人员开设企业大讲堂等。二是创新培训方法或模式。针对现有培训方式效果不理想的现状，需要在培训方法上突破传统，探索多样化、非常规培训模式。形式要更加灵活，要结合最新的媒体和手段，通过网络或者手机等简单有效的学习方式进行培训。可以开展一些体验式培训和增进学员间的互动交流。可以开展跨企业、跨行业、跨地区的结对帮学，通过同行联谊、技术骨干交流、提供师资培训等方式，促进学习效果。

6. 加大扶持，激励发展

政府要给予工会组织必要的政策扶持和经费支持，逐步完善各方面保障机制，激励企业和职工积极参与培训。一是加大对扶贫帮困类培训的政策扶持和经费支持。目前，职工技能培训的资质、政府投入的经费以及生源的组织等很大程度上还是掌控在政府业务管理部门手中，但其培训任务又是由多种类型的培训机构来承担，不同类型培训机构在培训中享受的政策待遇又有所不同，不可避免地会带来一些不平等竞争和利益分割等问题。因此，一方面要积极推动政府给予工会及其他正规的培训机构与政府相应培训机构同等的政策待遇和经费支持，并加大对扶贫帮困类培训的政策扶持和经费支持；另一方面各级工会组织也应适当增加工会培训机构基础设施建设和培训经费的投入，帮助其提升培训水平、提高竞争能力。二是监督企业完善经费保障和激励保障机制。发挥各级工会的法律监督主体作用，促进企业按照职工工资总额的 1.5%—2.5% 足额提取教育培训经费，确保 60% 以上的职工教育培训经费用于企业一线职工的教育和培训。将是否对职工进行岗位技能培训纳入创建和谐劳动关系企业的评价指标体系，引导企业加大对职工的职业培训力度。

第七章

新生代农民工的城市融入[*]

在工业化和城镇化快速发展的今天，新生代农民工既是我国城市产业工人的重要组成部分，又是统筹城乡发展的主力军。新生代农民工是指在 1980 年及之后出生的、外出从业 6 个月及以上的农村劳动力。据国家统计局 2017 年国民经济和社会发展统计公报数据显示，2017 年全国农民工总量 28652 万人，其中外出农民工 17185 万人，本地农民工 11467 万人。

从 20 世纪 90 年代初"民工潮"出现开始，农民工群体就受到了学术界与社会的广泛关注。但是对新生代农民工的关注，从现有的文献资料反映的情况来看，则主要始于 21 世纪以来，尤其是 2010 年中央 1 号文件首次提出要着力解决"新生代农民工问题"以来，对新生代农民工的城市融入研究成为近年来学术界关注的热点问题。

第一节　新生代农民工城市融入的理论构架

一　加快新生代农民工城市融入的必要性

加快新生代农民工的城市融入，至少具有以下三个方面的必要性：

（一）加快新生代农民工的城市融入，是实现社会结构转型的需要

当前我国正处于社会变迁和社会转型关键期，社会结构转型与农

---

[*] 本章部分内容曾由笔者纳入许益军等著《大都市社会治理：理论、实践与政策》一书第七章，中国社会科学出版社 2014 年版。

民的社会分化密切相关。社会分化是社会结构转型的前提，社会结构转型是社会分化的结果。社会结构由农民阶层迅速分化为农民工阶层，再由农民工阶层向工人阶层转化，这是我国现代化过程中社会结构转型的一个重要特征。按照马克思的理论，作为工人阶级的主要来源，农民向工人阶级转化既是产业革命和工业化的必然产物，又是促进工业化和社会生产力进步的必要条件。当代新兴产业工人的形成，正在经历"农民—农民工—产业工人"的过程。新生代农民工的特点，决定了他们是农民工队伍中城市融入意愿最强的群体，加速这一群体的社会流动，实现他们由农民工身份向产业工人、市民身份的转化，大量减少农民，我国才能真正实现社会结构转型。同时，加快新生代农民工的城市融入，实现新生代农民工的市民化必将加快我国的城市化步伐，带来新一轮的城市基础设施和住房建设的投资需求，成为我国经济快速持续增长持久强劲的动力源泉。加快新生代农民工的城市融入，实现新生代农民工的市民化也将为城市的工业化发展提供源源不断的劳动力资源，对于我国的经济发展、社会进步和政治稳定都具有非常重要的战略意义。

（二）加快新生代农民工的城市融入，是我国推进城市化、现代化的必由之路

农民工市民化是现代化的必然过程，是衡量一个国家和地区现代化水平的重要标志。城市化是现代化的先决条件，而实施城市化战略的关键在于实现农村劳动力的顺利转移。新生代农民工是农民工中的新生力量，他们是目前最现实、最有条件和意愿转移到城市居住的群体，他们代表着农民工市民化的方向，是农民工市民化的希望所在。消除新生代农民工城市融入进程中存在的主要障碍，实现新生代农民工的市民化是转移农村人口的最佳途径。从长远来看，加快新生代农民工的城市融入，实现新生代农民工的市民化，不仅仅是城市化和工业化的问题，还决定着我国现代化的进程。进入 21 世纪，党和国家高度重视农村富余劳动力转移的问题，把这一问题上升到现代化发展大局的高度来认识和对待。十六大报告明确指出："农村富余劳动力向非农产业和城镇转移，是工业化和现代化的必然趋势。"

（三）加快新生代农民工的城市融入，是我国统筹城乡发展、构建和谐社会的重要内容

加快新生代农民工的城市融入，实现新生代农民工的市民化，既符合我国统筹城乡发展的现实需要，又利于大量减少农民的长远发展战略，是我们科学破解城乡二元结构的最佳切入点。只有减少农民、增加市民，改善城乡资源配置，才能从根本上解决好"三农"问题。因此，大力促进新生代农民工市民化成为我国"十三五"统筹城乡发展的突出重点。同时，加快新生代农民工的城市融入，实现新生代农民工的市民化，也是维护社会稳定的重要保证。新生代农民工长期处在城市的边缘，融不进城市社会，享受不到应有的权利，必然会累积很多矛盾，不仅他们自身的合法权益难以得到保护，也会导致他们对城市社会普遍怀有疏离感和责任意识匮乏，处理不好还会造成重大的不稳定隐患。从根本上解决新生代农民工的市民化问题，有利于维护我国社会稳定，促进社会和谐。

二　新生代农民工城市融入的指标体系构建

城市融入是移民社会融入的具体表现，社会融入的概念比较宽泛，具有多重概念。"移民必须适应发达国家中的现代生产体系和现代性的社会互动规范，并随着时间的推移，最终成为适应新社会生活的社会成员，即通常所谓的社会融入或社会融合。"[①] 从移民社会融入的角度出发，"所谓新生代农民工的城市融入即新生代农民工在城市确立经济地位，适应城市社会互动规范，并获取市民身份、享受市民待遇，最终实现在城市舒适生活的融入过程"[②]。

城市融入主要包含经济融入、社会融入、政治融入和文化融入四大层面的融入。根据城市融入指标的科学性、系统性、全面性和可测量性四个基本原则，新生代农民工城市融入的分析框架和测评指标体系可设

---

① 梁波、王海英：《国外移民社会融入研究综述》，《甘肃行政学院学报》2010 年第 2 期。

② 王佃利、刘保军等：《新生代农民工的城市融入——框架建构与调研分析》，《中国行政管理》2011 年第 2 期。

计如表 7—1、图 7—1 所示。

表 7—1　　　　　新生代农民工城市融入现状的测评指标体系

分析维度		一级指标	二级指标
新生代农民工城市融入	经济融入	收入消费	月均收入、收入满意度
			居住形式、居住条件满意度
			收支平衡、消费支出
		职业地位	工作年限、工作满意度
			工作待遇
	社会融入	市民生活方式	工作时间
			休息时间
			交往对象
			闲暇方式
		社会支持网络	求职难易
			求职路径
			困难求助对象
			是否参加社会组织
	政治融入	制度参与	是否获得城市户籍
			是否享有城市社会保障
		政治参与	是否入党
			是否享有选举权和被选举权
			是否参加工会
	文化融入	城市归属感	城市喜爱程度
			邻里和睦相处
			自我身份认同
			定居意愿
		认同城市文化	本土语言学习
			市民行为规范习得

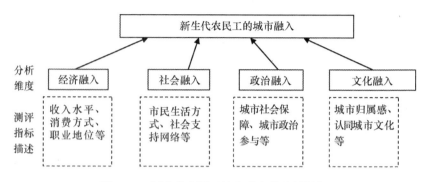

图7—1　新生代农民工城市融入的分析框架

　　其中经济融入是移民融入的最重要内容，也是移民实现完全的社会融入的前提条件。[①] 经济融入主要包括收入消费水平和职业地位等方面的融合，可以通过月平均收入、收入满意度、居住形式、居住条件满意度、收支平衡、消费支出、工作年限、工作满意度、单位待遇等具体指标来测量。

　　社会融入是经济融入的进一步深入，主要表现为新生代农民工习得市民的生活方式和获得城市社会支持网络，可以通过工作时间、休息时间、交往对象、闲暇活动、求职路径、困难求助对象、参加社会组织等具体指标来测量。

　　政治融入意味着移民个体与群体在流入城市中，在制度与组织层面的社会参与度的增加，主要表现为新生代农民工获得城市社会保障和享有政治参与权等，可以通过是否获得城市户籍、是否享有城市社会保障、是否入党、是否享有选举权和被选举权、是否参加工会等具体指标来测量。

　　文化融入则是移民群体在价值导向与社会认同上的转变过程，只有在文化、价值、观念上实现了对新的社会环境的认同，才意味着移民群

――――――――――

　　[①]　梁波、王海英：《国外移民社会融入研究综述》，《甘肃行政学院学报》2010 年第 2 期。

体实现了真正的融入或同化。① 该融入进程表现为新生代农民工认同城市文化，对城市有归属感，可以通过城市喜爱程度、邻里和睦相处、身份的自我认同、定居意愿以及学习当地土语和形成市民行为规范等具体指标来测量。

第二节　新生代农民工城市融入的主要特征

为深入把握新生代农民工城市融入的现状，找准影响该群体城市融入的主要因素，我们以南京市为例，于 2011 年 10 月开展了"南京市企业新生代进城务工人员现状"的问卷调查。本次调查对象为在宁企业新生代农民工，采用多阶段随机抽样的方式抽取样本，一共抽取国有企业、民营企业、外资企业三大类型 23 家企业共780 人，其中回收有效问卷 734 份，样本回收率为 94.1%。被调查者中男性员工占 47.0%，女性员工占 53.0%。调查对象的具体人口特征如表 7—2 所示，调查问卷如附录（一）7—1 所示。以问卷调查和个案访谈为基础，本节主要分析了南京市新生代农民工城市融入的现状。

表 7—2　　　　　　　　调查样本的基本情况（N = 734）

变量	类别	频数	百分比（%）
性别	男	345	47.0
	女	389	53.0
年龄	16—22（90 后）	224	30.5
	23—32（80 后）	510	69.5
有无配偶	有	358	48.8
	无	376	51.2

---

① 梁波、王海英：《国外移民社会融入研究综述》，《甘肃行政学院学报》2010 年第2 期。

变量	类别	频数	百分比（％）
文化程度	初中及以下	286	39.0
	高中或技校	313	42.6
	大专	101	13.8
	本科及以上	34	4.6

新生代农民工城市融入现状的问卷调查结果显示，南京新生代农民工的城市融入呈现如下几个主要特点：

一　工作满意度较高，工作动机偏重发展机会

一是工作动机更加追求自我发展机会。与老一代农民工相比，新生代农民工更加看重自身的发展机会。当调查问及来宁就业的主要原因，排在前三位的分别是"来南京学专业技能或经商本领"（占32.2％）、"南京就业机会多、可以赚到钱"（占30.7％）和"出来见世面、为以后发展打基础"（占30.5％）。从在南京求职的难易程度来看，多数新生代农民工认为在南京找工作不是特别难，有52.6％的人认为在宁找工作困难程度为"一般"，22.2％的人认为"相对容易"，只有25.2％的人认为在南京找工作"相对不容易"。

二是就业方式以自发就业为主。当调查问及找工作的主要途径，59.3％的被调查对象选择了"通过亲友老乡介绍"，17.7％的人选择了"城市劳务中介"，10.9％的人选择了"报纸、网络等招聘信息"，这说明新生代农民工就业仍然是以自发的就业方式为主要方式，血缘关系、地缘关系在新生代农民工就业中仍然起着十分关键的作用。

三是工作满意度较高。新生代农民工对自己目前所从事的工作，表示"很满意"和"比较满意"的分别占了23.4％和20.4％，两者合计为43.8％，表示"一般"满意的占了总人数的46.5％，只有9.7％的人对自己的工作表示"不大满意"或"很不满意"。具体如图7—2所示。

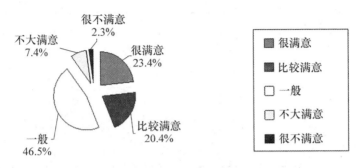

图7—2　新生代农民工的工作满意度

二　收入相对偏低，但收入大于支出

一是收入较低，但对未来抱有一定的期望。新生代农民工的月收入呈橄榄型分布，70%的新生代农民工的月平均收入集中在1501—2500元之间，其中月收入为"1501—2000元"的占40.9%，月收入为"2001—2500元"的占29.0%，两者合计为69.9%。如表7—3所示。因此部分新生代农民工对自己目前的收入状况并不满意，其中对收入表示"很满意"或"比较满意"的只有15.5%，表示"一般"满意的占49.7%，而表示"不大满意"和"很不满意"的比率达到了34.8%。大多数新生代农民工认为在未来五年自己的收入会有所提高，其中，17.4%的人认为自己未来五年的收入会有"大幅提高"，而66.3%的人认为会有"小幅提高"。

表7—3　　　　　　　　　新生代农民工的收入开支情况

收入开支	选项	百分比（%）
当前月收入	1000元以下	1.0
	1000—1500元	12.1
	1501—2000元	40.9
	2001—2500元	29.0
	2501—3500元	12.1
	3501元及以上	4.9

续表

收入开支	选项	百分比（%）
每月收支情况	收支基本平衡	34.6
	约有 500—1000 元内结余	31.1
	约有 1000—2000 元结余	17.3
	约有 2000 元以上结余	4.9
	支出大于收入	12.1

二是收支相对平衡，略有节余，生活费用仍为主要支出。从新生代农民工每月收支情况来看，有 34.6% 的人表示每月"收支基本平衡"，表示每月"约有 500—1000 元结余"的占 31.1%，表示每月"约有 1000—2000 元结余"的占 17.3%，不过还有 12.1% 的人表示"支出大于收入"。如表 7—3 所示。新生代农民工认为最需要花钱的支出项目，排在前五位的分别是："吃饭、买衣、交通等日常生活"（占 79.0%）、"租房或住房消费"（占 38.8%）、"寄给老家的父母长辈"（占 27.2%）、"子女教育"（占 25.3%）和"社会交际"（占 17.6%）。

三　社会保障逐步改善，居住条件有待提高

一是社会保障情况有所改善，大部分人签订了劳动合同和享受五项社会保险。89.1% 的新生代农民工与所在企业签订了劳动合同，还有 10.9% 的人未签订劳动合同。从新生代农民工享有五项社会保险（养老、工伤、失业、医疗和生育保险）的情况来看，近 60% 的被调查对象享有五项社会保险，但需要关注的是，仍有 18.7% 的人未享有社会保险，还有 22.3% 的人只享有部分的社会保险。如表 7—4 所示。通过在南京工作时间长短与是否享有五项社会保险的相关性分析发现，两者之间存在显著相关关系，新生代农民工在南京工作时间越长，其享有五项社会保险的概率越高，在宁工作五年以上的，其享有五项社会保险的比例达到了 80.3%。

表7—4　　　　　　　　　　新生代农民工享受社会保障情况

	选项	所占比例（%）
是否签订了劳动合同	是	89.1
	否	10.9
是否享受五项社会保险	享受	59.0
	没享受	18.7
	有的享受，有的没有享受	22.3

　　二是居住条件相对较差，居住满意度有待提高。新生代农民工现有的居住条件，主要分为三大类，一是住单位集体宿舍，占34.7%；二是住私人出租房，占33.8%；三是住在自购房和自建房中，占24.8%，这三种居住方式涵盖新生代农民工居住方式的93.3%。对现有居住条件的满意率，表示"很满意"和"比较满意"的合占35.1%，表示"一般"满意的占40.7%，而表示"不大满意"和"很不满意"的合占24.2%。

四　社会公平感较低，社会支持仍以传统的熟人网络为主

　　一是社会公平感较低。新生代农民工对社会公平的看法，认为目前社会"很公平"或"比较公平"的仅占总体的13.5%，43.1%的人认为目前的社会公平情况"一般"，而有43.4%的人认为这个社会"不大公平"或"很不公平"。如图7—3所示。

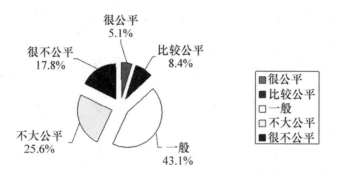

图7—3　新生代农民工的社会公平感

二是社会支持仍旧为传统的熟人网络。从新生代农民工的社会组织参与情况来看，接近60%的新生代农民工"没有加入任何社会组织"（占58.4%），这一群体加入工会的比例只有21.8%，加入党团组织的比例只有10.8%，加入其他社团组织的比例也只有9.0%。从交往人群来看，新生代农民工交往最多的三个群体分别是"进城后认识的外乡打工者"（占30.5%）、"同自己一起来打工的老乡"（占26.6%）和"已定居在城里的老乡、亲属"（占16.8%），只有9.4%的人主要与"进城后认识的城里人"交往。与主要交往人群相应，新生代农民工遇到困难时的求助对象主要为老乡（占65.1%）和亲友（14.2%），两者合占79.3%。这说明新生代农民工的社会支持仍旧是传统的熟人网络。

五　与本地居民相处融洽，有一定的城市归属感

一是比较喜欢南京，能够适应南京的生活。当问及"是否喜欢南京这座城市"时，55.1%的新生代农民工表示"很喜欢"和"比较喜欢"，38.4%的人表示"一般"喜欢，只有6.5%的人表示"不大喜欢"和"很不喜欢"。绝大部分新生代农民工比较适应南京的生活，62.3%的人认为自己适应南京的生活，有33.4%的人表示"一般"适应，只有4.3%的人认为自己不适应南京的生活。

二是休闲娱乐方式日渐市民化。新生代农民工的休闲娱乐方式，排在前五位的分别是："睡觉休息"（占56.9%）、"看电视"（占54.5%）、"逛街"（占33.5%）、"上网聊天、打游戏等"（占30.7%）和"照看子女"（占24.4%）。睡觉、看电视、逛街和上网，这和多数市民的业余生活一样，说明新生代农民工的休闲娱乐方式日渐市民化。

三是与南京居民相处融洽，对南京有一定的归属感。与南京居民的交往频率，有28.6%的人表示经常与南京居民交往，62.4%的人表示偶尔交往，只有9.0%的人表示从不与南京居民交往。在与南京居民交往的过程中，绝大部分新生代农民工表示与南京居民相处融洽。51.5%的被调查对象表示与南京居民相处"很融洽"和"比较融洽"，44.4%的人表示"一般"融洽，只有4.1%的人表示

"不大融洽"和"很不融洽",如图7—4所示。绝大部分人(占88.2%)认为南京居民对外来务工人员比较友好,也有11.8%的被调查对象认为南京居民对外来务工人员不够友好。相当部分的新生代农民工(占72.2%)对南京有家的感觉,只有27.8%的人认为"只有老家才是家"。

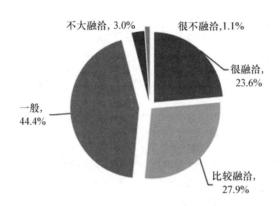

不大融洽,3.0%　很不融洽,1.1%
很融洽,23.6%
一般,44.4%
比较融洽,27.9%

图7—4　南京新生代农民工与居民相处情况

六　身份认同含混不清,有一定的留城意愿

一是身份认同含混不清。调查发现,受长期以来城乡二元分割体制的影响,新生代农民工的身份认同含混不清。只有7.4%的人明确认为自己是"城市人",有24.4%的人认为自己是"半个城市人",有28.7%的人表示"说不清楚",还有39.5%的人仍然认为自己是"农民"。

二是认同南京的社会管理,但在南京生活压力较大。调查结果显示,新生代农民工对南京社会管理与服务有较高的满意度。其中表示"很满意"和"比较满意"的分别占17.8%和23.4%,表示"一般"满意的占52%,只有6.7%的人表示"不大满意"和"很不满意"。但是新生代农民工在南京工作和生活的压力也很大,其遇到的最主要困难,排在前五位的分别是:租房贵、物价高,生活成本高,占59.9%;工资水平太低,生活压力大,占53.3%;学历低,又缺乏专业技能,难以有发展前景,占40.2%;找不到合适的工作,占19.1%;子女上学难,教育开支大,占18.7%。如表7—5所示。

表7—5　　新生代农民工在南京工作和生活中遇到的最主要困难

排名	困难	所占比例（%）
1	租房贵、物价高，生活成本高	59.9
2	工资水平太低，生活压力大	53.3
3	学历低，又缺乏专业技能，难以有发展前景	40.2
4	找不到合适的工作	19.1
5	子女上学难，教育开支大	18.7

三是有一定的定居意愿，对未来仍在观望。新生代农民工在南京定居的可能性上，表示可能性很大和比较大的占到了总体的36.1%，有27.8%的人表示"说不清"，还有36.1%的人表示可能性"不太大"和"没有可能"。对于未来的打算，新生代农民工群体主要持三种态度：一种是"如果有可能，尽力留在这个城市"，占32.7%，一种是"赚到一定钱后回家乡创业"，占22.3%，还有一种持观望态度，"还没有打算，看情况再说"，占31.6%。

第三节　影响新生代农民工城市融入的 主要因素

影响新生代农民工城市融入的因素既有普遍总体上的，也有年龄代际间的由普遍性原因造成的差异。但无论怎样，造成两者的差异与制度性和个体性因素相关。

一　户籍制度及其衍生品

城乡二元结构成为难以逾越的鸿沟，这不仅是结构上的困境，也是制度上的困境。但是随着户籍制度的逐渐放松，我们却没有看到预想的流动人口融入城市的局面。其实，城乡之别已经在各种制度的制定、执行上打上烙印，户籍制度只不过是其中最显著的问题，但是在这个制度表面上被赋予越来越少的规制权限时，种种制度仍旧在维持着其背后附着在城乡差异的权力系统的运转。已有研究表明，农民工与城市工人最大的身份差异集中在社会保障方面。而户籍体制的改革如果不与养老、医疗、教育、失业等社会保障待遇相联系，那么户籍的改革对改善新生代农民工在城市的生活状况的作用是有限的。

二 经济障碍

新生代农民工及其家庭的就业状况，决定了他们的平均收入水平相对较低，这一群体在城市中的经济地位处于较低层次，甚至一部分人成为城市贫民。本次南京调查的结果显示，70%的新生代农民工的月平均收入集中在1501—2500元之间，这样的收入水平，在南京除了必要的生活支出以外，基本无力承担购买城市住房、改善生活质量的费用。特别是近几年，随着城市住房价格的快速上涨，使得新生代农民工在城市中的经济负担更加沉重，这种状况进一步加剧了其城市定居与融入的困难。

三 工作稳定性不够

新生代农民工的工作不够稳定是影响其城市融入的重要因素之一。南京调查的结果显示，新生代农民工的职业流动频繁。大部分新生代农民工有过换工作的经历，其中"没换过工作"的只占总数的26.3%，换过1次工作的占23.2%，50.5%的人换过2次及2次以上的工作。抛开个人因素，一般来说，在一座城市工作的时间越长，其对城市的适应程度也会越高。通过在宁工作时间长短与新生代农民工的留城意愿的交互分析可以看出，新生代农民工在宁工作时间越长，其留城意愿越强烈，两者之间存在强相关关系。在南京工作半年以下的新生代农民工，其在南京定居的可能性仅为20.4%，而在南京工作五年以上的，其在南京定居的可能性迅速上升至56.8%。如表7—6所示。

表7—6 新生代农民工在宁工作时间与留城意愿的相关性分析

在宁工作时间长短	新生代农民工在南京定居的可能性				
	很大	比较大	说不清	不太大	没有可能
半年以下	8.5%	11.9%	30.5%	35.6%	13.6%
半年至1年	10.6%	4.8%	29.8%	30.8%	24.0%

续表

在宁工作时间长短	新生代农民工在南京定居的可能性				
	很大	比较大	说不清	不太大	没有可能
1 年至 3 年	14.2%	15.3%	30.0%	24.2%	16.3%
3 年至 5 年	23.3%	11.7%	31.9%	21.5%	11.7%
5 年以上	41.7%	15.1%	21.1%	15.6%	6.4%

（$X^2 = 94.346$，$P = 0.000$，$df = 16$）

四　社会歧视

新生代农民工必须面对城市中已经形成的关于农民工的歧视印象。当新生代农民工进入城市以后，他不再是以个人身份，而是必须作为受歧视群体的一分子与城市居民进行日常交往，他们必须面对这些已经形成而实际上与他们并没有直接关系的歧视和排斥。南京调查的结果显示，仍有41%的新生代农民工不能够与本地工人一样同享五项社会保险，他们的子女要在南京入好学还存在这样那样的障碍，他们的社会公平感较低，他们在社会生活中还有着种种的不如意，还要面对城市居民诸多的不理解甚至歧视。

五　自身因素

因受教育程度的不同以及与城市居民的交往度不同，新生代农民工内部也存在着较大的差异。一是新生代农民工的自我身份认同与受教育程度存在着显著相关。即新生代农民工的受教育程度越高，认为自己是城市人的比例则越高，而认为自己是农民的比例则越低。如表7—7所示。二是新生代农民工的自我身份认同与他们跟城市居民的交往频率有关。经常与城市居民交往的新生代农民工，他们认为自己是城市人或半个城市人的比例也较高。三是新生代农民工所拥有的社会资本相对有限。他们所拥有的社会关系网络规模相对较小且优势资源较少，是城市社会中的相对弱势群体。他们的职业类别与职业层次决定了其社会声望较低，通常缺乏社会支持，这不仅限制了他们向上流动的途径，而且使其参与其他城市组织的比例以及自身的组织化程度均处于较低水平，难以真正地融入城市社会。四是新生代农民工存在自我的心理隔离。新生代农民工在心理上远离了自己的家乡，但是他们的理性选择和社会行动的结果，却是让自己在城市里陷入了另一个隔离的世界。

表7—7　　新生代农民工自身文化程度与身份认同的相关性分析

文化程度	您觉得自己现在的身份是			
	城市人	农民	半个城市人	说不清
初中及以下	2.1%	54.9%	20.3%	22.7%
高中、中技	8.0%	36.1%	27.2%	28.8%
大专及以上	17.0%	14.8%	26.7%	41.5%

（$X^2 = 89.042$，$P = 0.000$，$df = 16$）

第四节　加快新生代农民工城市融入的路径与对策

新生代农民工是农民工中的新生力量，他们是目前最现实、最有条件和意愿转移到城市居住的群体，他们融入城市是中国发展的大趋势。加快新生代农民工城市融入进程，需要实现政府、工会、企业和新生代农民工自身在政策或观念上的"四个转变"，并着力推进与实施"五大计划"。

一　实现新生代农民工城市融入的"四个转变"

（一）政府层面——宏观政策由管控为主向服务为主转变

对于老一代农民工，政府传统的政策是以城市为中心的，强调"管控"，而对于追求目标截然不同的新生代农民工，应该有新的政策体系出台，新的政策体系应该以保障新生代农民工的生存权和发展权为主要目标，应该更加强调城市与新生代农民工的和谐发展，政府宏观政策由原来的"管控"为主逐步向"服务"为主转变。政府可以逐步探索户籍制度的变革，完善土地流转制度，及时修订不合理的劳务派遣制度，建立农民工工作目标责任考核和激励约束机制，把农民工就业培训、收入增长、居住、就医、子女入学和社会保障等基本生活条件改善，逐步纳入地方政府绩效考核指标体系，加速新生代农民工的城市融入进程。

（二）工会层面——维权理念由生存型向发展型转变

工会组织作为群众组织，在推动发展、促进和谐中具有独特优势，当前工会组织需要进一步创新发展模式，着力推进"发展型维权"。各级工会组织要在帮助指导新生代农民工签订劳动合同、最大限度地吸收新生代农民工加入工会、大力推进工资集体协商制度、将社会保障社会福利缴存纳入厂务公开、完善新生代农民工培训和素质提升机制、建立新生代农民工职业晋升机制、满足新生代农民工文化生活需求等方面发挥重要作用，做到切实维权、用心服务。

（三）企业层面——管理理念由"以物为本"向"以人为本"转变

农民工所在企业是给予农民工工资待遇、福利保障和升迁机会的主体，农民工融入城市难与农民工所在企业的管理理念有很大关系。"企业是人的事业，人是企业的灵魂。"现代企业要从以物为本的管理转向以人为本的管理上来。企业要坚持以制度留人，努力实现新生代农民工与正式员工收入和社会保障社会福利上的"同工同酬"，同时努力拓宽劳务派遣制员工向合同制员工转化的通道。企业也要坚持以文化留人，积极构建和谐的企业文化，坚持以人为本，加强对新生代农民工的人文关怀，进一步增强他们的企业归属感。

（四）自身层面——思想观念从"迷茫追梦"向"主动融入"转变

新生代农民工只有从思想观念上对自己有更加理性的认识，明确自我发展的要求，找准自身的优势与不足，变被动为主动，才能更好地将自己融入到城市中去。一要不断增加自身的人力资本，要从自身需要出发，积极参与多种技能培训，不断积累人力资本。二要积极增加社会资本。新生代农民工应主动减少对原有初级网络关系的依赖，积极构建以城市社会为主体的新型社会资本，寻求新的社会支持网络。三要主动融入城市文化。要改变乡村观念，逐步培养和建立体现城市文明的规则意识和公德意识，塑造具有现代性特征的城市市民性格。

二　加快新生代农民工城市融入进程的"五大计划"

（一）发展权益维护计划

1. 鼓励成立"新市民服务中心"

鼓励各地成立"新市民服务中心"，协调各方面的力量，开展对流动人口包括新生代农民工的全方位服务。政府应该考虑制定针对新生代农民工发展的五到十年的中长期发展规划，以确定解决农民工尤其是新生代农民工问题的指导方针、主要目标和主要政策措施。其次，鼓励成立"新老市民联谊会"这类融合性社会组织来促进新生代农民工的社会融入。另外，可以推动建立"新市民文化艺术团"。

2. 严格执行人社部《劳务派遣暂行规定》

本次调查发现，部分企业存在滥用劳务派遣工的行为，这不仅对企业长远发展不利，而且直接侵害包括新生代农民工在内的员工的权益。滥用劳务派遣工行为主要体现在以下几个方面：第一，滥用劳务派遣工最大的问题是劳务派遣工与正式工同岗不同酬问题；第二，劳务派遣工与正式工的社会保障不同，其社会保险通常由劳务派遣公司按照各地最低工资标准缴纳"五险"，不享有公积金；第三，劳务派遣工与正式工相比，缺乏正常的职业晋升渠道和晋升空间；第四，还存在劳务派遣工加班不规范等权益保护问题。为防止劳务派遣的适用领域无限制扩大，劳务派遣在正式工作岗位上不断扩张，建议严格执行人社部于2014年3月出台的《劳务派遣暂行规定》，加大对企业的监管与处罚，进一步规范劳务派遣行为。

3. 切实保障新生代农民工的政治参与权和话语权

充分发挥工会、共青团、妇联等组织在农民工维权中的作用，以新生代农民工为重点，组建包括农民工的工会和青年团组织，并逐步提高农民工尤其是新生代农民工在各级党代会、人大和工青妇代表大会及企业职代会中的比例。针对新生代农民工随机灵活的打工特点，可以采用"直选工会＋项目工会"的模式来建立工会组织。

（二）社会保障统筹计划

1. 将进城务工人员社会保障作为统筹城乡社会保障的最佳切入点

对待新生代农民工的社会保障，从大方向上看，新生代农民工的社会保障应该作为城乡连接的纽带来考虑，其社会保障应该向上与城镇社会保障体系靠拢，但是近期不宜设计为统一的模式，而应该分层分类灵活管理。根据进城务工人员的分类，我们认为对于长期在城市里工作，有着相对稳定的职业住所和收入来源的进城务工人员，尤其是新生代农民工，应该尽量降低门槛，积极吸纳使其进入城市社会保障体系。如规定凡高中（职中）毕业进城满三年、初中毕业进城满五年，有胜任工作的专门技能和常年工作岗位，且有在城市长期生活的打算的，可以由市流动人口办出具证明，吸纳其进入城市社会保障体系。对于在企业工作满三年且胜任工作的新生代农民工，应该转为企业合同工并享有合同工所享有的"五险一金"。

2. 明确初次分配向一线员工倾斜以实现收入保障

绝大部分新生代农民工从事企业一线员工的工作，只有切实提高企业一线员工的收入水平，并建立正常的工资增长机制，才能解决新生代农民工的收入保障问题。因此在收入分配领域要强调初次分配也要讲"公平"，注重调整初次分配比例，明确初次分配向一线员工倾斜。各级政府要把新生代农民工的社会保障等民生问题纳入城市发展规划，同时推动企业工资集体协商制度立法。

3. 多管齐下以解决新生代农民工的租房及住房保障问题

一是推出"公共租赁住房"。通过要求符合条件的企业建立公共租赁住房作为进城务工人员的临时租住房，将符合条件的进城务工人员住房保障纳入城市廉租房的保障范围。二是实行进城务工人员住房"公积金"制度。可以考虑建立个人的住房基金（住房公积金）账户，专项用于租房或买房。三是探索进城务工人员组建住房合作社。允许进城务工人员组建住房合作社，建房用地由政府审批。由政府提供的用地，改一次性收取出让金为逐年收"地租"。

（三）综合素质提升计划

1. 将综合素质提升计划纳入城市的整体规划

要把新生代农民工的素质提升纳入到城市的整体规划。一要研究制定素质全面提升计划中长期发展规划，编写统一的培训教材，根据企业要求开展岗位培训。二是完善员工技术技能培训平台，建立"技能培训指定站点"和"素质提升计划示范基地"。三是将员工素质全面提升计划与员工技能大赛紧密结合，以赛促学。四是落实员工素质全面提升计划的经费保障。

2. 建立新市民培训基地

建立新市民培训基地的功能，一是开展订单式培训，职业技能培训的内容以市场需求为导向，增强培训的针对性，突出技能、注重实效，逐步形成政府、用工企业和劳动者都受益的长效机制；二是努力加强校企合作，从市场需求和劳动就业出发，向支柱产业、新兴产业、中小企业、民营企业开放，以专业链对接产业链；三是探索"夜校"的培训方式，新市民培训基地要结合员工的休闲时间，如夜间或周末，给新生代农民工接受再教育的机会和空间。

3. 建立类似八级工制度①的工人晋升制度

建议建立工人内部的晋升制度，类似于以前的工人八级工制度，让工人有正常的发展渠道，使得部分高技术工人可以与管理层一样享有较高的薪酬和社会地位。新生代农民工通过参加新市民培训基地的技能"考级"，不断提高自己的专业技术等级。继续大力组织并宣传推广不同行业和企业技能"大比武"，并举办新市民技能大比武专场，对新生代农民工中的高技能水平劳动者给予奖励和认证。

（四）子女教育帮扶计划

1. 探索实行"义务教育补助卡"制度

针对我国现有的户籍制度及"地方负责、分级管理"的义务教育阶段财政负担体制等所导致的流动儿童上学难问题，借鉴美国推行的"义务教育补助卡"制度和国内广州等城市农民工子女入学补差政策，探索实行"义务教育补助卡"制度，改户籍地上学为居住地入学。推行"中央政府埋单，地方政府管理"的义务教育财政投入体制。以"义务教育补助卡"的形式发给适龄儿童，哪个学校接收了适龄儿童，可凭"义务教育补助卡"向政府领取教育经费，从而有效地解决人与口粮分离的矛盾。

---

① 清华大学社会学系李强教授及北京大学中国经济研究中心主任姚洋等部分专家学者赞同恢复工人的八级工制度。

2. 深入实施义务教育均衡发展战略

要将新生代农民工子女的教育纳入我国义务教育均衡发展战略，解决农民工子女教育的同城待遇问题。一是继续探索并坚持实行校长、教师交流制度，实现教师资源的合理配置。二是针对优质教育资源过度向"名校"集中的现象，建议取消"省重点""市重点"，在资金、设施建设上向普通校倾斜等。三是将接收农民工子女入学纳入城市学校考核体系。

3. 扶持壮大合格的农民工子弟学校

建议将现存的农民工子弟学校进行合并整改，少数不合格不规范的取消办学资格，同时通过政府出资购买现有的私立学校将其改为公有，或者政府出资和私立学校合作办学，或者政府帮助农民工子弟学校更新设备，并帮助其提高管理水平等方式，扶持壮大合格的农民工子弟学校。

（五）工人心理援助计划

企业是新生代农民工最主要的工作和生活场所，也是对新生代农民工提供精神文化服务的主要阵地。我们倡导以企业为主体实施员工心理援助计划，通过在大型企业开展 EAP、小型企业建立心理疏导室等方式，开展对新生代农民工的心理疏导。

1. 将心理帮扶工作纳入思想政治工作范畴

把对新生代农民工的心理疏导纳入企业的思想政治工作之中，企业的工会工作者和党务工作者，要逐步由政治宣传员向心理咨询师角色转变，工作内容逐步由"教育人"向"服务人"转变。

2. 构建和谐企业文化以营造公平公开的企业环境

从构建和谐企业文化着手，营造宽松活跃、富有激情的工作氛围，使新生代农民工在企业里感到平等和自由。构建和谐企业文化的核心内容是积极搭建企业文化的平台和机制。要建立一些有效的文化活动平台和阵地，借助丰富多彩的文体活动培养新生代农民工的健康心理。还要关心新生代农民工的恋爱婚姻问题，为他们组织开展交友联谊活动等。

3. 倡导职业生涯管理以拓展职业晋升空间

倡导企业开展职业生涯管理，将新生代农民工的职业提升与发展纳入其中。一是拓宽劳务派遣制员工向合同制员工转化的通道。规定凡是工作满三年，相关工作考核合格的，都应该转化为单位合同工，并享有合同工的职业晋升空间。二是完善针对新生代农民工的培训发展体系。这包括新岗位的适应性培训、职业培训等。

4. 提高新生代农民工的自我心态调整能力

可以开通工人 QQ 谈心室、西祠讨论版、领导邮箱、心理咨询电话和心理咨询邮箱等多条沟通渠道，为受心理问题困扰的新生代农民工提供多条帮助路线，努力提高他们的自我心态调整能力。帮助新生代农民工树立积极向上的心态，提高快乐指数。

第八章

走向体面劳动、全面发展的
工人阶层

2013年五一国际劳动节前夕，习近平总书记在同全国劳模座谈时发表重要讲话提出，"要坚持社会公平正义，排除阻碍劳动者参与发展、分享发展成果的障碍，努力让劳动者实现体面劳动、全面发展"。中国工会十六大报告强调指出，全心全意为职工群众服务是工会的根本宗旨，维护职工群众合法权益是工会的基本职责。必须树立职工利益无小事理念，做实"职工有困难找工会"各项制度机制，增强维权意识，提升服务效能，努力促进职工群众体面劳动、舒心工作、全面发展。实现工人阶层的体面劳动、全面发展，既是新时代我国经济转型升级发展的需要，也是全面建成小康社会和实现现代化的需要。

第一节　体面劳动、全面发展的理论构架

一　体面劳动、全面发展的内涵及关系

（一）体面劳动、全面发展的内涵界定

关于人的全面发展，学术界提出的较早，基础是马克思的全面发展理论。马克思认为，人的全面发展是"人以一种全面的方式，也就是说，作为一个完整的人，占有自己的全面的本质"。人的全面发展是共产主义的主要特征。人的全面发展包括个人能力、自由个性、社会关系、个体需要、个人价值五个方面，目前国内对全面发展的内涵有不同的理解，出现了本质发展论、主客统一论、历史维度论、结构层次论、

系统发展论等内涵理解。[①] 20 世纪 80 年代以后尤其是近些年来，人的全面发展理论逐渐引起了国内学术界的广泛关注。2001 年前总书记江泽民在"七一"讲话中明确把"推进人的全面发展"写入党的纲领性文件，并把促进和实现人的全面发展作为马克思主义关于建设社会主义新社会的本质要求。2017 年党的十九大，把习近平新时代中国特色社会主义思想确立为党必须长期坚持的指导思想。十九大报告提出，"明确新时代我国社会主要矛盾是人民日益增长的美好生活需要和不平衡不充分的发展之间的矛盾，必须坚持以人民为中心的发展思想，不断促进人的全面发展、全体人民共同富裕。"把人的全面发展与社会主要矛盾转化放在一起来提，强调"人的全面发展"，是化解新的社会主要矛盾的必然要求。

　　而体面劳动的概念是 21 世纪前后才出现的，其提出与全球化背景下的社会公正密切相关，是为了应对全球化给劳动领域带来的挑战而提出的，是对"核心劳工标准"的扩展。体面劳动（decent work）作为一个明确的概念，最早是由国际劳工组织（International Labour Organization，ILO）于 1999 年 6 月在第 87 届国际劳工大会上提出的，具体是指"男女在自由、公平、安全和具备人格尊严的条件下，获得体面的、生产性的可持续工作机会，其核心是工作中的权利、就业平等以及社会保障和社会对话。"[②] 我国学者对体面劳动的关注与研究起步要略晚一点。2008 年 1 月前总书记胡锦涛出席"经济全球化与工会国际论坛"时提出了让广大劳动者实现体面劳动的要求，此后中国学者对"体面劳动"的研究不断深入。我国学术界通常把体面劳动定义为，"通过促进就业、加强社会保障、维护劳动者基本权益，以及开展政府、企业组织和工会三方的协商对话，来保证广大劳动者在自由、公正、安全和有尊严的条件下工作。"[③]

　　2013 年五一国际劳动节前夕习近平总书记的劳模座谈，首次将

---

　　① 任拓：《关于人的全面发展问题的研究综述》，《剑南文学》2010 年第 2 期。

　　② ILO, Guide to the New Millennium Development Goals Employment Indicators: Including the Full Set of Decent Work Indicator, 2009.

　　③ 周建群：《实现体面劳动的路径选择——基于马克思劳动价值论的视角》，《福建师范大学学报》（哲学社会科学版）2010 年第 6 期。

"体面劳动、全面发展"作为一个一体化的概念提出来。如何立足中国国情来理解"体面劳动、全面发展"这个概念，并解读两者之间的关系成为学术研究的重要议题。

鉴于目前学术界对于人的"体面劳动、全面发展"的概念并未形成共识，更少将两者作为一个整体来考虑，这里结合国际劳工组织对"体面劳动"的相关规定以及我国工人的现实权益，本着科学、易懂、可操作的原则，将体面劳动、全面发展的内涵界定为：体面劳动、全面发展是指劳动者的素质、能力、价值等方面得到充分保障与发展，具体表现为在我国实现现代化的进程中，劳动者就业更加公平、工作更加舒心、生活品质更有保障、素质能力更加完善、生理心理更加健康。在我国现阶段，工人阶层的体面劳动、全面发展主要体现在工人的安全保护权、劳动报酬权、社会保障权、知情参与权、职业发展权和身心健康权六大权益得以保障和实现。

将工人阶层体面劳动、全面发展的测量操作化为六个一级指标，分别是安全保护权、劳动报酬权、社会保障权、知情参与权、职业发展权和身心健康权，并在这六个一级指标下设立相应的二级指标，具体指标内容如表8—1所示。

其中安全保护权是体面劳动、全面发展的重要内容，主要指企业职工工作环境的安全性和就业平等性，工作环境的安全性通过职业病的多寡、是否经常开展安全生产培训、是否与企业签订正式劳动合同来测量，就业平等性通过求职和工作过程中是否遭受性别或户籍歧视指标来测量；劳动报酬权是体面劳动、全面发展的重要保障，主要指企业职工劳动报酬的公平性合理性和满足个体需要的程度，通过企业职工的工资收入水平、收入分配的合理性、收入与付出是否匹配、收入能否满足日常消费等指标来测量；社会保障权是体面劳动、全面发展的重要内容，主要指企业职工所享有的各项社会保障和社会福利，其中社会保障权以"五险一金"为基础，即企业职工能否享有养老、医疗、失业、工伤、生育五项社会保险和住房公积金，社会福利包括培训或旅游机会、交通补贴、体检或卫生补贴等具体指标；知情参与权是体面劳动、全面发展的重要保证，主要指企业职工与用人单位间建立起有效沟通的渠道和平台，保障企业职工的知情权、参与权、表达权和诉求权，通过工会作用的发挥、职工代表大会的职能发挥、企业集体工资协商制度的效能发挥等指标来测量；职业发展权是体面劳动、全面发展的重要内容，主要指企业职工的工作价值感和职业发展空间，通过工作满意度、工作价值感和职业生涯发展等指标来测量；身心健康权是体面劳动、全面发展的前提条件，主要指企业职工的身体心理健康状况，通过企业职工的人际关系、劳动强度、休闲权利和心理健康保障等具体指标来测量。

表 8—1　　　　　　工人阶层体面劳动、全面发展的测量指标体系

一级指标	二级指标
安全保护权	工作环境的安全性
	职业病病人的多寡
	企业是否经常开展安全生产培训
	是否与企业签订正式劳动合同
	企业招工是否存在性别歧视
	企业招工是否存在户籍歧视
	企业关键岗位的女性配置率等
劳动报酬权	工资收入
	企业收入分配的合理性
	付出与所得匹配性
	是否同工同酬
	工资能否满足日常生活开支
	收入满意度等
社会保障权	是否享有养老保险
	是否享有医疗保险
	是否享有失业保险
	是否享有工伤保险
	是否享有生育保险
	是否享有住房公积金或住房补贴等

一级指标	二级指标
知情参与权	工人可否自由入会
	工会在维护工人权益方面的作用发挥
	职工代表大会是否每年正常召开
	工人是否有正常渠道反映自己的想法
	企业集体工资协商制度实施情况等
职业发展权	工作的社会认同与尊重
	工作得到上级领导的肯定
	自我价值的实现感
	企业是否开展员工培训
	企业是否开展员工职业生涯规划
	企业是否有升职机会等
身心健康权	与同事间人际关系是否和谐
	企业文化氛围是否和谐
	工作时间的合理性
	劳动强度的适度性
	企业是否提供免费体检
	企业是否经常组织各种文体活动
	企业是否设有心理咨询室等

（二）体面劳动与全面发展的关系

理顺体面劳动与全面发展的关系是深化研究的基础，两者之间的关系主要体现在以下四个方面，即：体面劳动是全面发展的组成部分、体面劳动是全面发展的基础和保障、体面劳动是全面发展的出发点和闪光点、体面劳动的终极目标是全面发展。

1. 体面劳动是全面发展的组成部分

马克思主义哲学认为，人的本质在于"一切社会关系的总和"。人的全面发展是一切社会关系的全面发展，具体表现在社会属性、社会性需要、精神性需要以及能力素质的全面发展。人的社会关系中最核心的因子是劳动，劳动是人的社会性需要的具体表现，也是一切社会关系存在的基础。体面劳动是人的社会性需求的更高层次表现。追求自由、公正、安全以及尊严的体面劳动是全面发展的内在要求。从时间角度看，如果说人的全面发展是一个人包括工作、家庭、业余生活等24小时的发展，而体面劳动则主要体现在工作方面的8小时，因此，人的全面发展内在包含体面劳动。

2. 体面劳动是全面发展的基础和保障

按照马斯洛的需求层次理论，人在满足基本生存需要的基础上才会产生更高层次的需求，例如安全、尊严以及自我价值实现。一定意义上可以说马斯洛需求层次的实现即是人的全面发展。因此，人的全面发展的基础是生存需要，而劳动是人的生存需要得到满足的重要基础。劳动的价值意义是创造社会财富和生存资料，它是一切发展的前提。相比传统劳动，体面劳动追求的不仅仅是物质的满足，更是对自由、人格的价值实现。它是人从生存需要发展到精神需要的重要载体。体面劳动不仅解决了全面发展的物质基础问题，也为全面发展提供了精神保障。

3. 体面劳动是全面发展的出发点和闪光点

全面发展的重要基础是劳动。人在劳动中以及劳动时间之外开展的各项活动都是全面发展的内容和要求。全面发展中的各项活动都是以劳动作为基本基础和前提的。没有劳动因素的全面发展是抽象唯心的发展，缺乏现实的基础。全面发展的基础是劳动，而其出发点是体面劳动。只有体面劳动，才能在物质和精神方面同时满足全面发展的基本要求。此外，从两者实现时间来看，体面劳动可以说是小康时代和工业化中后期出现的理论，工业化早期还没有提出体面劳动理论。而全面发展是社会进步到一定程度时，现代化进步到一定程度时提出的一个概念，它是后工业化时代的产物。可见，努力实现体面劳动是我国现阶段劳动者全面发展的出发点和闪光点。

4. 体面劳动的终极目标是全面发展

体面劳动追求的不仅仅是物质财富的满足，更多的是享受劳动过程。体面劳动对于劳动过程的享受追求是基于劳动是人的社会性需求的基本前提。体面劳动是人在发展中实现物质追求到精神享受的重要途径，其终极目标是要实现人的全面发展。从工作的维度上来看，体面劳动是我们当前工作的重点，它更深层次的意义是工人对劳动的满足，对劳动价值的实现。只有解决了体面劳动方面存在的主要问题，才能推动劳动者的全面发展。全面发展是一个动态过程，不可能说一个人已经实现了全面发展，在当代中国，全面发展在一定程度上就是人类现代化、现代性的发展，它是体面劳动的终极目标。

二　促进工人阶层体面劳动、全面发展的重要意义

促进工人阶层体面劳动、全面发展是人的主体性地位的重要表征，对于我国社会主义现代化建设有着至关重要的意义。

（一）促进工人的体面劳动、全面发展是贯彻落实科学发展观的内在要求

科学发展观的核心就是以人为本，在经济建设的基础上实现人与自然、人与社会以及人自身的和谐发展，促进社会可持续发展。企业是经济社会发展的中观组织，作为市场经济的主体，它有着极其重要的作用。科学发展观落实在企业发展中，首先就是要求企业发展要以人为本，这里的"人"即工人，只有以工人为本，才能有效发挥工人的主观能动性，促进企业的发展。工人主观能动性的发挥，重点在于促进工人的体面劳动、全面发展。促进工人的体面劳动、全面发展能够有效地激发工人的积极性和创造性，构建和谐企业劳动关系，实现人与社会、人与自然以及人自身发展的和谐。因此，促进工人阶层的体面劳动、全面发展是贯彻落实科学发展观的内在要求。

（二）促进工人的体面劳动、全面发展是全面深化改革的内在动力

全面深化改革的内在动力可以表现在三个维度：宏观政策与社会关系的导向力、中观企业发展的推动力以及微观主体的创造力。促进工人体面劳动、全面发展是促进这三个维度"力量"发展的重要基础。首

先，促进工人体面劳动、全面发展对于形成和谐企业劳动关系有着举足轻重的作用。体面劳动、全面发展是人的社会关系的全面发展，具体表现在社会和谐有序，这不仅有利于经济发展，也有利于国家宏观政策的制定与执行。其次，促进工人的体面劳动、全面发展是企业发展的力量源泉。企业作为社会组织，在推动社会发展时的核心力量是工人。只有保障工人体面劳动、全面发展，才能最大限度地激发工人的潜能，从而实现企业发展对于社会发展的推动力。最后，促进工人的体面劳动、全面发展有利于工人自身的发展和潜能开发，有利于工人成为一个有用于社会的主体。因此，促进工人的体面劳动、全面发展是全面深化改革的内在动力。

（三）促进工人的体面劳动、全面发展是和谐社会发展的长远目标

和谐社会的基本特征是：民主法治、公平正义、诚信友爱、充满活力、安定有序、人与自然和谐相处的社会。建立和谐社会是我国社会主义建设的重要内容和目标。和谐社会发展的果实最终是被人民所享有，人民群众才是和谐社会发展的真正受益者。工人是人民群众，理应享受和谐社会发展所带来的福利。促进工人的体面劳动、全面发展符合和谐社会发展的目标。工人的体面劳动、全面发展要求工人能够得到公平、自由、尊严的待遇，这与和谐社会的基本目标是契合的。工人体面劳动在争取基本价值需求的同时，也在潜移默化地优化着社会关系，例如诚信友爱、充满活力等。工人的体面劳动、全面发展与和谐社会发展对人们的福祉是一脉相承的。作为社会发展基本单位企业中的工人，自由、公正、诚信、尊严地工作与生活是和谐社会发展的长远目标。

（四）促进工人的体面劳动、全面发展是全面建成小康社会的需要

促进工人的体面劳动、全面发展是我国社会主义建设的内在要求，但它又实际上反作用于社会主义建设，尤其是目前全面建成小康社会目标的实现。体面劳动、全面发展一方面能够促进深化改革，一方面也能够优化社会环境。深化改革是社会生产力发展的要求，工人的体面劳动、全面发展是促进社会生产力发展的要求；优化社会环境是现代化的

重要表征，工人的体面劳动、全面发展能够有效地促进社会关系的和谐发展，为全面建成小康社会、现代化建设目标的实现提供良好的社会环境。因此要全面建成小康社会并最终实现现代化建设目标，离不开工人的体面劳动和全面发展。

（五）促进工人的体面劳动、全面发展是新时期工会组织的重要职责

实现工人的体面劳动是维护劳动者合法权益的重要内容，是时代赋予工会的重要使命。作为劳动者的代言人，维护劳动者权益是工会的神圣职责。截至 2013 年 6 月底，中国工会会员总数达到 2.8 亿人，其中农民工会员总数为 1.09 亿人。全国基层工会组织总数 275.3 万个，覆盖基层单位 637.8 万家，职工入会率达到 81.1%。① 在市场经济条件下，中国工会为体面劳动、全面发展在中国的实现做出了多方的努力，并在促进就业、制定国际劳工标准、实现社会保护以及社会对话方面取得了一些成就。促进工人的体面劳动、全面发展，是习近平总书记提出的新时代工人运动发展的主要方向。工会组织作为枢纽型社会组织，连接着党委政府、企业和工人，发挥着"桥梁纽带"作用，在推进工人体面劳动、全面发展方面具有不可替代的作用。

第二节　工人阶层体面劳动、全面发展的区域特征

为深入了解工人阶层体面劳动、全面发展的现状，探寻推动工人阶层更好地实现体面劳动、全面发展的有效措施，我们以南京市为例，于 2014 年 8—9 月份开展了"南京市工人体面劳动现状调查"的问卷调查。本次调查坚持男女比例适中、企业类型多样化、企业效益及企业内部人员差异性原则，一共抽取国有企业、民营企业、外资企业三大类型 43 家企业共 1120 人，其中回收有效问卷 1061 份，样本有效回收率为

---

① 《截止 2013 年 6 月底工会会员总数达 2.8 亿人》，人民网，2013 年 10 月 11 日（http：//acftu. people. com. cn/n/2013/1011/c67502 - 23166574. html）。

94.7%。被调查者中男性职工占 55.3%，女性职工占 44.7%。调查对象的具体人口特征如表 8—2 所示，调查问卷如附录（一）8—1 所示。以问卷调查和调研座谈为基础，本节主要分析了南京工人阶层体面劳动、全面发展的现状。

表 8—2　　　　　　　　　调查样本的基本情况（N = 1061）

调查指标	选择项	回答人数	有效百分比(%)	调查指标	选择项	回答人数	有效百分比(%)
性别	男	577	55.3	户籍	本地居民	805	76.4
	女	466	44.7		进城务工人员	248	23.6
年龄	16—30 岁	350	33.7	企业类型	国有及国有控股企业	623	59.8
	31—40 岁	328	31.5		民营企业	195	18.7
	41—50 岁	276	26.5		外资、合资企业	177	17.0
	50 岁以上	86	8.3		其他	46	4.4
文化程度	小学及以下	11	1.0	工作岗位	一线员工	339	32.3
	初中	85	8.0		高层管理人员	33	3.1
	高中、职高、中技	295	27.9		一般管理人员	395	37.6
	大专	296	28.0		技术人员	179	17.0
	本科	326	30.8		营销人员	34	3.2
	研究生	44	4.2		后勤服务等辅助岗位员工	71	6.8

利用本次问卷调查数据，对南京工人的安全保护权、劳动报酬权、社会保障权、知情参与权、职业发展权和身心健康权这些方面进行了数据分析，发现当前南京工人阶层体面劳动、全面发展的现状存在以下一些特征，具体分析如下。

一　安全保护权：工作环境安全满意度较高，但就业歧视依然存在

（一）工作环境安全满意度较高

在对企业的工作环境的评价上，工人的总体满意度较高，满意度的平均得分是 84.4 分。其中在"企业很重视安全管理"这一点上的满意度得分最高，达到 89.5 分，其次是"我被要求进行安全操作以避免工作事故发生"，得分是 89.0 分，再次是"企业经常开展安全生产培训"，得分是 85.6 分，而在"我对企业提供的设备和工具质量很满意"这一点上，满意度得分最低，只有 79.9 分。从表 8—3 满意度得分情况可以看出，工人对企业在环境安全、劳动安全方面的重视度是较为满意的，但是企业在真正提供安全劳动的环境、设备和劳动工具方面还有待加强。

表 8—3　　　　　　　　工人的工作环境安全满意度（%）

工作环境	很同意	比较同意	一般	不大同意	很不同意
企业的设备维修能够及时到位	53.1	24.3	18.2	1.7	1.8
企业的工作环境良好	51.5	23.5	18.8	3.2	1.8
我在一个安全的环境中工作	56.6	26.0	13.4	1.6	1.0
我对企业提供的设备和工具质量很满意	46.4	30.0	20.2	2.0	0.9
我被要求进行安全操作以避免工作事故发生	68.0	22.3	8.4	0.4	0.9
企业很重视安全管理	68.7	21.7	8.7	0.4	0.5
企业经常开展安全生产培训	61.6	22.2	13.9	1.7	0.6

（二）职业病病患的保障不到位

从职业病的患病情况上看，表示患职业病的工人占 25.8%，38.1% 的人表示没有，还有 36.5% 的人表示不清楚。当问及患职业病工人的处理方式时，有 64.0% 的人表示"找企业负责"，有 9.6% 的人表示"自认倒霉"，还有 7.0% 的人认为应"寻求法律保护"。这至少说明部分企业对工人职业病病患的预防与保障措施宣传或实施不到位。

（三）就业歧视现象依旧存在

从就业歧视来看，在企业的招工当中依然存在一些就业方面的歧视现象，调查对象中遇到过不招收女生现象的共 247 人，占 23.9%，遇到过不招收外地人的共214人，占20.8%，说明企业招工中的性别歧视和户籍歧视依旧存在。

二　劳动报酬权：收入满意度不高，同工同酬有待加强

（一）工资按时发放基本得到保证

从表8—4工人的工资发放情况来看，99.0%的人表示工作是按月支付；从工资水平的调整情况来看，有66.5%的人表示工资有调整，还有33.5%的人表示工资没有调整；从工人对工资水平的态度来看，仅2.0%的人表示工资水平比较高，20.8%的人表示还可以，39.4%的人认为工资水平差不多，30.4%的人认为比较低，还有7.3%的人认为非常低。虽然当前企业基本能做到及时发放工资，但是工资水平的调整情况还需要加以改善，并相应地根据国家标准逐年提高工资水平。

表8—4　　　　　　　　工人的工资情况分析

指标		有效百分比
按月付工资	能	99.0
	不能	1.0
工资调整	是	66.5
	否	33.5
工资水平	比较高	2.0
	还可以	20.8
	差不多	39.4
	比较低	30.4
	非常低	7.3

（二）收入满意度相对偏低

从图8—1工人对收入的满意度来看，只有2.9%的人表示很满意，13.4%的人表示比较满意，40.2%的人表示一般，30.5%的人表示不大

满意，13.0%的人表示很不满意。也就是说有43.5%的工人对自己的收入表示不满意，从整体上看，工人的收入满意度不高。在将工资与劳动付出进行比较时，有58.6%的人认为工资比劳动付出的低，39.8%的人认为工资与劳动付出相一致，仅1.6%的人认为工资比劳动付出的高。

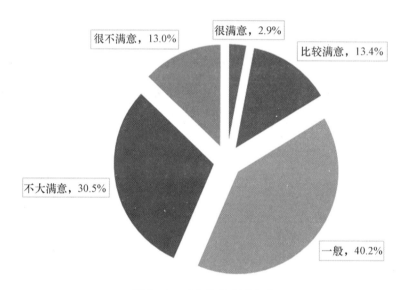

图8—1　工人的收入满意度

（三）学历越高收入满意度越高

通过对不同学历和工人收入满意度的交叉分析可以发现，学历越高，收入满意度越高。其中本科及以上的收入满意度得分是42.3分，其次是大专学历的收入满意度得分是40.8分，再次是初中及以下的收入满意度，是40.5分，得分最低的是高中学历的收入满意度，得分是38.6分，如表8—5所示。由此可以发现，工人的收入满意度基本上符合学历越高，收入满意度越高的规律，同时可以说明，在企业领域学历与工资收入基本是对等的，但是应注意到高中学历的工人收入满意度不及初中及以下文化程度的工人，在某种程度上反映出高中学历在企业就业市场中的尴尬处境。

表 8—5　　　　　　　　学历与收入满意度的交叉分析

			收入状况					合计	满意度得分
			很满意	比较满意	一般	不大满意	很不满意		
学历	初中及以下	频数	5	13	32	26	16	92	40.5
		百分比	5.4%	14.1%	34.8%	28.3%	17.4%	100.0%	
	高中	频数	8	34	113	95	45	295	38.6
		百分比	2.7%	11.5%	38.3%	32.2%	15.3%	100.0%	
	大专	频数	7	46	113	88	40	294	40.8
		百分比	2.4%	15.6%	38.4%	29.9%	13.6%	100.0%	
	本科及以上	频数	11	47	164	113	35	370	42.3
		百分比	3.0%	12.7%	44.3%	30.5%	9.5%	100.0%	
合计		频数	31	140	422	322	136	1051	40.7
		百分比	2.9%	13.3%	40.2%	30.6%	12.9%	100.0%	

（四）年龄越大收入越能满足开支并有结余

从表 8—6 不同年龄段来看工人的收入与开支情况，可以发现有较高比例的年轻人收入不够日常开支，其中在 16—30 岁之间收入不够日常开支的占 25.5%，31—40 岁之间收入不够日常开支的占 26.7%，而 50 岁以上收入不够日常开支的占 18.6%；与此同时，年龄越大的人收入越能满足日常开支并有一定结余，其中 50 岁以上收入有结余的人占 29.1%，而这一比例在 16—30 岁的人中只占 16.6%，总体而言，年龄在 50 岁以下的工人收支压力较大，这一方面与 50 岁以下的人家庭收入的压力通常比较大有关，另一方面当前我国工人的工资与工龄和资质相联系，往往体现出论资排辈的特征，因此，企业应该更加注意改善年轻员工的工资水平，缓解其经济压力。

表8—6 年龄与收入是否满足日常开支需要的交叉分析

		收入是否满足日常开支（%）		
		能满足，还有一定结余	勉强够花	不够日常开支
年龄	16—30 岁	16.6	59.9	25.5
	31—40 岁	19.3	54.0	26.7
	41—50 岁	16.6	57.9	25.5
	50 岁以上	29.1	52.3	18.6

（五）男女同工同酬有待加强

在男女工人工资的比较上，有17.8%的人认为女工工资与男工相比要偏低，79.5%的人认为男女工工资水平一样高，仅2.7%的人认为女工工资比男工高，因此，女工的工资水平仍在一定程度上低于男工，应加大力度保证男女同工作同岗位工资的平等，保障女工的合法权益。

三 社会保障权：社会保障水平整体较高，但福利水平相对偏低

（一）社会保障水平整体较高

从图8—2工人的社会保障水平来看，养老保险、医疗保险和失业

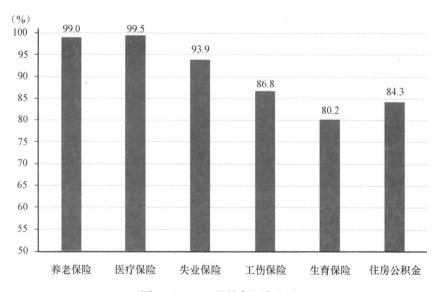

图8—2 工人的社会保障水平

保险的参保率相对较高，分别达到 99.0%、99.5% 和 93.9%，但工伤保险、生育保险和住房公积金的参保率相对低一些，其中工伤保险的参保率是 86.8%，住房公积金的参保率是 84.3%，生育保险的参保率是 80.2%。

（二）福利水平相对偏低

从工人的福利情况来看，比例相对较高的是获得体检或卫生补贴的人，共 765 人，占 73.1%；其次是拥有交通补贴的人，有 460 人，占 43.9%；再次是获得培训或旅游机会的人共 416 人，占 39.7%。总体而言，当前工人的福利水平相对偏低。

四　知情参与权：反映问题渠道多样化，工会作用有待加强

（一）工会参与率较高

从工人参与工会组织的情况来看，工会的参加率比较高，有 868 人是工会会员，占 82.5%，不是工会会员的占 17.5%，可见，当前工人的工会参与率是比较高的。但是从工人对工会工作的满意度来看，对工会工作中最满意的一项工作是文体活动，占 52.1%；其次是扶贫帮困工作，占 23.5%；再次是调节劳动纠纷，占 9.3%；还有 14.4% 的人表示都不满意。

在工会组织对个人的帮助上，有 18.5% 的人认为工会帮助解决了个人生活中的困难，有 13.5% 的人认为工会提高了个人的职业技能，有 29.4% 的人认为工会维护了个人的合法权益，还有 38.6% 的人认为工会对个人没有什么帮助。

在维护工人的合法权益上，工会最有效的工作一是帮助职工解决了社会保障方面的问题，占 30.2%；二是代表职工与企业协商解决了劳动争议，占 21.7%；三是与企业协商提高了职工工资，占 18.9%。还有 29.2% 的人认为工会没什么帮助。不少调查对象认为工会所发挥的作用有限，因此工会组织应积极探索服务工人工作的有效方式，有效加强工会的实际作用。

（二）职代会制度较为完善

从职工代表大会的召开频率来看，有 10.2% 的人表示所在企业半年召开一次，82.4% 的人表示一年召开一次，还有 7.3% 的人表示从不召开，可见职工代表大会的召开频率相对正常。

　　调查数据显示（见图8—3），当前职代会的主要内容，排在前几位的依次是：职工生活福利与工作待遇，占22.3%；生产管理，占18.4%；行政管理，占17.5%；后勤服务保障，占17.5%；人事管理，占12.5%；基本建设与环境综合治理，占12.1%。可见其内容涉及面广，其中比例最高的内容是工人的福利与工作待遇，这是职代会最为重要的内容之一。

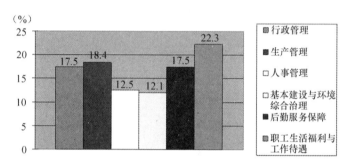

图8—3　职代会的主要内容

　　（三）工人反映问题的渠道多样化

　　从图8—4工人能够反映问题的渠道来看，有8.6%的人认为可以通过网络沟通，有18.5%的人认为可以通过会议的方式反映问题，有25.8%的人认为可以通过工会组织反映问题，有26.2%的人认为可以通过个别谈话的方式，还有14.6%的人认为可以通过领导信箱反映问题，2.3%的人认为还有其他的方式，另外有4.0%的人认为员工没有反映问题的渠道。由此可以看出，当前工人反映问题的渠道是较为多样化的。

　　那么从问题的反馈成效来看，有24.6%的人表示反映的问题能及时得到解决，有42.2%的人表示可以及时得到反馈信息，有23.2%的人表示反馈迟缓，还有10.0%的人表示没有得到回应。总体上来看，问题得到及时解决的比率不高，但是问题反馈情况相对良好。

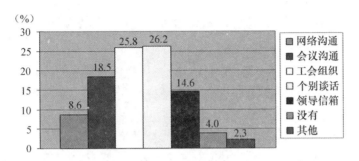

图8—4 工人反映问题的渠道

（四）工资集体协商制度发挥了一定功效

现代企业管理的方式注重管理者与被管理者的沟通与协商，通过集体协商的方式往往有助于企业的良性运行。从当前工资集体协商的开展情况来看，有504的人表示所在企业开展过集体协商，占49.6%，还有512人表示没有展开过集体协商，占50.4%。

那么，工资集体协商的效果如何呢，从图8—5可以看出，其中18.6%的人表示集体协商后工资涨了，22.2%的人表示工资分配透明了，20.6%的人认为工资管理人性化了，24.9%的人认为企业劳动关系和谐了，还有13.7%认为没有变化。由此可以发现，工资协商最大的效果之一是促进工人与企业的沟通，并实现企业劳动关系的和谐化。

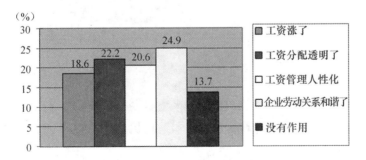

图8—5 工资集体协商的成效

五　职业发展权：工作满意度较高，但职业发展前景喜忧参半

（一）工作满意度较高

总体而言，当前工人的工作满意度较高，满意度得分是 60.5 分。其中对工作表示很满意的有 68 人，仅占 6.4%，表示比较满意有 426 人，占 40.4%，表示一般的有 460 人，占 43.6%，表示不大满意的有 82 人，占 7.8%，表示很不满意的只有 19 人，仅占 1.8%。从累计百分比来看，比较满意以上的占 46.8%，一般以上的占 90.4%。如图 8—6 所示。

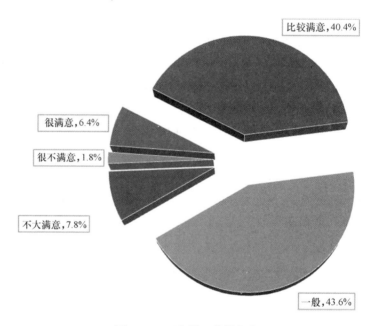

图8—6　工人的工作满意度

从不同户籍工人的工作满意度来看（见表 8—7），本地居民的工作满意度要略高于进城务工人员。本地居民对工作表示比较满意以上的占 48.8%，表示一般以上的占 91.7%，只有 8.2% 的人表示不满意；而进城务工人员对工作表示比较满意以上的占 40.6%，表示一般以上的占 86.1%，有 13.8% 的人表示不满意。这与进城务工人员所

从事的工作种类和所在工作岗位有一定的关系，进城务工人员往往所在职位较低，工作环境较差，收入也会较低，从而会影响他们对工作满意情况的评价。

表8—7　　　　　　　　不同户籍工人的工作满意度差异

		很满意	比较满意	一般	不大满意	很不满意
本地居民	频数	47	344	344	53	13
	百分比	5.9%	42.9%	42.9%	6.6%	1.6%
进城务工人员	频数	21	79	112	28	6
	百分比	8.5%	32.1%	45.5%	11.4%	2.4%

（二）工作价值感不强

工作价值感是个体努力工作的内在动力，在问及工人"工作是否有前途"时，仅有3.0%的人表示很有前途，22.7%的人表示比较有前途，59.5%的人认为一般，还有14.9%的人认为没有前途；在"工作能否发挥自己的才干实现自我价值上"，有16.9%的人表示能够实现自我价值，59.8%的人认为基本能实现，23.3%的人认为不能实现；在"领导是否肯定你的工作"上，41.5%的人认为肯定，50.3%的人认为一般，8.2%的人认为领导不关注。如表8—8所示。总体来看，当前工人的工作价值感不强，处于一般水平。

表8—8　　　　　　　　工人的工作价值感

指标		有效百分比（%）
工作是否有前途	很有前途	3.0
	比较有前途	22.7
	一般	59.5
	没有前途	14.9
能否发挥自己的才干实现自我价值	能实现	16.9
	基本能实现	59.8
	不能实现	23.3

续表

指标		有效百分比（%）
领导是否肯定你的工作	肯定	41.5
	一般	50.3
	不关注	8.2

（三）职业发展前景喜忧参半

喜的是目前工人的知识基本能够满足工作需要，工人接触新知识的机会是相对比较多的，工人的培训机会较多；忧的是工人的职业生涯规划开展相对不足，定期升职机会不多。

1. 知识能够满足工作需要

在调查对象中，有261人表示所具备的知识已经超出工作需要，占25.0%，有546人表示刚刚满足工作需要，占52.3%，191人认为只能满足简单工作需要，占18.3%，还有4.4%的人认为根本无法满足工作需要，总体而言，目前工人的知识基本能够满足工作需要。

并且，从新知识的吸收来看，6.1%的调查对象表示总是有机会学到新知识，46.1%的人表示经常有机会学到新知识，40.9%的人表示不经常，还有6.9%的人表示几乎没有这样的机会。大体而言，工人接触到新知识的机会是相对较多的。

2. 职业培训机会较多

职业培训是影响职业发展的重要方面，往往培训越多，员工越有机会实现向上流动。从调查对象的职业培训情况来看，44.9%的人表示企业经常开展员工培训，48.5%的人表示偶尔开展，仅6.6%的人表示从未开展过，从调查对象参加情况来看，有85.1%的人表示参加过员工培训，有9.9%的人表示没有参加过，还有5.0%的人表示没开展过培训。由此可见，工人培训的机会较多，大部分工人都参加过各种类型的培训。

3. 职业生涯规划开展不足

从调查对象的职业生涯规划情况来看，约有半数企业开展过工人职业生涯的规划，其中6.1%的人表示企业总是开展职业生涯规划，46.1%的人表示经常有，40.9%的人表示不经常，6.9%的人表示几乎没有；从工人参加职业生涯指导的情况来看，44.9%的人表示经常开展，48.5% 的人表示偶尔开展，6.6% 的人表示从未开展。由此可见，大约半数企业开展过职业生涯规划和职业生涯指导工作，整体工作开展得不够充分。

4. 定期升职机会参半

定期升职的机会直接影响员工向上流动的可能，从调查结果来看，有 43.9% 的人表示企业有定期升职的机会，有 56.1% 的人表示没有定期升职的机会。因此企业应适当地增加员工升职的机会，由此增强员工的工作满意度和工作信心。

当问及企业人事安排是否合理时，有 4.8% 的人表示当前的人事安排很合理，31.5% 的人表示比较合理，50.9% 的人表示说不清楚，10.0% 的人认为不大合理，还有 2.9% 的人认为很不合理。从整体看，工人对单位人事安排的满意度一般。

六　身心健康权：人际关系良好，但劳动压力偏大

工人的身心健康状态是影响企业生产效率和企业管理的重要指标，本书从工人的人际关系、劳动强度等具体指标来考察当前工人的身心健康状况。

（一）人际关系融洽

工人的人际关系涉及与其他员工的关系、与上级的关系以及与其他部门的关系。从表 8—9 满意度得分来看，工人与其他员工的一般人际关系的满意度得分最高，是 77.0 分；其次是与上级的关系，得分是 71.7 分；最后是与其他部门的关系，满意度是 70.8 分。总体而言，工人的人际关系比较好，与同事和上级相处较为融洽。

表 8—9　　　　　　　　　　工人的人际关系满意度

满意度	人际关系		与上级关系		与其他部门	
	频数	百分比（%）	频数	百分比（%）	频数	百分比（%）
很融洽	248	23.5	152	14.5	136	12.9
比较融洽	657	62.3	633	60.2	611	58.1
一般	139	13.2	250	23.8	291	27.7

续表

满意度	人际关系		与上级关系		与其他部门	
	频数	百分比（%）	频数	百分比（%）	频数	百分比（%）
不大融洽	5	0.5	8	0.8	8	0.8
很不融洽	5	0.5	8	0.8	6	0.6
合计	1054	100	1051	100	1052	100
满意度得分	77.0		71.7		70.8	

（二）劳动压力偏大

影响工人身心健康状况的还有劳动压力，可以从劳动的强度、是否经常加班来进行测量。从图8—7调查数据来看，有6.4%的调查对象认为劳动强度很大，44.9%的人认为劳动强度比较大，45.8%的人认为刚合适，2.2%的人认为比较小，仅0.6%的人认为很小；在加班情况上，可以看到5.7%的人表示总是被要求加班，25.8%的人表示经常加班，61.2%的人表示偶尔加班，仅7.2%的人从不加班，可见虽然加班的频率不同，但加班在工人中是比较普遍的现象。总体而言，当前工人的劳动压力是偏大的。

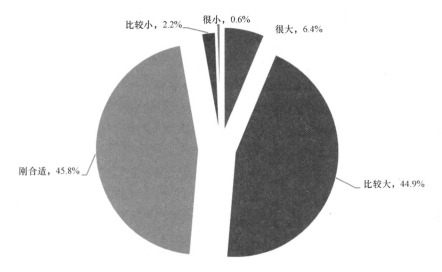

图8—7　工人的劳动强度

（三）缺乏心理健康关怀

从被调查者的心理健康来看，在问及企业是否设有心理咨询室时，只有18.7%的人表示所在企业设有心理咨询室，60.3%的人表示所在企业没有心理咨询室，还有20.9%的人表示没有关心过。那么，在是否去过心理咨询室上，只有13.8%的人表示去过心理咨询室，绝大部分人没有去过心理咨询室。由此可以看出，大多数企业并没有设立为工人心理健康服务的心理咨询室，以致大多数的工人没有进行过心理健康方面的咨询。企业缺乏对工人心理健康的关注，应呼吁企业加强对工人心理健康服务工作的重视程度，切实提高工人的身心健康水平。

第三节　影响工人阶层体面劳动、全面发展的主要因素

一　工人体面劳动、全面发展存在的主要问题

根据1061份有效问卷的定量材料和多次调研座谈会的定性材料，归纳出工人阶层在体面劳动、全面发展上存在的主要问题有：

（一）户籍歧视在就业过程中依然严峻

"户籍歧视"主要是指在流动人口所具有的与劳动生产率相关的因素与城镇居民完全相同的情况下，一些大城市针对外地求职和就业人员所采取的一些不公平政策和待遇的社会现象。城乡二元户籍制度作为计划经济体制下形成的人口管理社会体制，在改革开放后的工业化、城市化快速发展的过程中，其对农民工城市就业起着直接的身份歧视作用。[①] 由于户籍制度的影响，很多的工作出现只招收"本地人"的现象，这些流动人口在就业求职的过程中会或多或少地遭遇到因户籍不同而带来就业中的劳动权利被侵害或不公平待遇的现象。将所调查的不同户籍的员工与遇到过只招收本地人现象进行交叉分析，本地人遇到只招收本地人的比例为本地居民的18.5%，而进城务工人员的这一比例则

---

① 冯虹、杨桂宏：《户籍制度与农民工就业歧视辨析》，《人口与经济》2013年第2期。

为27.8%，即拥有不同户籍的员工遇到只招收本地人的现象存在显著差异（P值为0.002＜0.05）。进城务工人员由于户籍制度的限制，在就业过程中会感受到更多的户籍歧视，而他们所感受到的就业中的不公平感则会更为强烈。

（二）女性对于工人工资有更强的差距感

男女因为生理差异的原因，在从事工作中体现出的性别能力存在明显的差异。而传统的社会观念习惯性认为女性处于弱势地位，男性是强势一方。因此，在就业和求职中，女性总是被限定在一定的职业范围内，被一些性别角色定位和性别角色期待所限制。在工资待遇上，如表8—10所示，男性的工资在5000元以上的为16.9%，而女性在这一工资水平的比例则为7.4%，而2000元及以下水平的男性比例只有4.8%，女性则为12.6%。以上数据表明工资待遇在性别上存在明显差距，且男性工资平均高于女性工资。而对工资待遇上的差距感受，女性有更强的差距感，这种对男女性别不同待遇有敏感感受的现象可称为性别敏感或性别意识。调查结果显示，有60%以上的女性认为工资低于男性，而只有35%左右的男性有这一看法。在工资待遇的公平上，女性有更强烈的不平等感和性别敏感。性别意识作为男女平等的重要因素，是社会文明进步的重要因素。而在社会不断发展的过程中，男女平等意识已经得到广泛的传播，但是就业中的性别不平等依然客观存在。

表8—10　　　　　　　不同性别工人月平均工资比较　　　　　　（单位：人）

			月平均工资				
			2000元及以下	2001—3500元	3501—5000元	5001—8000元	8001元以上
性别	男	计数	27	247	198	77	19
		性别中的%	4.8%	43.5%	34.9%	13.6%	3.3%
	女	计数	58	261	109	29	5
		性别中的%	12.6%	56.5%	23.6%	6.3%	1.1%
		卡方 χ^2 = 57.091　　　df = 4　　　Sig.（双侧）= 0.000					

（三）社会对话与矛盾化解处于弱势地位

现在，国际社会都意识到了工会组织的重要性，参与集体谈判的权利使工会成为改变工人和雇主之间力量的平衡点，它亦是国家政治民主宣传的重要途径。彭现美认为通过主要利益相关者的民主参与，成功的社会对话结构和过程有可能解决重要的经济和社会问题、鼓励好的管理方法、促进社会和工业的和平和稳定以及推进经济进步。[①] 然而一些地方政府、雇主和工人自己对参加工会态度并不积极。部分地方政府担心工会可能降低吸引外资的竞争性、部分雇主担心工会会提高企业的运营成本、部分工人担心参加工会会影响其职位。根据本次调查数据，工会在集体协商的作用中，所达到的效果有待改善。根据图8—8可以看出，工会在开展工作的时候，工人对于工会比较满意的集中在文体活动和扶贫帮困，而对于调节劳动争议的满意度很低，仅为9.3%。工会组织在维护职工合法权益方面最有效的工作是帮助工人解决社会保障方面的问题（占30.2%）、协商解决劳动争议（占21.7%）和协商提高工人工资（占18.9%）。工会作为工人与企业进行社会对话的主要组织形式，其在调节劳动争议和解决矛盾的地位方面处于弱势地位，并没有很好地实现其职能和功能。

（四）工人的职业生涯规划不受关注

职业生涯是指一个人一生之中的职业经历或历程，包括从事何种职业，职业的发展阶段，职业的转换、晋升等具体内容。[②] 而工人的职业生涯发展不仅关系着工人的发展方向，也影响着企业的发展未来。关于个人和组织的理论，美国的行为科学家弗雷德里克·赫茨伯格提出了"双因素"理论，即认为工作中存在两类不同的因素：保健和激励因素。保健因素只是消除了不满意，并不会导致积极的态度，例如工资刺激、人际关系的改善、提供良好的工作条件等。而激励因素却可以带来积极态度和激励作用，包括：成就、赏识、增加的工作

[①] 彭现美：《农民工实现体面劳动的主要障碍与政策选择》，《赤峰学院学报》（汉文哲学社会科学版）2012年第3期。

[②] 马力：《职业发展研究——构筑个人和组织双赢模式》，博士学位论文，厦门大学，2004年。

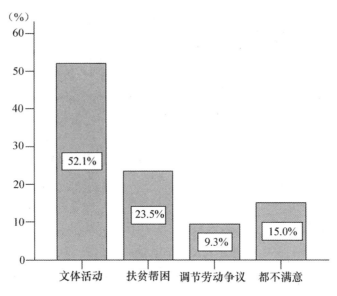

图8—8　工人的工会工作满意度

责任，以及成长和发展的机会等。企业要想提高员工的积极性，必然要注重其激励因素的作用，即要重视员工的职业生涯规划和成长发展机会。从表8—11调查结果显示，半数企业不重视工人的职业生涯规划和职业生涯指导工作，整体工作开展得不够充分。工人的未来发展是体面劳动的重要体现因素之一，而部分企业只注重对经济效益的追求，忽视了工人的职业发展需要，不仅不利于调动企业职工的积极性，同时也会阻碍体面劳动的发展。

表8—11　　　　　　　　　　工人的职业生涯规划开展情况

指标		有效百分比（%）
是否参加过职业生涯指导	总是有	6.1
	经常有	46.1
	不经常	40.9
	几乎没有	6.9

续表

指标		有效百分比（%）
是否开展过职业生涯规划	经常开展	44.9
	偶尔开展	48.5
	从未开展	6.6

（五）工人心理健康被忽视

近年来，在快速的社会经济发展的带动下，社会竞争日益激烈，工人的工作节奏不由加快。而在这种激烈的竞争和压力面前，工人或多或少地会表现出压抑、不满、烦躁等心理状态，由此会导致企业的效率低下、不良发展等。工人作为企业的基本组成部分，其心理健康有必要受到关注，而心理咨询室作为心理压力调节的重要场所，其设置的数目可以反映出企业的重视程度。只有19%的企业设有心理咨询室且只有少数工人（占13.8%）会到心理咨询室进行咨询，这说明企业在追求效益发展的时候，对工人的心理健康关注和宣传得不够。

二 影响工人阶层体面劳动、全面发展的主要因素分析

上述内容分别从工人的六大权益描述了工人体面劳动发展所面临的主要问题。在发展的过程中，有很多因素会引起这些问题的出现，阻碍体面劳动的发展。而影响这些问题的因素分别可以从工人个体层面、企业层面、工会层面和法律层面进行分析。

（一）工人个体竞争力

工人个体竞争力就是在特定的环境下支撑个体生存和发展的力量，其竞争力的大小决定企业市场竞争力的强弱，是企业生产和发展的基础。同时，作为体面劳动组成部分，工人的个体竞争力直接影响工人能否获得体面的工作，能力越强，所拥有的竞争力越大，就可以获得更好的工作职位，同时也可以享受到更"体面"的劳动。将不同职位的工资状况进行分析，如图8—9显示，一线工人和后勤职位的工资一般都集中于2001—3500元这一水平，而一般管理人员和高层管理人员的工资分布呈现多元化特点，其中高层管理人员的工资集中在5000元及以

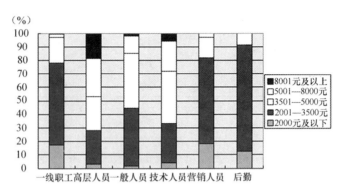

图8—9 不同职位职工的收入分布

上这一水平。从该图可以看出，拥有较高的个人竞争力的职工所获得的工资报酬也比较高，其更能享受到体面劳动。根据表8—12，拥有不同工资的职工对工作的自我价值实现感也存在显著差异，工资越高，对工作越有自我价值实现感。即收入在2000元及以下的职工的工作自我价值实现感为9.6%，工资在8001元以上的职工的工作自我价值实现感为32.0%。工人个体竞争力直接影响职工对工资的看法和满意度，也直接影响职工对自己工作的价值实现感，因此要减少工人待遇的差距感，除了要关注到男女平等，提高工人个体竞争力也是关键条件。

表8—12　　　　　工人月工资与自我价值评估的交互分析　　　（单位：人）

			是否能发挥自己的才能实现自我价值		
			能实现	基本能实现	不能实现
月平均工资	2000 元及以下	计数	8	42	33
		月平均工资中的%	9.6%	50.6%	39.8%
	2001—3500 元	计数	87	285	133
		月平均工资中的%	17.2%	56.4%	26.3%
	3501—5000 元	计数	50	197	62
		月平均工资中的%	16.2%	63.8%	20.1%

续表

			是否能发挥自己的才能实现自我价值		
			能实现	基本能实现	不能实现
月平均工资	5001—8000元	计数	21	79	8
		月平均工资中的%	19.4%	73.1%	7.4%
	8001元以上	计数	8	13	4
		月平均工资中的%	32.0%	52.0%	16.0%

卡方 $\chi^2 = 32.230$ df = 8   Sig.（双侧）= 0.000

（二）企业上升渠道受到限制

企业是体面劳动发展的重要载体，因此，企业的发展关系着体面劳动的发展。而要获得良性的发展，企业内部结构要不断进行优化，要有一定的上升渠道去激励工人的工作积极性。调查数据显示，56.1%的工人所在企业没有定期升职的机会。有相当多的企业结构固化，没有相应的上升机制。即企业的流动较为困难，影响工人对自己的职业规划，很容易使企业和工人的发展进入瓶颈。而在上述的问题描述中也显示了有关工人职业规划不受重视的情况，影响对工人的激励因素。企业在运行的时候，由于没有优化内部结构的机制，导致工人长期发展不受重视，阻碍工人体面劳动的发展。

（三）企业的人力资本投入

随着知识经济的出现，企业内的无形知识成为人们所关注的重点，进而知识和技能即人力资本成为主导企业竞争优势的核心概念。企业人力资本投资作为人力资本投资的具体形式之一，是指企业作为人力资本投资的主体，通过一定量的投资，以促进企业人力资源个体经济才能的提高，从而提高整个组织的效能，保证企业生产能力的提高，达到企业经济利益与社会利益的最大化。[①] 而企业人力资本的投入可以表现在以下几个方面：对工人进行培训，提高工作技能；提高工人的福利待遇；

---

① 张弛：《我国企业人力资本投资问题研究》，硕士学位论文，安徽大学，2007年。

关注工人的身心健康等方面。企业进行人力资本投资，有利于更好地发挥工人的创新能力，获得更高的工作技能，同时也可以提高工人对企业的认同感和归属感，增强工人的工作积极性。在上述的问题描述中，企业对工人的心理健康不太关注，可能导致工人的工作压力不能很好地得到排解，影响工人工作状态。而没有相应的长期工人发展计划可能导致工人对现在工作的倦怠感，没有工作积极性。在企业发展的今天，人本意识应该成为企业发展所要考虑的重要内容，同时加大人力资本的投入应该成为企业计划的一部分。要想工人能够享受到更多的体面劳动所带来的感受，推进全面发展的步伐，企业模式的转变是关键的一步。

（四）工会在企业中的地位

工会是劳动者自愿组织起来的，以维护和改善劳动者的劳动条件，提高劳动者的经济地位为主要目的的团体和联合体。工会作为工人的代表在维护工人利益的时候应有很大的作用，然而在现实生活中，工会的实际作用被忽视。现代企业作为单独的利益体，所设置的机制都以"利益"为主，工会在企业中不是从事一些企业的事务性工作，就是干脆合并到有关职能部门或撤销部门。[①] 在我国现如今的企业发展形势中，工会在促进体面劳动中的手段和力量还是比较欠缺，工会的力量方面还是受到了一些制约。调查的数据显示，工会会员占比高达 82.5%。而在表 8—13 中，不同类型企业中工会参会情况存在明显的差异（P 值为 0.000），国有和外资企业工人参会率高，而民营企业工人参会率偏低，仅为 63.2%。

表 8—13　　　　　企业类型与是否是工会会员的交互分析表　　　（单位：人）

			国有及国有控股企业	民营企业	外资、合资企业	事业	其他
是否工会会员	是	计数	533	120	160	40	1
		企业类型 中的 %	85.8%	63.2%	90.4%	93.0%	50.0%
	否	计数	88	70	17	3	1
		企业类型 中的 %	14.2%	36.8%	9.6%	7.0%	50.0%
卡方 $\chi^2 = 66.904$　　df = 4　　Sig（双侧）= 0.000							

① 张荣芳：《论新时期我国工会的作用》，《河北法学》2001 年第 5 期。

（五）就业方面的法律体系

就业歧视就是没有法律上的合法目的和原因而基于劳动者自身状况的原因，采取区别对待、排斥或者给予优惠等任何违反平等权的措施侵害劳动者劳动权利的行为。就业权作为劳动者的基本权利之一，在现实生活中会因"歧视"的原因而不能享受这一权利。然而，面对损害劳动者这一现象的行为，我国没有专门的反对就业歧视、促进平等就业的法律，只在一些法律如《宪法》《劳动法》中有一些简单的关于反就业歧视的规定。同时在这些立法上也没有对就业歧视进行明确的定义，法律所规定的就业歧视范围太小，没有一定的法律救济途径，没有反就业歧视的专门机构等。[1] 这些都是对就业歧视现象方面的立法的不足。而在已有相关法律规定中，就业歧视方面的法律执行力度不够，执法不严，导致在现实生活中出现很多因性别或户籍而遭到歧视的现象。实现社会和谐、工人体面劳动最重要的一条就是要学法、用法，普遍使用法律，因此法律体系的建立和完善是促进工人体面劳动、全面发展的有效保障。

第四节 推动当代工人走向体面劳动、全面发展

体面劳动、全面发展的实现路径，是一个庞大而复杂的系统工程，除工人个体层面外，需要政府、工会、企业"三方联动"，合力推进工人阶层的体面劳动、全面发展。

一 建立"三方联动"机制，明确工人阶层体面劳动、全面发展的实现路径

政府、工会、企业"三方联动"推进工人阶层的体面劳动、全面发展，其中企业是推进工作落实的主体，企业要履行社会责任和保障工人体面劳动制度化。企业在消除强迫劳动，消除就业歧视；提供工人培

---

① 张宗浩、陈亚东：《反就业歧视论》，《求索》2006 年第 8 期。

训机会，给予平等待遇和体面报酬；支持社会保障，职业安全等方面都有义务维护工人的体面劳动。企业关心员工利益、承担社会责任主要体现在：一是实现员工薪资待遇和企业的运营能力、员工的工作能力相适应。二是尽可能保护员工的尊严，让员工自豪、自愿地工作。①

政府在推进工作中发挥主导作用，一方面要坚持依法维护，把体现工人体面劳动的六大权益用法律规定下来，要求企业依法遵守。另一方面要给工会"增权赋能"，通过发挥工会的"桥梁纽带"作用来实现工人体面劳动、全面发展的目标。政府通过在法律、体制、政策等宏观层面进行有针对性的安排，进一步加强制度建设，鼓励扩大就业，健全社会保障体系，建立健全劳动者培训机制等的建设，促进工人阶层的体面劳动、全面发展。

而工会在推进工作中发挥牵头作用，它一头连接党委政府，一头连接企业，工会职能的发挥程度，在一定程度上影响和决定着工人体面劳动、全面发展的实现程度，因此工会组织应该成为实现工人体面劳动、全面发展的牵头人。一方面，作为工人利益的代表者和维护者，依法维护工人的合法权益，推进工人的体面劳动、全面发展是工会的基本职责。另一方面，作为党领导下的工人阶级群众组织，工会又是党联系工人群众的桥梁和纽带。它需要进一步转变职能，找准自己在社会治理体系中的位置，团结、带领工人为全面建成小康社会、率先基本实现现代化而努力奋斗。

二 创建"五型"工会，使工会成为推进工人阶层体面劳动、全面发展的"牵头人"

通过创建能量型、学习型、创新型、服务型、法治型"五型"工会，发挥工会在社会治理体系中的作用，发挥工会在推进工人体面劳动、全面发展中的牵头作用。

（一）创建能量型工会

按照胡锦涛、习近平同志在中国工会十五大上提出的"要把更多资源和手段赋予工会组织，把党政所需，职工所急，工会所能的事，更多

---

① 王希：《论我国体面劳动法律保障机制的构建》，《前沿》2010 年第 10 期。

地交给工会组织去办，不断扩大工会组织的社会影响，为工会事业发展创造更好环境"重要指示精神，新时期党委政府应该强化工会代言权、监督权和政策制定上的源头参与权，打造能量型工会。

1. 强化工会的代言权与监督权

传统观念中的工会组织仍然较难摆脱为工人搞活动、谋福利的角色，因"先天不足"，使得维权工作容易流于形式，这就要求强化工会的代言权与监督权。要从法律法规层面强调工会作为工人权益的代表者和维护者的角色，当好工人的"娘家人"。工会有权对企业违反劳动法律、法规的行为进行调查，并提出意见或者建议。工会的监督内容包括对工人劳动合同的订立、履行、变更、解除、终止，集体合同的履行，工资支付形式和发放时间、加班工资、最低工资标准等。

2. 强化工会政策制定上的源头参与权

通过坚持并完善党委工会工作会议、政府与工会联席会议、劳动关系三方协调会议等工作制度，建立健全长效化、制度化、科学化的工会参与社会治理模式，切实实现工会组织的源头参与权。重点是建立工会参与社会政策机制，在制定和出台涉及职工利益的地方性法规、相关社会政策、工作举措时，充分听取职工意见，积极采纳工会建议，实现决策的民主化科学化；政府要在职工教育培训、工资集体协商、创建和谐劳动关系等工会参与社会治理的重点工作上给予工会更多的支持，在需要联合推动工作、联合下发文件、联合出台政策时有力支持、积极配合、协同联动。

（二）创建学习型工会

一方面要加强工会干部队伍建设，提高工会干部促进科学发展、服务工人的能力和水平。另一方面要不断提高工人队伍整体素质，努力满足工人文化需求。

1. 更新工会干部的知识结构

党委政府要切实重视工会干部的培养、选拔、交流和使用，建立良性运作机制，拓宽工会干部的正常发展路径，强化其责任心，调动其积极性。为实现工会的转型创新发展，提高工会干部参与社会治理的能力，要进一步加大基层街道乡镇层面工会干部的配备，提高相应的待遇，强调引进专业化的社会工作、法律、心理咨询方面的人才，增强工会各级服务体系的能量。加大现有的工会干部培训，更新知识结构。要进一步加大工会干部与党政机关干部的双向交流力度，提升工会干部的综合能力。

2. 严格监管《企事业单位工人教育培训经费计提、管理、使用办法》

已经出台的《企事业单位工人教育培训经费计提、管理、使用办法》，要求企业按照职工工资总额的 1.5% —2.5% 足额提取教育培训经费，明确各级工会的法律监督主体，确保 60% 以上的职工教育培训经费用于企业一线工人的教育和培训，以充分发挥工会"大学校"作用。同时建立职工技能等级与工资挂钩机制，激发企事业单位和职工参与培训的积极性，不断增强职工适应经济转型发展的能力。

3. 建设"工人文化服务中心"

通过顶层设计来建设城市工人文化，其中工人文化宫承担着工人文体活动的组织、网络、指导工作，开展工人大型文体活动，引领和推动企业文化、工人文化的建设发展，引导企业各类文体类社团的发展，共同促进工人的体面劳动、全面发展。

（三）创建创新型工会

工会工作要实现创新，是建设中国特色社会主义工会发展道路的必然要求，是新时期新形势赋予工会工作的重要课题，是做好新时期工会工作的动力和源泉。

1. 发挥工会的协同治理作用

通过动员工人群众广泛参与，将工人工作融入党政主导的社会建设和社会治理工作体系中去。工会要加强与政府部门的沟通与合作，努力构建针对工人服务类社会组织的多方联动合作机制，协商制定在完善困难弱势工人社会救助、创新社会组织发展和管理、推进项目化方式购买社会组织服务等方面的合作机制，共同扶持引导工人服务类社会组织的发展。

2. 试行社会化运作、项目化管理

社会化运作、项目化管理是整合社会资源、拓宽工作渠道、服务工会工作的有效途径。工会要打破传统业务分工和部门各自为政开展工作的现状，针对一些重点、难点、热点工作，试行项目制运作方式，集中工会自身人、财、物办大事、办难事,更好地服务工人和社会。建议由工会牵头成立工人服务类社会组织联合会,充分发挥联合会的联合凝聚、沟通服务、培育孵化和承接转移职能。

3. 打造"网上工会"

工会干部要深刻认识信息化的发展趋势与作用,正确把握信息化给工会工作带来的机遇和挑战,通过打造"网上工会",推进工会系统信息化建设。一是建设工会系统网站体系,提高工作效率。按照业务规范和统一标准,构建一个集管理与服务功能于一体的工会系统网站体系,内容包括网上工作平台、制度文件系统、综合服务系统及信息资源等体系。二是建立工会组织新闻门户网站,打造工会宣传"窗口"。三是开设电子论坛,为工人群众提供发表意见、参与评论、互动交流的平台。四是把握舆情,建设强有力的工会网络宣传员队伍。要启动工会系统网络新闻发言人工作,由网络新闻发言人代表工会组织对外发布网络新闻和信息,并就工人论坛和职工群众关心的相关问题进行答复。

(四)创建服务型工会

长期以来主要依靠行政手段的工会工作方式,使得工会在预知工人意见、预防劳动纠纷和预警群体事件等方面,存在制度缺失与断裂,这就要求我们必须在构建服务型工会上下功夫,要突出服从大局、服务为先的职能特点,坚持以人为本,坚持以维护好、实现好职工群众的根本利益为导向,真正实现从行政型工会向服务型工会的转型。

1. 做强"职工服务中心"

借助现有的由省市职工援助服务中心、区县职工服务中心、街道乡镇工会服务站组成的覆盖地方的层级服务体系,搭建服务工人的组织架构。进一步放大"职工援助服务中心"原有的服务功能,做强"职工服务中心"的生活救助、就业扶助、医疗互助保障、法律援助、心理咨询"五位一体"的五大服务功能,明确并不断强化其公益性组织的身份地位,将服务对象由困难职工群体转化到以困难职工群体为主,涵盖到全体工人。

2. 构建工会服务工人工作体系

以推进工人的体面劳动、全面发展作为深化职工之家建设的核心内容,努力构建工会服务工人的工作体系。不断丰富职工之家建设的内容，将职工书屋、劳模创新工作室、"母爱工作室"、职工心理健康教育室等内容充实到职工之家建设中来，努力把各级工会建设成为"组织健全、维权到位、工作规范、和谐温馨、职工信赖"的职工之家。

3. 建立劳动关系预警机制

劳资纠纷的解决强调以"防"为主。建立健全劳动关系预警机制，应该从以下几个方面着力：一是建立劳动关系评测指标体系，并按照红、黄、绿、白进行分类。二是健全劳动关系动态监管网络，实施企业劳动关系分类监管制度。三是建立良好的矛盾疏导机制。加强工人的参与权，畅通劳资双方沟通平台。

（五）创建法治型工会

为贯彻落实党的十八届四中全会精神，贯彻依法治国基本方略，工会组织要推进工会工作法治化进程，强调依法治会、依法建会、依法维权，运用法治思维和法治方式协调劳动关系，参与各项改革，创建法制型工会。

1. 推广基层工会干部直选

工会全面深化改革的内容之一是要改变工会干部对企业、公司领导的依附关系，由工人民主选举产生。国有企业的工会不能撇开工人的意愿只按领导意志建立，私营企业的工会主席更不能由老板雇用。要进一步加强对企业工会的引导与督查，推广基层工会主席直选，切实解决基层工会、特别是企业工会向谁负责的问题，增进企业工会在协调劳动关系中的功能。

2. 深入贯彻实施中央出台的《劳务派遣暂行规定》

2014 年 3 月 1 日，国家人社部出台的《劳务派遣暂行规定》正式施行，为劳务派遣工维护自己的权利，实现同工同酬提供了法律保障。已有的调查显示，劳务派遣的适用领域被不断扩大，部分企业存在滥用劳务派遣工的行为。通过《实施意见》的出台，指导劳务派遣单位依法经营和劳务派遣用工单位依法用工，保护被派遣劳动者的合法权益。要求劳务派遣单位要建立工会组织，尝试劳务派遣工的双向管理机制。要求企业正常组织劳务派遣工参加技能比武、岗位练兵、职业培训等，活动中的优秀技术技能人员转化为合同工，进而探索建立劳务派遣工职业上升通道。

3. 探索法律服务的"预防援助"模式

开展工人法律援助工作，充分利用帮扶平台加强工人法律援助机构建设，组建专业化律师、志愿者组成的法律援助队伍，为广大工人提供更为方便快捷的法律援助服务。同时改变过去"救火"式的法律援助模式，把援助模式从最后的"诉讼援助"模式转变为"预防援助"模式。要加强工会的"法律服务"，通过在企业工会组建法律援助服务站，向工人、更向企业的实际管理层普及正确的劳动法律知识，将劳资矛盾化解于萌芽。

三　加强平台与制度建设，推进工人阶层的体面劳动、全面发展

针对工人体面劳动问卷调查和企业访谈中所反映的主要问题，现提出出台一项规划、打造四大平台、完善四项制度来推进工人阶层的体面劳动、全面发展。

（一）推动出台《促进工人阶层体面劳动、全面发展的中长期发展规划》

以工人的体面劳动、全面发展作为工人中长期发展规划的核心内容。规划明确工人阶层体面劳动、全面发展的内容，强调实现工人阶层体面劳动、全面发展的重大意义，将工人阶层体面劳动、全面发展的发展情况作为衡量经济社会发展的重要指标。围绕工人阶层的安全保护权、劳动报酬权、社会保障权、知情参与权、职业发展权和身心健康权六大权益，提出未来五到十年工人阶层发展的主要目标，即"安全保护有保障、劳动报酬有保证、社会保障有政策、知情参与有渠道、职业发展有空间、身心健康有平台"，全面指导未来五到十年的工人工作，为工人阶层的体面劳动、全面发展的实现提供坚实的政策保障。

（二）打造工人综合服务、职业教育、文化服务和健康休闲四大平台

1. 强化"职工服务中心"的综合服务平台

完善对工人的全方位服务是工人实现体面劳动、全面发展的基础工作。强化"职工服务中心"的综合服务平台功能这一点在服务型工会建设中已经讲到，此处不再展开论述。

2. 增强工人的教育培训平台

职教联合会已成为职工技能提高和素质提升的重要渠道。要进一步完善职教联合会"各方共建、成果共享，校企共赢、职工共发展"的职教发展格局，以提升职工素质、加强职业培训为核心职能，整合现有的职业教育资源。职业技能培训的内容以市场需求为导向，增强培训的针对性，突出技能、注重实效，逐步形成政府、用工企业和劳动者都受益的长效机制。

3. 建设"工人文化服务中心"的文化服务平台

针对目前工人文化活动仍然存在着理念陈旧、形式传统、内容单一，工人"被参与"等现象，我们建议通过建立自上而下的工人文化服务中心，引导工人的身心健康发展。首先要拓展工人文化宫的引领功能。要把工人文化宫打造成综合性的融文化宣传和休闲活动于一体的"工人文化服务中心"，使之成为基层文娱性社会组织的活动平台，成为工人的精神文化乐园。其次要进一步增强各级工会"职工活动室"的综合功能，把其建成综合性的"工人文化服务中心"。倡导基层工会和企业整合工会的宣传教育功能和文化体育功能，把宣传教育功能更多地融合到文化体育功能中去。同时把各类具有心理疏导功能的"心灵驿站"纳入到"工人文化服务中心"中来，加强对工人的心理疏导，关注工人的心理和行为问题，增强工人的企业归属感。

4. 开发工人疗养院的健康休闲平台

身心健康是工人实现体面劳动、全面发展的基础。工人疗养院是工会为广大工人服务的一项重要事业，是维护广大工人的疗休养权益，保护工人身体健康和构建和谐社会的阵地。工人疗养院要坚持为职工群众和劳动模范服务的宗旨，把工人健康利益放在首位，既要服务好劳模群体，也要进一步提升对一线工人的服务力。

（三）深化企业工资协商、利益对话、职业晋升和带薪休假四大制度建设

1. 增强工资协商制度的效能

收入水平低和收入分配不公是影响工人体面劳动、全面发展的核心要素，而要解决这些问题的最佳和有效手段便是集体协商。一要将工资集体协商工作纳入党政工作考核目标。全总曾提出，企业工资集体协商

是党政主导的企业工资集体协商制度，把工资集体协商工作融入党委政府工作大局，有利于推动相关立法和政府制定政策。党政的支持有利于增强工会在平等协商中的话语权，要充分发挥三方机制作用，推动工资集体协商工作纳入党政工作考核目标，联合社会力量齐抓共促。二要扩大区域性、行业性工资集体协商的范围。依靠上级工会的力量开展工资集体协商，积极探索上级工会代表下级工会、上级工会服务下级工会、上级工会指导下级工会的工资集体协商模式，提高工资集体协商的谈判层次及协商的质量。三是建立工人劳动报酬收入与经营者业绩捆绑考核机制。通过工资集体协商确定工人的收入分配水平，把工人工资收入增长与企业经营者考核指标结合起来，促进工人劳动报酬与企业经济效益同步增长。

2. 强化职代会制度的功能

体面劳动不仅意味着合理的薪酬、完善的保障、丰润的福利，同时还体现在能够平等地与企业沟通，对企业的经营状况有知情权，对企业大事有参与权，对自身利益有话语权。针对工人的社会对话与矛盾化解处于弱势地位问题，提出要以完善职代会为主要内容，促进工人的话语权提升。工会要不断健全以职工代表大会为基本形式的企事业单位民主管理、厂务公开等工作制度，并使之规范化、程序化、科学化，推动职工民主更加广泛、充分、健全。一抓组织建设，形成强有力的领导机构和工作机构。职代会的工作机构就是工会组织，工会是职代会日常工作机构，是党联系广大职工的桥梁和纽带。二抓制度完善，形成系统和配套的职代会制度体系。三抓程序规范，形成科学的标准化职代会流程。如有的企业建立职代会组长联席会议制度、职代会督办事项检查汇报制度、工人代表巡视及质询制度等。

3. 重建企业职工晋升制度

针对调查报告中工人的工作自我价值实现感分化、上升渠道受到限制的情况，我们提出以重建企业内部员工晋升制度为主导，切实保障工人的职业发展权。建立工人的层级晋升制度，类似于以前的工人八级工制度，让工人有正常的发展渠道，使得部分高技术工人可以与管理层一样享有较高的薪酬和社会地位。实践证明，八级分层制度更有利于引导中国工人追求高层次、高水平的劳动技能。[①] 重建企业职工晋升制度，通过参加培训基地的技能"考级"来提高自己的专业技术等级，也可以为工人积极参加职业培训提供动力。鼓励企业开展工人的职业生涯发展规划，建立以职业发展为导向的培训体制，包括新工人的适应性培训、职业培训、变动工作的培训等，提升工人晋升的发展空间。建议将是否对工人进行岗位技能培训纳入创建和谐劳动关系企业的评价指标体系，引导企业加大对工人的职业培训力度。

4. 落实职工带薪休假制度

带薪休假制度是为企业职工提升生活质量、促进身心健康的一项制度化设计。结合国务院 2014 年 8 月出台的《关于促进旅游业改革发展的若干意见》（以下简称《意见》），鼓励职工结合个人需要和工作实际分段灵活安排带薪年休假。《意见》明确指出，切实落实职工带薪休假制度，强化全社会依法休假理念，将带薪年休假制度落实情况纳入各地政府议事日程，作为劳动监察和工人权益保障的重要内容，推动机关、企事业单位加快落实职工带薪年休假制度。人社部门、工会组织要联合开展针对机关和企事业单位的带薪休假制度落实情况的实际调查和监督检查，切实落实职工带薪休假制度的目标。

---

① 李强：《中国应恢复"八级工"制度》，《环球时报》2011 年 5 月 27 日。

附　　录

第一节　各章问卷调查

1—1：企业劳动关系调查问卷

企业劳动关系调查问卷

尊敬的被访者：

您好！为深入分析全球性金融危机背景下南京企业劳动关系状况，寻求新形势下创建劳动关系和谐企业的主要影响因素，探索构建企业和谐劳动关系的策略方法，南京市总工会与市社科院联合建立了"金融危机背景下企业劳动关系调查"课题组，对新形势下南京市企业劳动关系进行实证调查与研究。您是我们这次随机抽样调查中的幸运一员，请按照您自己的判断填答问卷，填答不用署名，我们将按照《中华人民共和国统计法》的要求对您的资料进行保密。

衷心感谢您对我们工作的大力支持和帮助！

"金融危机背景下企业劳动关系调查"联合课题组
2009 年 4 月

联系人：董淑芬　83600844　　　　任克强　83610367
联系单位：南京市社会科学院　　　联系地址：南京市成贤街 43 号

调查员签字：　　　　　　　　　样本编码：□□□□□□

填答说明：凡符合您的情况和想法的选项，请在选项前的"□"里打"√"，除注明为多选题以外，每题只有一个选项。

一　自然情况

1. 您的性别：

（1）男　　　　（2）女

2. 您的年龄：

（1）20 岁以下　　（2）21—30 岁　　（3）31—40 岁　　（4）41—50 岁

（5）51 岁以上

3. 您的文化程度：

（1）小学及以下　　　（2）初中　　　　　（3）高中及中专

（4）大专　　　　　　（5）大学本科　　　（6）研究生及以上

4. 您所在企业的类型：

（1）国有企业　　（2）集体企业　　（3）外资企业　　（4）私营企业

（5）其他

5. 您所在企业所属行业领域：

（1）制造业　　　（2）建筑业　　　（3）交通运输　　　（4）批发零售

（5）住宿餐饮　　（6）居民服务　　（7）纺织服装

（8）造纸及包装印刷　　　（9）房地产　　　（10）商贸业

（11）金融业　　　　　　（12）商务服务　　（13）科教文卫

（14）电子信息　　　　　（15）其他行业

6. 您在企业里的职位：

（1）企业普通工人　　　　　　（2）企业中层管理人员

（3）企业高层管理人员

7. 您在本企业工作了多少年？

（1）3 年以下　　（2）3—5 年　　（3）5—10 年　　（4）10 年以上

8. 您每个月的平均收入（包括工资及福利）约为：

（1）1000 元以下　　（2）1000—1999 元　　（3）2000—2999 元

（4）3000—4999 元　　（5）5000—6999 元　　（6）7000—9999 元

（7）10000 元及以上

二　金融危机对企业及工人的影响

9. 这次全球性金融危机对您所在行业的影响：

（1）几乎没有什么影响　　（2）影响很小　　（3）不清楚

（4）影响较大　　　　　　（5）影响很大

10. 这次全球性金融危机对您所在企业的影响：

（1）几乎没有什么影响　　（2）影响很小　　（3）不清楚

（4）影响较大　　　　　　（5）影响很大

11. 这次全球性金融危机对您所在企业的影响主要体现在哪些方面？（多选题）

（1）企业订单减少或没有订单　　（2）资金紧张

（3）成本上升　　　　　　　　　（4）能源涨价

（5）出口政策　　　　　　　　　（6）工人心理不踏实

（7）工资减少　　　　　　　　　（8）其他（请注明）＿＿＿＿＿

12. 您认为在这次全球性金融危机中企业受到冲击的主要原因是什么？

（1）产品以出口为主　　　　　　（2）不掌握核心技术

（3）企业规模小，抗风险能力差　（4）其他（请注明）＿＿＿＿＿

13. 您所在企业都采取了哪些措施来抵御金融危机所带来的冲击？（多选题）

（1）降低管理成本，缩减开支　　（2）裁员

（3）降低工人薪酬待遇　　　　　（4）外销转内销

（5）提高效率，引入新方法新技术（6）压缩生产规模

（7）调整产品结构，提高产品质量（8）兼并其他企业

（9）工人无薪休假　　　　　　　（10）向政府部门寻求支援

（11）开拓新市场　　　　　　　　（12）进行研发和人员培训

（13）没有改变，和往常一样　　　（14）其他（请注明）＿＿＿＿＿

14. 您认为您所在企业应对金融危机措施的效果如何？

（1）效果一般，作用有限　　（2）效果很好，起到了作用

（3）不清楚　　　　　　　　（4）没有效果

15. 金融危机是否对您个人的工作和生活产生影响？

（1）几乎没有什么影响　　（2）影响很小　　（3）不清楚

（4）影响较大　　　　　　（5）影响很大

16. 金融危机对您个人的影响主要体现在哪些方面（多选题）？

（1）个人投资受损，已有资产缩水

（2）个人消费减少，生活水平下降

（3）年终奖金缩水或取消　　（4）面临失业风险或已经失业

（5）薪水待遇调低　　　　　（6）工作时间延长

（7）心情很压抑　　　　　　（8）未来规划

（9）没什么影响

三　金融危机背景下的企业劳动关系

17. 请您详细思考金融危机前后，您所在企业的下列情况是否发生变化，并在对应项中打"√"：

企业情况 ＼ 选项	金融危机后，该情况有所改善	金融危机前后，该情况均可实现	金融危机前后，该情况均未实现	金融危机后，该情况有所恶化	不清楚
1 工伤休假期间，员工照常得到工资					
2 不发生拖欠工资的现象					
3 公司为所有员工缴纳养老、医疗、失业保险和住房公积金					
4 双方签订合同是以自愿平等为原则的					
5 员工提出合理的抗争不会遭到公司隐性惩罚					
6 劳动争议都能很好地解决					

续表

选项 企业情况	金融危机后，该情况有所改善	金融危机前后，该情况均可实现	金融危机前后，该情况均未实现	金融危机后，该情况有所恶化	不清楚
7 公司定期对员工进行健康安全方面的培训					
8 员工在公司工作能获得很多的培训机会，进步很快					
9 企业内有工会组织能够保障劳动者权利					
10 公司支持工会的活动，如资金、时间等					

18. 金融危机背景下，您认为您所在企业的劳动关系状况如何？

（1）很好　　（2）比较好　　（3）一般　　（4）比较差　　（5）很差

19. 金融危机下，您对企业的认同感和忠诚度有何变化？

（1）增强　　　（2）一般，没变化　　　（3）减少

20. 金融危机下，您所在企业领导与普通员工之间的关系有何变化？

（1）比以前好　　　（2）一般，没变化　　　（3）比以前差

21. 金融危机下，您认为自己目前最需要与企业哪一类人改善关系？

（1）企业总经理　　（2）直接领导　　（3）后勤人员

（4）高收入员工　　（5）同一工作小组内部成员

22. 您认为当前您所在企业的收入分配是否合理？

（1）很合理　　（2）比较合理　　（3）一般　　（4）不大合理

（5）很不合理

23. 您如何看待企业高层管理人员的收入？

（1）他们的高收入是他们应得的

（2）他们的收入太高了，但这个社会就是这样

（3）他们的收入太高了，这种状况必须改变

（4）他们的高收入与我无关

24. 金融危机以来，您所在企业是否存在以下现象（多选题）：

（1）裁员　　　　　　　　　　　　（2）减薪

（3）增加扣款（如伙食，水电、罚款）（4）不买社保

（5）不定时上班（有货才来上班）　　（6）更改劳动合同

（7）先解除劳动合同，不签合同但仍然在原址上班

（8）先解除劳动合同，有活干才叫你上班

（9）没有上述现象存在

25. 您是否相信企业减低工人工资或福利的举动与这次金融危机有关？

（1）相信　　　　（2）不相信

（3）没什么相信不相信的，我们又没有决定权

26. 您所在企业有工会吗？

（1）有　　　　　（2）没有

27. 金融危机下，您所在企业工会组织在协调企业劳动关系方面所发挥的作用：

（1）作用很大　（2）作用较大　（3）作用一般

（4）作用较小　（5）作用不大

28. 您与所在企业是否签订了劳动合同（包括集体劳动合同）？

（1）签订了　（2）没签订

29. 金融危机下，您所在企业履行《新劳动合同法》的情况：

（1）完全履行　（2）部分履行　（3）基本不履行

（4）不清楚

30. 您所在企业是否开展了工资集体协商？

（1）开展了　（2）没有开展　（3）不知道

31. 您认为金融危机下实行工资集体协商能否改善企业与员工之间的关系？

（1）能，且改善明显　　（2）能，但不是很明显　　（3）不能改善

（4）不能，反而会恶化　　（5）说不清楚

32. 您所在企业是否成立了劳动争议调解委员会？

（1）成立了　　　（2）没成立　　　（3）不知道

33. 您认为金融危机下劳动争议调解委员会在协调企业劳动关系中所发挥的作用：

（1）作用很大　　　（2）作用较大　　　（3）作用一般

（4）作用较小　　　（5）作用不大

34. 您认为金融危机下工人与企业经营管理者的交流渠道情况如何？

（1）有，很畅通　　（2）有，部分不畅通　　（3）有，不畅通

（4）没有

35. 您一般情况下通过什么渠道反映自己对企业的意见或要求（限选三项）？

（1）通过职代会反映意见或要求

（2）向单位工会组织反映意见和要求

（3）向职工董事、监事反映意见或要求

（4）通过集体协商代表提出意见和要求

（5）在单位的民主议事会、恳谈会上发表意见或建议

（6）直接向单位管理层反映意见

（7）其他渠道　　（8）从未反映过

36. 如果您与企业产生劳动争议，您最希望通过什么途径解决（限选三项）？

（1）私下协商　　　（2）找企业工会　　　（3）找企业经营管理者

（4）找劳动争议调解委员会　　（5）找劳动争议仲裁委员会

（6）到法院起诉　　（7）辞职　　　（8）其他途径

37. 您认为影响目前企业劳动关系的主要因素（限选三项）：

（1）体制机制　　（2）劳动力供求　　（3）企业管理

（4）收入分配　　（5）企业文化

（6）员工的个人性格及文化水平等　　（7）金融危机　　（8）其他

38. 您认为您所在企业的未来发展如何？

（1）对公司未来的发展不确定　　（2）看好公司的未来发展

（3）不看好公司未来的发展　　（4）不清楚

39. 您认为未来几年中企业劳动关系会有什么变化？

（1）越来越好　　（2）跟现在差不多　　（3）越来越差

四　金融危机背景下企业及工人的利益诉求

40. 您当前最担心的问题是（限选三项）：

（1）工作稳定方面　　（2）收入方面　　（3）医疗方面

（4）子女培养　　（5）住房压力　　（6）养老问题

（7）其他担忧　　（8）没有后顾之忧

41. 假如受金融危机影响您所在的企业即将倒闭，那么您首先会向谁寻求帮助（限选三项）？

（1）亲朋好友　　（2）单位同事　　（3）单位工会

（4）单位领导　　（5）新闻媒体　　（6）政府部门

（7）其他（请注明）＿＿＿＿＿＿＿

42. 金融危机背景下，您最希望工会组织在哪些方面给您提供帮助（限选三项）？

（1）维护工人劳动就业权利

（2）提高工资福利待遇

（3）督促单位给工人上各项社会保险

（4）改善劳动条件、消除安全隐患

（5）维护工人的民主权利　　（6）提高工人技能和素质

（7）帮助工人解决实际生产、生活困难

（8）指导帮助工人签订劳动合同

（9）代表工人与单位进行平等协商和签订集体合同

（10）保障女工人特殊权益

43. 您最希望政府为工人解决哪些问题（限选三项）？

（1）提高收入水平　　（2）提供工作岗位培训

（3）完善社会保障　　（4）改善居住条件

（5）解决子女就学　　（6）加强法律维权

（7）提供职业培训　　（8）解决户口问题

（9）其他（请注明）＿＿＿＿＿＿＿

44. 您认为政府帮助企业积极应对金融危机的有效举措有哪些（限选三项）？

(1) 减税、降息　　　　　(2) 落实产业政策

(3) 缓解企业融资难问题　(4) 鼓励企业技术创新

(5) 支持企业开拓市场　　(6) 保障企业发展用地

(7) 加大工人培训力度　　(8) 优化服务机制

(9) 维护企业稳定　　　　(10) 其他（请注明）_____

45. 请您谈谈金融危机下如何改善企业劳动关系的对策与建议。

_____。

2—1：企业一线职工收入状况调查

企业一线职工收入状况调查

尊敬的职工朋友：

您好！为深入了解南京市企业一线职工工资收入分配状况，制定科学合理的工人收入分配政策，市总工会与市社科院联合进行了"南京市企业一线职工收入状况调查"。请按照您自己的判断填答问卷，问卷不用署名，我们将按照《中华人民共和国统计法》的要求对您的资料进行保密。

衷心感谢您对我们工作的大力支持和帮助！

"南京市企业一线职工收入状况调查"联合课题组

2010 年 10 月

联系人：董淑芬　83600844

朱考金　83610365

联系单位：南京市社会科学院

联系地址：南京市成贤街43 号

调查员签字：　　　　　　　样本编码：□□□□□□

填答说明：凡符合您的情况和想法的选项，请在选项序号上打"√"，除注明为多选题以外，每题只有一个选项。

1. 您的性别

（1）男　　（2）女

2. 您的年龄：＿＿＿＿＿　周岁

3. 您属于

（1）无固定期限合同工　　（2）3 年以上长期合同工

（3）1—3 年期合同工　　（4）1 年及以下短期合同工

（5）劳务派遣工

4. 您的文化程度

（1）小学及以下　　（2）初中　　（3）高中、中技

（4）大专　　（5）本科及以上

5. 您在本单位工作时间：＿＿＿＿＿年

6. 您有没有与所在单位（或劳务公司）签订劳动合同？

（1）有　　（2）没有

7. 您所在企业的类型

（1）国有及国有控股企业　　（2）民营企业

（3）外商投资企业、合资企业

（4）其他（请注明）＿＿＿＿＿＿

8. 您的工作岗位

（1）直接生产工人　　（2）技术人员　　（3）销售人员

（4）辅助生产工人　　（5）管理人员　　（6）后勤服务人员

（7）其他岗位

9. 您平均每天正常工作时间

（1）8 小时以下　　（2）8 小时　　（3）8—10 小时

（4）10—12 小时　　（5）12 小时及以上

10. 您平均每月正常休息天数

（1）没有休息日　　（2）1 天　　（3）2 天　　（4）4 天

（5）6 天　　（6）8 天及以上

11. 近年来您所在企业的生产效益如何？

（1）非常好　　（2）比较好　　（3）一般　　（4）不好

（5）长期亏损

12. 您上个月的工资（工资单上的实发工资，指的是实际拿到手的工资）：

（1）960 元以下　　（2）961—1200 元　　（3）1201—1500 元

（4）1501—2000 元　　（5）2001—2500 元　　（6）2501—3500 元

（7）3501—5000 元　　（8）5001 元以上

13. 您所在单位如何确定与工人工资分配密切相关的重大事项？

（1）工会代表工人与企业协商确定

（2）企业与工人通过平等对话、协商确定

（3）企业研究、征求工人意见后确定

（4）企业老总或老板说了算

（5）不清楚怎么定

14. 您单位工资是否按时发放

（1）按时发放　　（2）偶尔拖欠　　（3）经常拖欠

15. 近年来您的工资收入水平是否有所变化？

（1）有大幅下降　　（2）有小幅下降　　（3）没有变化

（4）有小幅提高　　（5）有大幅提高

16. 您对当前收入的满意程度

（1）很满意　　（2）比较满意　　（3）一般　　（4）不大满意

（5）很不满意

17. 您认为您的工资增长与企业的发展是否相符？

（1）符合　　（2）基本符合　　（3）不相符

18. 您拥有下列哪些社会保险（多选题，有几项选几项）

（1）养老保险　　（2）工伤保险　　（3）失业保险

（4）医疗保险　　（5）生育保险　　（6）住房公积金

（7）其他补充保险

19. 您单位还有哪些福利（多选题）

（1）免费午餐　　（2）健康体检　　（3）年休假

（4）过节费　　（5）防暑降温费　　（6）交通补助或班车

（7）子女托儿费　　（8）年终奖金　　（9）其他（请注明）＿＿＿＿＿＿

20. 烦请您填写出您全家每月的消费支出表（单位：元）

总消费支出	伙食费	房租房贷、买衣、交通费	家庭子女教育费	看病买药费	亲友交往费	自我学习费	其他	剩余积蓄的钱

21. 您认为当前您所在企业的收入分配是否合理？

（1）很合理　　（2）比较合理　　（3）一般　　（4）不大合理

（5）很不合理

22. 您认为您单位收入分配存在的主要问题是

（1）工资水平低　　　（2）工资增长缓慢（甚至长期不增长）

（3）拖欠工资　　　　（4）工资分配差距过大

（5）其他（请注明）＿＿＿＿＿＿

23. 您认为企业高层管理人员与普通工人年收入差距的合理范围应该在

（1）一样，无差距　　（2）1—2 倍　　　（3）3—5 倍

（4）5—10 倍　　　　（5）10—20 倍　　（6）20 倍以上

24. 您认为导致企业内部收入差距拉大的主要原因是

（1）职务高低　　（2）岗位重要性　　　（3）贡献大小

（4）人才稀缺　　（5）是否为本地人　　（6）是否为正式工

（7）体制制度因素　　（8）其他（请注明）＿＿＿＿＿＿

25. 您所在企业是否进行过工资集体协商？［如选择（1），请回答 26 题；如选择（2）（3），请跳过 26 题直接回答 27 题］

（1）是　　　　（2）否　　　　（3）不知道

26. 您认为工资集体协商制度对提高工人工资水平所发挥的作用

（1）作用很大　　（2）作用较大　　（3）作用一般

（4）作用较小　　（5）作用很小　　（6）不知道

27. 您是否看好企业未来的发展？

（1）看好　　　　（2）不确定　　　　（3）不看好

28. 您认为自己的工作压力

（1）很大　（2）比较大　（3）一般　（4）比较小

（5）很小　（6）没有压力

29. 您在工作中最担心的问题是

（1）企业发展前景　（2）产品或行业前景　（3）工作任务重

（4）心理压力大　（5）不受领导器重

（6）同事之间人际关系不和谐　（7）工作中出现问题或失误

（8）其他问题（请注明）＿＿＿＿＿＿

30. 您在生活中最担心的问题是

（1）失业下岗或工作不稳定　（2）收入减少

（3）子女培养压力大　（4）住房或房贷压力大

（5）医疗没保障　（6）养老没保障

（7）其他问题（请注明）＿＿＿＿＿＿

3—1：企业职工文化消费现状调查

企业职工文化消费现状调查

尊敬的职工朋友：

　　您好！为深入了解本市职工文化消费（此处指的是广义文化消费，其内涵包括教育、文化、信息、娱乐、体育和旅行等方面的主要内容）的现状，为政府制定相关政策提供依据，市总工会与市社科院联合进行"南京市职工文化消费现状调查"。请您按自己的判断填答问卷，问卷不署名。衷心感谢您的支持！

"南京市职工文化消费现状调查"课题组

2016 年 8 月

联系人：程军战　　　联系电话：84551209

联系单位：南京市总工会　　联系地址：南京市中山东路 105 号

　　填答说明：请在符合您的情况或想法的选项序号上打"√"，除注明为多选题以外，每题只打一个"√"。

一 基本情况

1. 您的性别：（1）男   （2）女

2. 您的年龄：（1）16—30 岁   （2）31—40 岁

（3）41—50 岁   （4）50 岁以上

3. 您的婚姻状况：（1）已婚（含再婚）   （2）未婚

（3）丧偶   （4）离异

4. 您的文化程度：

（1）小学及以下   （2）初中   （3）高中、职高、中技

（4）大专   （5）本科   （6）研究生

5. 您来自哪里：（1）农村   （2）中小城市或城镇   （3）大城市

6. 您所在单位属于：

（1）国有及国有控股企业   （2）集体及集体控股企业

（3）外资企业   （4）民营企业   （5）其他（请注明）＿＿＿＿＿＿

7. 您的工作岗位：

（1）一线职工   （2）高层管理人员   （3）一般管理人员

（4）技术人员   （5）营销人员   （6）后勤服务等辅助岗位职工

8. 您的月平均工资大概是：

（1）2000 元及以下   （2）2000—3500 元   （3）3500—5000 元

（4）5000—8000 元   （5）8000 元以上

二 文化消费

1. 您每天用于文化消费及休闲的时间大概是多少？

（1）2 小时以下   （2）2—4 小时   （3）4—6 小时

（4）6 小时以上

2. 目前您在业余时间主要的文化消费方式有（多选题，限选五项）：

（1）看电视   （2）听广播   （3）看手机

（4）打牌   （5）电脑上网   （6）玩游戏

（7）读书看报   （8）看电影   （9）逛街

（10）跳舞、唱卡拉 OK   （11）旅游   （12）参加体育健身

（13）参加培训、讲座   （14）观看戏剧、戏曲、听音乐会

（15）其他（请注明）＿＿＿＿＿＿

3. 日常生活中，在下面这几类文化消费开支中，您家庭开支最大的前三项分别为（按开支由大到小顺序排列）：＿＿＿＿＿、＿＿＿＿＿、＿＿＿＿＿

（1）教育　　　　（2）文化　　　（3）信息　　　（4）娱乐

（5）体育健身　　（6）旅游观光

4. 您认为一年里文化消费在家庭总支出中应占多大比例？

（1）低于10%　　（2）10%—20%　　（3）20%—30%

（4）30%—50%　　（5）高于50%

5. 您平时进行文化消费的主要目的是？（可多选）

（1）获取知识　　　　（2）娱乐消遣　　　　（3）陶冶情操

（4）社交　　　　　　（5）锻炼身体　　　　（6）拓宽视野

（7）提升个人形象　　（8）提高生活质量　　（9）增强幸福感

（10）其他（请注明）＿＿＿＿

6. 您觉得一个人的文化消费对他的生活质量和幸福感：

（1）很重要　　（2）比较重要　　（3）一般　　（4）不大重要

（5）不重要/无关

7. 您认为什么会影响您平时的文化消费？（可多选）

（1）收入状况　　（2）教育、住房等生活压力　　（3）工作压力

（4）兴趣爱好　　（5）闲暇时间　　（6）文化市场和文化设施不完善

（7）他人宣传　　（8）流行趋势　　（9）其他（请注明）＿＿＿＿

8. 您愿意自己花钱进行消费的文化消费项目主要是（多选题，限选三项）：

（1）订购书报杂志　　　　（2）旅游　　　　　（3）体育健身

（4）看电影　　　　　　　（5）唱卡拉OK　　　（6）玩游戏

（7）话剧、舞台剧、听音乐会　　（8）参加培训、讲座

（9）参观博物馆等　　（10）收藏活动　　（11）公益活动

（12）其他（请注明）＿＿＿＿

9. 您在单位接受教育培训的机会多吗？

（1）很多　　（2）比较多　　（3）一般　　（4）较少

（5）几乎没有

10. 您所在单位开展的文化活动多吗？

（1）很多　　（2）比较多　　（3）一般　　（4）较少

（5）几乎没有

11. 您最喜欢单位组织的哪些类型的文化消费活动？（多选题，限选三项）

（1）各种学习培训　　（2）参观展览　　（3）开展职业技能大赛

（4）文艺会演　　（5）开展运动、才艺多类兴趣小组活动

（6）进行球类、游泳等运动项目比赛　　（7）集体春秋游等外出活动

（8）其他（请注明）＿＿＿＿＿＿

12. 您最常去的公共文化场馆是？

（1）图书馆　　（2）博物馆　　（3）文化馆　　（4）美术馆

（5）工人文化宫　　（6）其他（请注明）＿＿＿＿＿＿

13. 您最近一年内去过（　）次电影院？

（1）没去过　　（2）1—5次　　（3）6—10次　　（4）10次以上

14. 您最近一年用于购买书籍（含报纸杂志）的大概支出是（　）元？

（1）300元以下　　（2）300—500元　　（3）500—1000元

（4）1000元以上

15. 您最近一年内有无去看过话剧、舞剧、戏剧或音乐会、演唱会、展览会等？

（1）0—2次　　（2）3—6次　　（3）7—10次　　（4）10次及以上

16. 您较少观看话剧、舞剧、戏剧或音乐会、演唱会、展览会等的原因是（可多选）：

（1）价格偏高　　（2）附近场所较少举办　　（3）没兴趣

（4）没时间　　（5）其他原因（请注明）＿＿＿＿＿＿

17. 您当前获取知识信息的最主要来源（多选题，限选三项）：

（1）手机　　（2）出版物　　（3）电脑网络

（4）教师讲授　　（5）讲座学习　　（6）各种培训

（7）其他（请注明）＿＿＿＿＿＿

18. 您更倾向于以下哪种文化消费方式？

（1）线上消费　　（2）线下消费　　（3）视情况而定

19. 您选择在线文化消费的主要原因是什么（可多选）？

（1）交易便捷　（2）时间灵活　（3）价格优惠

（4）种类丰富　（5）其他

20. 每天使用手机上网占用您大约多长时间：

（1）2 小时以下　（2）2—4 小时　（3）4—6 小时

（4）6 小时以上

21. 您浏览手机、电脑上网关注的主要内容（多选题，限选三项）：

（1）亲朋好友和同事动态　　　（2）工作及专业方面进展

（3）业余爱好方面　　　　　　（4）家庭、婚姻及育儿方面

（5）人生成长、事业成功方面　（6）日常生活消费

（7）国内外局势和社会热点　　（8）其他（请注明）＿＿＿＿＿

22. 您最喜欢的文化娱乐类型是（可多选）：

（1）运动　（2）电影　（3）图书　（4）文艺演出

（5）旅行　（6）游戏　（7）其他（请注明）＿＿＿＿＿

23. 您常去的娱乐场所是（可多选）：

（1）游乐场　　　　（2）KTV、酒吧　　　（3）咖啡厅、茶馆

（4）球类馆　　　　（4）舞厅或跳舞广场　（5）网吧

（6）会所、夜总会　（7）工人文化宫　　　（8）公园

（9）休闲山庄、农家乐　（10）其他（请注明）＿＿＿＿＿

24. 您进行娱乐活动通常是：

（1）个人　（2）与家人一起　（3）与朋友、同事一起

（4）有时个人，有时亲友　　（5）其他（请注明）＿＿＿＿＿

25. 您每次娱乐大约消费：

（1）100 元以下　（2）100—300 元　（3）300—500 元

（4）500—1000 元　（5）1000—2000 元　（6）2000 元以上

26. 您所在单位是否组织工人开展日常或一周几次的体育活动？

（1）正常开展　（2）偶尔开展　（3）几乎从不

27. 您每周进行体育或健身锻炼半小时以上的次数：

（1）0　（2）1—2 次　（3）3—4 次　（4）5—6 次

（5）7 次以上

28. 日常生活中您最喜欢的体育或健身项目是：

（1）健步走　（2）跑步　（3）游泳　（4）球类运动

（5）器械运动　（6）跳舞　（7）瑜伽　（8）体操

（9）其他（请注明）＿＿＿＿＿＿＿

29. 影响您参加体育健身活动的主要障碍是（多选题，限选三项）：

（1）工作忙　（2）家务忙　（3）带孩子学习玩耍

（4）体育健身场所费用高　（5）缺乏场地设施

（6）自己缺乏毅力

（7）其他原因（请注明）＿＿＿＿＿＿＿

30. 您所在的企业是否能够落实年休假制度（即工作满 1—10 年，休 5 天；10—20 年休 10 天；20 年以上休 15 天）？

（1）能够认真落实　　　　（2）大部分人能够落实

（3）少部分人能够落实　　（4）落实的时间打折扣

（5）从未执行过

31. 您与家人或朋友在最近一年外出旅游的次数：

（1）0　（2）1—3 次　（3）4—6 次　（4）6 次以上

32. 您与家人最近一年的旅游支出大约是多少？

（1）2000 元以下　（2）2000—5000 元　（3）5000—10000 元

（4）1 万—3 万元　（5）3 万元以上

三　其他

1. 您认为即将新建成的南京市工人文化宫（白下路原市委党校所在位置）应该重点突出哪些方面的职能（多选题，限选三项）：

（1）丰富阵地活动项目

（2）形成"工人艺术"品牌

（3）为工人提供施展才华的平台

（4）培育工人业余兴趣团队/协会

（5）为基层工会培养文体、宣传等方面人才

（6）送文化产品下基层

（7）协助好主管工会交代的任务

（8）其他（请注明）＿＿＿＿＿＿＿

2. 您认为南京的整体文化消费氛围怎么样？

（1）很好　（2）比较好　（3）一般　（4）比较差

（5）很差　（6）不清楚

3. 您对促进职工文化消费有哪些意见与建议？

_____。

5—1：企业职工乐业状况调查问卷

企业职工乐业状况调查问卷

尊敬的职工朋友：

　　您好！为深入了解我市工人对工作岗位的感受认同，推动和谐劳动关系发展，构建良好的工作和人际关系，激发工作热情，促进企业和职工共同成长，南京市总工会、市社会科学院联合有关单位在全市范围开展职工乐业状况调查。您的意见对我们非常重要，请按照自己的感受和判断如实填答，问卷不署名。衷心感谢您的支持！

"南京市职工乐业度调查" 联合课题组

2012 年 4 月

联系人：董淑芬　83600844　　　朱考金　　83610365

联系单位：南京市社会科学院　　　联系地址：南京市成贤街 43 号

　　填答说明：请在符合您的情况或想法的选项序号上打 "√"，每题只打一个 "√"。

一　基本情况

1. 性别：（1）男　　　（2）女

2. 年龄：（1）16—30 岁　　（2）31—40 岁　　（3）41—50 岁

（5）50 岁以上

3. 文化程度：

（1）小学及以下　　（2）初中　　（3）高中、职高、中技

（4）大专　　　　（5）本科　　（6）研究生

4. 婚姻状况：（1）未婚　　（2）已婚　　（3）离异　　（4）丧偶

5. 所在企业类型：

（1）国有及国有控股企业　　（2）民营企业

（3）外资企业、合资企业 （4）其他（请注明）_____

6. 所在企业规模：

（1）3000 人以上 （2）2000—3000 人 （3）1000—2000 人

（4）500—1000 人 （5）200—500 人 （6）100—200 人

（7）100 人以下

7. 您在本企业工作时间：

（1）1 年及以下 （2）1—3 年 （3）3—5 年

（4）5—7 年 （5）7—10 年 （6）10 年以上

8. 您目前所从事的工作岗位：

（1）生产一线 （2）技术研发 （3）采购销售

（4）客户服务 （5）行政后勤 （6）基层管理

（7）其他

9. 您目前的年平均月收入：

不含加班费、津贴、奖金等：（1）＜1140 元 （2）≥1140 元

含加班费、津贴、奖金等：

（1）1140 元以下 （2）1140—1500 元 （3）1501—2000 元

（4）2001—2500 元 （5）2501—3500 元 （6）3501—5000 元

（7）5001—8000 元 （8）8000 元以上

二 对企业和岗位的感受

10. 下列 1—20 题请按照赞同的程度由高到低排列，5 代表最赞同，1 代表不赞同，请在相应的数字上打"√"。

序号	题目	选项				
		5	4	3	2	1
1	总的来说，我对自己的工作内容和工作职责非常清楚。					
2	我有做好工作所必需的各项材料与设备（或资源与手段）。					
3	企业的福利待遇与我的工作付出相匹配。					

续表

序号	题目	选项				
		5	4	3	2	1
4	与企业内部其他岗位比较，我的报酬是公平的。					
5	我的工作使我能够发挥自己的特长与优势。					
6	企业能够激励我每天努力工作。					
7	在过去的一个月内，我的上级领导在公开场合表扬过我的工作付出与成绩。					
8	我的上司/主管能够对我的工作提供恰当的监督指引。					
9	我的同事能够对我的工作提供建议与帮助。					
10	我与一个团队的同事们相处十分愉快。					
11	我身边的同事能够自觉努力工作。					
12	我的上司/主管能够对我生活方面表示真正的关心。					
13	我在企业有一些要好的朋友。					
14	企业会倾听我提出的建议和意见，并及时给予反馈。					
15	过去一年里，我在企业中有机会学习和成长。					
16	企业为职工个人的发展提供了许多机会。					
17	企业能够激励我努力工作，也在帮助我取得成功。					
18	同事们对企业有着强烈的归属感，会主动维护公司利益。					
19	如果有机会，我将向企业以外的人介绍在这里工作的好处。					
20	我为能在这家企业工作感到自豪。					

11. 您对自己目前的收入状况：

（1）很满意　　（2）比较满意　　（3）一般　　（4）不大满意

（5）很不满意

如果感到不满意，其主要原因是：

（1）与同事比较不公平

（2）与市场同等职位比较不公平

（3）能力或责任增加，收入却没有相应地增加

（4）不适应公司/企业的薪酬政策

（5）其他原因

12. 您对自己目前的工作状况：

（1）很满意　　（2）比较满意　　（3）一般　　（4）不大满意

（5）很不满意

如果感到不满意，您认为目前工作中存在的最大问题是：

（1）薪酬低、福利差

（2）没有提高自己能力的机会和发展的空间

（3）人际关系不太和谐　　（4）工作没有成就感

（5）管理不够科学合理　　（6）工作环境较差

（7）其他因素

13. 你认为公司/企业将来的发展前景会：

（1）很好　　（2）比较好　　（3）一般　　（4）不大好

（5）很不好

14. 您觉得自己的工作压力：

（1）很大　　（2）比较大　　（3）一般　　（4）不太大

（5）没有压力

15. 从整体上看，您觉得自己生活得：

（1）很幸福　　（2）比较幸福　　（3）说不清　　（4）不大幸福

（5）很不幸福

16. 要提高员工的工作积极性，您认为本企业最需要改进的是什么？

7—1：企业新生代进城务工人员现状调查

企业新生代进城务工人员现状调查

尊敬的职工朋友：

您好！为深入了解本市企业新生代进城务工人员生活工作情况，为政府制定相关政策提供依据，市总工会与市社科院联合进行"南京市企业新生代进城务工人员现状调查"。请您按自己的判断填答问卷，问卷不署名。衷心感谢您的大力支持和帮助！

"南京市企业新生代进城务工人员现状调查"联合课题组

2011 年 9 月

联系人：董淑芬 83600844　　　朱考金　83610365

联系单位：南京市社会科学院　　联系地址：南京市成贤街 43 号

调查员签名：　　　　**样本编码：**□□□□□□

填答说明：请在符合您的情况或想法的选项序号上打"√"，除注明为多选题以外，每题只打一个"√"。

一　基本情况

1. 您的性别：（1）男　　　　（2）女

2. 您的年龄：_____周岁

3. 您的婚姻状况是：（1）已婚（含再婚）　　（2）未婚

（3）丧偶　　（4）离异

4. 您的文化程度是：

（1）小学及以下　　（2）初中　　（3）高中、中技　　（4）大专

（5）本科及以上

5. 您在南京是否办理了居住证？

（1）已经办理　　（2）未办理　　（3）正在办理

6. 您目前工作所属的行业：

（1）工业　　（2）建筑业　　（3）服务业　　（4）饮食业

（5）商业　　（6）运输业　　（7）其他行业（请写明）＿＿＿＿＿

二　工作方面

1. 您在南京工作了多长时间：

（1）半年及以下　　（2）半年至 1 年　　（3）1 年至 3 年

（4）3 年至 5 年　　（5）5 年以上

2. 您觉得在南京找一份工作是否容易？

（1）很容易　　（2）比较容易　　（3）一般　　（4）不大容易

（5）很不容易

3. 在从事目前这份工作之前您换过几次工作？

（1）1 次　　（2）2 次　　（3）3 次　　（4）4 次及以上

（5）没换过工作

4. 您来南京工作的主要原因是什么（可多选）：

（1）就业机会多，可以赚到钱

（2）学点专业技能或经商本领

（3）跟随家人出来

（4）出来见见世面，为以后发展打好基础

（5）主要是出来玩玩

（6）不愿意干农活

（7）为了子女得到更好的教育

（8）对家乡从事的工作不满意

（9）南京各方面的生活条件较好

（10）其他（请写明）＿＿＿＿＿

5. 您是通过什么途径找到目前这份工作的？

（1）通过亲友老乡介绍　　　　　（2）通过政府组织

（3）通过社会机构组织　　　　　（4）通过城市劳务中介

（5）通过报纸、网络等招聘信息　　（6）其他（请写明）＿＿＿＿＿

6. 您对目前的工作是否满意？

（1）很满意　　（2）比较满意　　（3）一般　　（4）不大满意

（5）很不满意

三　经济方面

1. 您目前的月收入（含加班费、津贴、奖金等）情况：

（1）1000 元以下　　（2）1000—1500 元　　（3）1501—2000 元

（4）2001—2500 元　　（5）2501—3500 元　　（6）3501—5000 元

（7）5001 元以上

2. 您对自己目前的收入水平感到满意吗？

（1）很满意　　（2）比较满意　　（3）一般　　（4）不大满意

（5）很不满意

3. 您认为未来五年内您的收入水平会有什么变化？

（1）大幅提高　　　（2）小幅提高　　　（3）没有变化

（4）小幅下降　　　（5）大幅下降

4. 您觉得您与单位正式工之间存在哪些方面的差异？（可多选）

（1）没有差异，所有工人同工同酬

（2）未享受或未全部享受"五险"（养老、工伤、失业、医疗、生育保险）

（3）未享受住房公积金

（4）未享受单位其他福利或只享有部分单位福利

（5）其他（请写明）＿＿＿＿＿＿

5. 您每月的总体收支情况如何？

（1）收支基本平衡　　　　（2）约有 500—1000 元以内结余

（3）约有 1000—2000 元结余　　（4）约有 2000—3000 元结余

（5）约有 3000 元以上结余　　（6）支出大于收入

6. 您目前最需要花钱的项目是（限选 3 项）？

（1）吃饭、买衣、交通等日常生活　　（2）租房或住房消费

（3）学习培训费　　　　　　　　（4）社会交际

（5）上网等文化娱乐消费　　　　（6）寄给老家父母长辈

（7）子女教育　　　　　　　　（8）看病支出

（9）其他（请写明）＿＿＿＿＿＿

四　社会方面

1. 您与所在单位（或劳务公司）是否签订了劳动合同？

（1）是　　（2）否

2. 您是否享受单位的五项社会保险（即养老、工伤、失业、医疗和生育保险）？

（1）享受　　（2）没享受　　（3）有的享受，有的没享受

3. 您愿意获得接受教育培训或技能培训的机会吗？

（1）愿意　　（2）不愿意　　（3）根据培训内容而定

4. 您目前有没有加入以下组织：（可多选）

（1）工会　　（2）社团组织　　（3）党团组织　　（4）老乡会

（5）什么组织都没加入

5. 您觉得目前的社会是否公平？

（1）很公平　　（2）比较公平　　（3）一般　　（4）不大公平

（5）很不公平

五　生活方面

1. 您是否适应南京的生活？

（1）很适应　　（2）比较适应　　（3）一般　　（4）不大适应

（5）很不适应

2. 您目前住的房子是：

（1）私人出租房　　（2）自购房　　　　　　（3）借用亲友的住房

（4）住工棚　　　　（5）住单位集体宿舍　　（6）自建房

（7）其他（请写明）＿＿＿＿＿＿

3. 您对现有居住条件是否满意：

（1）很满意　　（2）比较满意　　（3）一般　　（4）不大满意

（5）很不满意

4. 您在城市中交往最多的人是：

（1）一同来打工的老乡　　　　　（2）进城后认识的外乡打工者

（3）已定居在城里的老乡、亲属　　（4）在本市工作的同学

（5）进城后认识的城里人　　　　　（6）其他（请写明）＿＿＿＿＿＿

5. 您是否与南京居民（同事、邻居）经常来往？

（1）经常　　（2）偶尔　　（3）从不

6. 您空闲时间的主要活动是：（限选3项）

（1）看电视　　　　　　（2）睡觉休息

（3）照看子女　　　　　（4）逛街

（5）上网聊天、打游戏等　　（6）学习业务

（7）看书报　　　　　　　　（8）打牌（麻将）

（9）看电影或听广播　　　　（10）唱卡拉 OK

（11）体育锻炼　　　　　　　（12）其他（请写明）_____

7. 您在工作或生活中遇到困难一般会向谁求助?

（1）老乡　　　（2）亲友　　　（3）工友　　　（4）单位

（5）认识的城里人　　（6）认识的外乡打工者　　（7）工会

（8）政府　　　（9）媒体　　　（10）其他（请写明）_____

六　心理方面

1. 您觉得自己现在的身份是?

（1）城市人　　（2）农民　　（3）半个城市人　　（4）说不清楚

2. 您是否喜欢南京这座城市?

（1）很喜欢　　（2）比较喜欢　　（3）一般　　（4）不大喜欢

（5）很不喜欢

3. 您与南京居民相处的情况:

（1）很融洽　　（2）比较融洽　　（3）一般　　（4）不大融洽

（5）很不融洽

4. 您觉得南京人对外来务工人员态度如何?

（1）很友好　　（2）比较友好　　（3）一般　　（4）不大友好

（5）很不友好

5. 您在南京是否有家的感觉?

（1）有，这边就是家了

（2）有一点这种感觉

（3）只有老家才是家，在南京找不到家的感觉

6. 您以后在南京定居的可能性:

（1）很大　　（2）比较大　　（3）说不清　　（4）不太大

（5）没有可能

7. 您将来的打算是?

（1）在外面赚些钱，将来回家乡继续务农

（2）赚到一定钱后回家乡创业

（3）如果有可能，尽力留在这个城市

（4）到其他城市去找工作

（5）不管怎样，决不再回老家

（6）还没有打算，看情况再说

（7）其他（请写明）_____

七 其他方面

1. 您对南京社会管理与服务的整体评价如何？

（1）很满意　（2）比较满意　（3）一般　（4）不大满意

（5）很不满意

2. 您在南京工作和生活中遇到的最主要困难是（限选3项）：

（1）找不到合适的工作

（2）学历低，又缺乏专业技能，难以有发展前景

（3）租房贵、物价高，生活成本高

（4）子女上学难，教育开支大

（5）缺乏养老、医疗等社会保障

（6）工资水平太低，生活压力大

（7）与本地居民的生活习惯不同

（8）社会交际费用高

（9）其他（请写明）_____

3. 您最希望工会组织在哪些方面给您提供帮助（限选3项）？

（1）维护就业权利　　　　（2）提高工资福利待遇

（3）督促单位交各项社会保险

（4）改善劳动条件、消除安全隐患

（5）维护民主权利　　　　（6）提高技能和素质

（7）帮助解决实际生产、生活困难

（8）代表工人与单位进行平等协商和签订集体合同

（9）推动社会保险尽快实现全国统筹

（10）其他（请写明）_____

4. 您最希望政府和所在社区为您解决哪些问题（限选3项）？

（1）提高收入水平　（2）提供技能培训　（3）完善社会保障

（4）改善居住条件　（5）解决子女就学　（6）加强法律维权

（7）解决户口问题　（8）其他（请写明）_____

8—1：企业职工体面劳动现状调查

企业职工体面劳动现状调查

尊敬的职工朋友：

　　您好!为贯彻落实习近平总书记要努力让劳动者实现体面劳动、全面发展的要求，深入了解我市企业职工体面劳动现状，探寻推动我市企业职工更好实现体面劳动的有效措施，市总工会、市社科院联合开展本次问卷调查。您的意见对我们非常重要，请按照自己的感受和判断如实填答，问卷不署名。衷心感谢您的支持!

　　　　　　"南京市企业职工体面劳动全面发展现状调查"课题组
　　　　　　　　　　　　2014 年 9 月
　　联系人：董淑芬　朱考金　83610286
　　联系单位：南京市社会科学院　　联系地址：南京市成贤街 43 号
　　联系人：何玄梅　张　军　84552501
　　联系单位：南京市总工会　　　联系地址：南京市中山东路 105 号

填答说明：请在符合您的情况或想法的选项序号上打"√"。
一　基本信息
1. 您的性别：（1）男　　　（2）女

2. 您的年龄：（1）16—30 岁　　（2）31—40 岁　　（3）41—50 岁
（4）50 岁以上

3. 您的文化程度：
（1）小学及以下　（2）初中　（3）高中、职高、中技
（4）大专　　　　（5）本科　（6）研究生

4. 您所在企业的类型：
（1）国有及国有控股企业　　（2）民营企业
（3）外资企业、合资企业　　（4）其他（请注明）＿＿＿＿＿＿

5. 您的工作岗位：

（1）一线工人　　（2）高层管理人员　　（3）一般管理人员

（4）技术人员　　（5）营销人员　　（6）后勤服务等辅助岗位工人

6. 您是：

（1）本地居民　　　　　　（2）进城务工人员

7. 您的劳动合同：

（1）与本单位签订　　　　（2）与派遣公司签订

8. 您的月平均工资大概是：

（1）2000 元及以下　　（2）2001—3500 元　　（3）3501—5000 元

（4）5001—8000 元　　（5）8001 元以上

二　安全保护权

1. 请对您所处工作环境的状况做一个评判（请在相应的表格内打 ∨）

序号	工作环境	很同意	比较同意	一般	不大同意	很不同意
1	企业的设备维修能够及时到位					
2	企业的工作环境（照明、通风、温度、噪音等）良好					
3	我在一个安全的环境中工作					
4	我对企业提供的设备和工具质量很满意					
5	我被要求进行安全操作以避免工作事故发生					
6	企业很重视安全管理					
7	企业经常开展安全生产培训					

2. 您与企业签订的是哪一种合同？

（1）固定期限劳动合同　　　　（2）无固定期限劳动合同

（3）以完成一定工作任务为期限的劳动合同

（4）没有签订劳动合同

3. 在签订或变更合同时，企业是否尊重您的意见？

（1）被强迫，没有商量余地　　（2）接受了我的部分意见

（3）完全接受了我的意见　　（4）不了解

4. 就您所知，您所在的企业有患职业病的工人吗？

（1）有　　（2）没有（转第6题）　　（3）不清楚（转第6题）

5. 据您了解，患有职业病的工人一般会怎么处理？

（1）找企业负责　　（2）自认倒霉　　（3）寻求法律保护

（4）其他

6. 企业为您交了哪些保险？

（1）养老保险　　（2）医疗保险　　（3）失业保险

（4）工伤保险　　（5）生育保险　　（6）住房公积金

7. 您所在企业有哪些福利？

（1）交通补贴　　　　　　（2）每年体检或者卫生补贴

（3）定期组织培训、旅游　　（4）没有

8. 您在求职过程中，是否遇到过不要女性的现象？

（1）遇到过　　（2）没遇到过

9. 您在找工作时是否遇到过只招收本地人的现象？

（1）遇到过　　（2）没遇到过

三　劳动报酬权

1. 您所在的企业是否能够按月支付工资？

（1）能（转第3题）　　　　（2）不能

2. 不能按月支付工资的原因是

（1）流动资金紧张　　　　　（2）生产经营困难

（3）防止工人随意跳槽　　　（4）其他（请注明）＿＿＿＿＿＿

3. 2013—2014年，企业是否调整过（或计划调整）工资？

（1）是　　　　（2）否

4. 和其他同岗位的人相比，您的工资：

（1）比较高　　（2）还可以　　（3）差不多　　（4）比较低

（5）非常低

5. 您觉得您的工资是否与您的劳动付出相一致？

（1）相一致　　（2）比劳动付出的低　　（3）比劳动付出的高

6. 您所在企业女职工的工资与男职工相比

（1）偏低　　（2）一样　　（3）偏高

7. 您觉得现在的收入是否能满足日常开支？

（1）能满足，还有一定结余　　（2）勉强够花

（3）不够日常开支

8. 您对目前的收入满意吗？

（1）很满意　　（2）比较满意　　（3）一般　　（4）不大满意

（5）很不满意

四　知情参考权

1. 您是工会会员吗？

（1）是　　　　（2）否

2. 您对工会开展的工作最满意的是？

（1）文体活动　　（2）扶贫帮困　　（3）调节劳动争议

（4）都不满意

3. 您认为工会组织对您个人最大的帮助是？

（1）解决了个人生活上的困难　　（2）提高了个人的职业技能

（3）维护了个人的合法权益　　（4）没什么帮助

4. 您认为工会组织在维护工人合法权益方面最有效的工作是？

（1）与企业协商提高了职工工资

（2）代表职工与企业协商解决劳动争议问题

（3）帮助职工解决社会保障方面的问题

（4）帮助职工解决了生活中的具体问题

5. 所在的职工代表大会多长时间开展一次？

（1）半年　　（2）一年　　（3）从不召开（转第 7 题）

6. 职工代表大会的主要内容涉及？（多选）

（1）行政管理　　（2）生产管理　　（3）人事管理

（4）基本建设与环境综合治理　　（5）后勤服务保障

（6）职工生活福利与工作待遇

7. 职工有要求或意见时，可以通过哪些渠道反映给企业领导？

（1）网络沟通　　（2）会议沟通　　（3）工会组织

（4）个别谈话　　（5）领导信箱　　（6）没有

8. 职工所反映的问题是否能够得到有效的反馈与解决？

（1）及时解决　　（2）及时反馈信息　　（3）反馈迟缓

（4）没有回应

9. 您所在的企业是否开展了集体工资协商?

（1）是 （2）否（转第 11 题）

10. 您觉得工资集体协商的作用是?

（1）工资明显涨了

（2）工资分配更加透明合理了

（3）企业工资管理更加人性化了

（4）企业劳动关系更加和谐了

（5）没有作用

11. 如果工人与企业发生劳动争议，一般会通过什么渠道解决?

（1）劳动仲裁 （2）直接找领导 （3）通过工会组织调解

12. 劳动争议主要集中在哪些类型?

（1）工资纠纷 （2）养老、工伤等保险纠纷

（3）劳动合同纠纷 （4）其他（请注明）_____

五 职业发展权

1. 您对您的工作满意吗?

（1）很满意 （2）比较满意 （3）一般 （4）不大满意

（5）很不满意

2. 您觉得您的工作有前途吗?

（1）很有前途 （2）比较有前途 （3）一般 （4）没有前途

3. 您所在企业的领导是否肯定您的工作?

（1）肯定 （2）一般 （3）不关注

4. 您觉得您的工作能充分发挥自己的才能，实现自我价值吗?

（1）能实现 （2）基本能实现 （3）不能实现

5. 您有机会学到新的东西吗?

（1）总是有 （2）经常有 （3）不经常 （4）几乎没有

6. 您认为您目前的知识能够满足工作需要吗?

（1）已超出工作需要 （2）刚刚满足

（3）只能满足简单工作需要 （4）根本无法满足

7. 您所在单位经常开展员工培训吗?

（1）经常开展 （2）偶尔开展 （3）从未开展过

8. 您参加过您所在单位开展的员工培训吗？

（1）参加过　　（2）没有　　（3）没开展过培训

9. 您所在企业是否开展过职工职业生涯规划？

（1）经常开展　　（2）开展过　　（3）偶尔开展

（4）从未开展（转第 11 题）

10. 您是否参加过企业开展的职业生涯指导？

（1）参加过　　（2）没有参加过

11. 您所在企业是否有定期的升职机会？

（1）有　　（2）没有

12. 您认为单位的人事安排合理吗？

（1）很合理　　（2）比较合理　　（3）说不清楚

（4）不大合理　　（5）很不合理

六　身心健康权

1. 您与同事之间的人际关系是否融洽？

（1）很融洽　　（2）比较融洽　　（3）一般　　（4）不大融洽

（5）很不融洽

2. 您与上级能融洽相处吗？

（1）很融洽　　（2）比较融洽　　（3）一般　　（4）不大融洽

（5）很不融洽

3. 您所在的部门与其他部门的关系如何？

（1）很融洽　　（2）比较融洽　　（3）一般　　（4）不大融洽

（5）很不融洽

4. 您觉得目前工作的劳动强度

（1）很大　　（2）比较大　　（3）刚合适　　（4）比较小

（5）很小

5. 您所在企业是否经常要求加班？

（1）总是　　（2）经常　　（3）偶尔　　（4）从不

6. 您所在企业定期提供免费体检？

（1）是　　（2）否

7. 企业是否经常组织各种文体活动？

（1）经常　　（2）偶尔　　（3）从不

8. 企业组织各种文体活动，您是否参加？

（1）经常　　（2）偶尔　　（3）从不

9. 您所在的企业是否有心理咨询室？

（1）有　　（2）没有　　（3）没关注过

10. 您是否去过心理咨询室？

（1）是　　　　（2）否

第二节　部分个案访谈记录

1. 个案访谈 0—1

陈红，55 岁，西北油田石油地质工人

访谈员：河海大学社工系焦洋

访谈时间：2013 年 4 月 17 日

（1）请谈谈您当时的工作情况（通过什么途径找到工作、什么工种、累不累、工作多少年、工作满意度等）①：

我是 1978 年参加工作的，当时是招工参加工作，在石油钻井队地质组干捞砂工，那时工作不是很累，一来年轻，二来是四班三运转，每班 8 小时，也就是今天上白班明天上中班，后天就是夜班，大后天休息，24 小时这样轮回；三年后干到地质员，再过两三年的时间，成为地质组长；那时虽说工资不高，但业余时间较多，年轻人在一起很快乐。

（2）请谈谈您当时的收入、开支情况（工资、福利、子女教育等，当时与同事上司之间、其他职业之间的收入差异，现在的退休金是多少）：

80 年代末的话，好像基本工资是 60 多块，加上野外津贴也不过就百十块钱，记得可能不太清楚了。印象当中没什么福利，孩子小时候带到井队，大点送回老家由奶奶带，上学全靠学校老师教育，自己努力

---

① 访谈提问括号内的内容，主要是为了方便访谈员与访谈对象之间展开访谈内容所作的提示。个案访谈 0—1 保留了个案访谈原提纲的原始状态，其余访谈取消了括号内的提示。

学，我们基本没管过。

当时与同事的收入差异感觉记不太清，只记得和工龄有关，工龄长一点儿工资多个几十元吧，现在的退休金能拿到近 3000 元。

（3）请谈谈您当时的社会地位（那时候是否愿意当工人？当一名工人是不是觉得很骄傲？是否受到社会尊重等）：

当时作为石油工人，感觉比地方收入高，待遇好，也觉得比较骄傲，还算能够受到社会的尊重。

（4）请谈谈您的子女从事什么样的工作？受您工作的影响大不大？

有一个孩子，考大学后到大城市里参加了银行系统的工作；受我工作的影响有一些，主要是年轻时长年在野外，顾不上家，所以孩子不愿意回到石油系统。

（5）您觉得与现在相比，当时的工人是不是更敬业（勤奋能干）一些？人们一般如何看待自己的工作？

与现在相比，当时的工作思想比较单纯，能吃苦，这也和当时落后的生产水平相匹配，人们比较满足，工作没那么大的压力。

（6）你们当时与你们的同事、领导或者厂长之间关系怎样（会不会为工资、房子之类的事情而吵架？会不会为什么事情集体找厂长理论等）？

和同事、领导的关系还可以，不太会为工资而吵架，因为按照规定两年调一档工资，一档工资大约 7 块钱，有时会为房子的事找领导，一是能不能分上房子，二是分的房子能不能再调成稍大一点儿的，记得当时单位房子紧张，所以房子的事是大事，很多没房子的人都是一家三代居住在 30—40 平方米的房子中。

（7）您觉得当时工人的社会心态怎样（那时候工人有哪些积极消极的想法，如何看待贫富、如何看待经商、如何看待改革等）？

感觉心态比较平和，上班干好工作，下班三五成群打打牌，或是打打球，富的人不多，大多只是解决温饱。只有少部分人因单位工作量不饱满，一歇半年或一年，而走出单位，自谋职业，有的后来与单位协议解除合同，所以有好的也有差一些的。改革给中国带来翻天覆地的变化，改革打破了大锅饭的模式，也确实让一部分人先富裕起来了，那些技能平平，不肯吃苦的人，现在生活也比较艰苦。

90 年代末那会儿国有企业改革，我们这儿走了一批人，单位买断工龄，就是按照工龄给那些买断的人一笔钱，一般也就几万到十几万，然后就脱离单位的编制了。后来这帮人把钱花光了，又来单位闹，单位压力大，就把他们安排到后勤那边去了，每个月扫扫地看看大门拿几百块钱。当时我没买断，现在看来还是挺对的。

（8）您认为现在的工人与你们当时相比有哪些大的不同？

现在在大中城市工作压力挺大的，生活乐趣也比以前少很多，虽然工资收入还可以，上升的空间也比较大，但买不起商品房，房价太高，所以相当一部分人啃老。

（9）您认为/希望将来工人会有怎样的发展？

说说希望吧，希望将来的工人有技能，有思想，会工作，会休闲，工作、生活乐趣多，不为商品房发愁，每年有假期，很少加班，能照顾上子女和老人。这其实是我的愿望。

2. 个案访谈 0—2

范洪池，70 岁，海门市棉麻公司弹絮工

访谈员：河海大学社会学系黄薇铮

访谈时间：2013 年 4 月 14 日

（1）请谈谈您当时的工作情况：

我以前是海门市棉麻公司的工人，当时要找一份工作是很不容易的。我那时候是托关系的，有个亲戚在海门镇镇政府里工作，才找到这份工作的。当时安排我到海门镇（现在是海门市）下面的三场镇夕阳桥那边加工被絮。

我那时候只有 2 元一天，一开始没有什么活，慢慢地弹被子的人多了，也就忙起来了。最忙的时候一天要加工 10—20 条被子呢。当时是对自己的工作比较满意的，后来觉得这个工作对身体不好，但当时公司也发了口罩的。

（2）请谈谈您当时的收入、开支情况：

我现在已经退休了，退休金是 1800 元一个月，还是可以的。我们身体还行，三个孩子都成家立业了，而且生活都不错。当时家里开销很小，吃的穿的都很节俭。妻子在田里做，我拿点工资，生活还可以。孩子的教育我们是很重视的，自己贫苦点也要让三个孩子读书成才。

和同事之间的关系很好，我们一般是两个人一起干活，要相互帮助干活才快。上面的干部基本上接触不到，也不知道他们的工资。但是收入差距肯定是有的，但是怎么说也没有现在贫富差距大。

（3）请谈谈您当时的社会地位：

当时工人就是现在的铁饭碗啊，拿固定工资的。有关系才能进工厂公司的，当然很骄傲了，也很受其他人羡慕。当时就有一些亲戚会找我帮忙看他们的子女能不能也进来工作，他们也觉得有我这样的亲戚脸上有光的。

（4）请谈谈您的子女从事什么样的工作？受您工作的影响大不大？

我的三个孩子都很有出息，一个是建筑公司的预算员，一个是做中学老师的，还有一个在事业单位工作。受我的影响那肯定很大。我大儿子当年想和我学弹棉花加工被子，被我制止了。我不同意。第一我那个工作棉絮飞舞，对肺部很不好。第二其实我当时觉得还是读书才有出息，有文化才行，所以坚持让孩子读书。

（5）您觉得与现在相比，当时的工人是不是更敬业一些？人们一般如何看待自己的工作？

当然啦，当时我们弹被子是很枯燥，但我们干工作都很努力的。不像现在的小年轻，虽然很有本事，但就是不认真。虽然当时觉得当个工人很好，不过这个工作对身体很不好，后来就不做了。

（6）你们当时与你们的同事、领导或者厂长之间关系怎样？

同事之间的关系很融洽的，互相帮忙。这么多年过去了，以前一起工作的还是好朋友，还能帮得上忙。就像老战友一样，我们是老工友……哈哈。

（7）您觉得当时工人的社会心态怎样？

消极想法很少的，那时候就是鼓足干劲工作，能多弹被子就多弹，因为后来实行计件了。

贫富差距嘛每个国家都有的，这个没有办法的，你羡慕也羡慕不来的。这个社会还是要多掌握点技能和知识才行。不过不公平的现象倒是很常见。

改革开放对于我们老百姓来说，也没有什么深刻的体会，也就是感觉我们这个社会越来越负责了。

（8）您认为现在的工人与你们当时相比有哪些大的不同？

现在的年轻工人比我们那时候有本事，做的活也复杂，但是没有我们那个时候团结了。

（9）您认为/希望将来工人会有怎样的发展？

我希望能提高工人的待遇，改善下工人的工作环境。

3. 个案访谈 0—3

李文化，57 岁，陕西咸阳车工

访谈员：河海大学劳动与社会保障系沈靖

访谈时间：2013 年 4 月 15 日

（1）请谈谈您当时的工作情况：

高中毕业以后，响应党的号召知识青年上山下乡，到广阔的农村去锻炼，去农村下乡锻炼四年。然后，通过统招分配到工厂参加工作。干的是车工，工作比较辛苦，工作了 30 年，工作还比较满意。

（2）请谈谈您当时的收入、开支情况：

当时，参加工作要学徒三年，学徒期间月工资 18 元，后转正月工资 40 元。当时，工厂福利每个月发理发票和洗澡票，夏天给大家发防暑降温用品像清凉油、人丹。子女都在本单位的厂矿子弟学校上学。当时与同事上司之间、其他职业的收入差距不大，上下级之间，同事之间的关系比较融洽。现在的退休金 2000 元左右。

（3）请谈谈您当时的社会地位：

当时的社会地位还可以，大家都愿意当工人，当一名工人觉得很骄傲，也受到社会的尊重。因为大家普遍都是工人，所以不存在受不受到社会尊重的问题，大家工资相差不大，也不会因为拿钱多少，导致太大的社会地位的差距。

（4）请谈谈您的子女从事什么样的工作？受您工作的影响大不大？

现在儿子在公司工作，就是在办公室里忙，受我的工作影响应该不大。

（5）您觉得与现在相比，当时的工人是不是更敬业一些？人们一般如何看待自己的工作？

也不存在敬业不敬业的问题，做好自己的东西就好了。现在的工人，不太了解，但是感觉都比较拼，因为现在多劳多得了。

（6）你们当时与你们的同事、领导或者厂长之间关系怎样？

都在一个厂子里，大家低头不见抬头见的，所以关系一般都还行。在福利上的问题，有的情况下肯定会争一争。一般很少有找厂长理论的时候，除了 1997 年清退下岗的时候。

（7）您觉得当时工人的社会心态怎样？

当时就是得过且过，做多做少，工资都一样。贫富差距不大，对贫富差距没有很多认识。对于经商，特别是停薪留职的比较多。有挣到的，但是有更多的是没有多少成就。总体上讲，对于改革，普遍不是很愿意，尤其是 1997 年的国有企业改革，下岗分流。

（8）您认为现在的工人与你们当时相比有哪些大的不同？

做得更多，更累，收入是有提高，但是买不到什么东西，现在物价太高了。社会地位嘛，我感觉是下降了，感觉不被重视。而且现在的人感觉说自己是工人，有些丢人的感觉。

（9）您认为/希望将来工人会有怎样的发展？

这个不太好说，也说不好。非要说的话，我希望工厂里能有更多的机器，把人解放出来。

4. 个案访谈 0—4

张旺，58 岁，河南新乡石油钻井工人

访谈员：河海大学社工系焦洋

访谈时间：2013 年 4 月 15 日

（1）请谈谈您当时的工作情况：

由于我父亲是石油工人，当时有企业内部招子女的政策，通过内招 19 岁参加工作，分到华北石油局五普成了一名钻井工人，工作累，一直到退休均从事石油钻井行业。工龄 36 年，2010 年退休，受"从事地质事业无限光荣"之类口号的影响，对这份工作很满意。

（2）请谈谈您当时的收入、开支情况：

我参加工作时每月工资 13 元，基本没有什么福利。刚参加工作时的开支主要是生活费，一个月大约 5 元，还能节余几元寄给父母，照顾家里。结婚后，爱人也在单位上班，两人共同照顾老人和孩子，生活还能过得去，当时与同事及上司之间工资差异不大，不像现在奖金差好几倍，当时队长也就比我多两三块钱，现在退休后退休金 3000 多元。

（3）请谈谈您当时的社会地位：

回想过去，真的很激动，当时能成为一名献身地质事业的工人，感到无限光荣，自己非常愿意当石油工人，非常骄傲，在当时很能受到社会的尊重。

（4）请谈谈您的子女从事什么样的工作？受您工作的影响大不大？

现在我的子女也在华北石油局工作，也就是在我工作一辈子的地方工作，这其中受我和他妈妈的影响很大，一毕业就到野外一线工作了，我工作了几十年大部分时间在野外一线，虽然很苦，但是也以苦为乐，孩子在父母的影响下，也不叫苦叫累，为地质事业奉献青春。

（5）您觉得与现在相比，当时的工人是不是更敬业一些？人们一般如何看待自己的工作？

实话说，现在的工人与以前没法比，当时的工人更敬业，更勤奋能干。当时当工人是人人羡慕的职业，大家都很珍惜，都想着为祖国多找石油，虽然很苦，但是大家都愿意干，而且能服从组织安排，让干什么就干什么，从不说二话，一切都听组织的。

（6）你们当时与你们的同事、领导或者厂长之间关系怎样？

当时与同事及领导之间关系非常好，大家非常团结，基本上不会因为工资房子之类的事情吵架。往往会在选先进等荣誉的时候，大家互相谦让，有好事先想着别人。更不会因一些事情集体找领导理论。

（7）您觉得当时工人的社会心态怎样？

当时社会贫富差距还不是很大，还没有大规模的改革开放，心态都很好，很安于现状。当时对经商这事还不太能理解，感觉还是当工人好。当时对改革开放，认为是新生事物，开始的时候有些担心，后来能接受了。总之当时工人的幸福感还是很强的。

（8）您认为现在的工人与你们当时相比有哪些大的不同？

现在的工人受当今社会的各种影响，和以前有所不同，同事之间的感情淡了，有的出现"一切向钱看"的思想，对工作挑三拣四，工作也没有以前的工人敬业勤奋了，有的一毕业就向单位要求房子，安排的工种不好好干，但是现在的工人知识面比以前广了，工作方法先进了，工作效率大大加强了。

（9）您认为/希望将来工人会有怎样的发展？

我希望现在的工人们幸福生活，体面劳动，争当知识型职工，积极开拓，勇于创新。继承老工人的优良传统，如"三老四严"①，更好地为社会做贡献，同时享受社会发展的成果，生活得更幸福，更美满！

5. 个案访谈 0—5

沈冬梅，56 岁，西北国棉二厂纺纱工

访谈员：河海大学劳动与社会保障系沈靖

访谈时间：2013 年 5 月 13 日

（1）请谈谈您当时的工作情况：

中专毕业后直接分配。干纺纱工作也近 40 年。纺纱工工作量比较大，还是挺累的，但是不纺纱又能干什么呢，总体上对工作还算是比较满意。但是在结婚后刚有孩子的时候，因为轮班原因，上夜班，感觉比较累，很难照顾好孩子。

（2）请谈谈您当时的收入、开支情况：

80 年代初一个月工资 30 元左右，勉强维持家用，但有的时候会比较紧张，因为要给农村的公公婆婆家进行补贴，帮助公婆供养小叔子和小姑子。唯一的儿子一直在我们厂（西北国棉二厂）子弟学校就读。车间工人工资差异整体上不是很大。我现在每月退休金大约 1500 元。

（3）请谈谈您当时的社会地位：

我那时候还是比较愿意做工人的，而且我的父母本身也是西北国棉二厂的工人，我对西北国棉二厂还是有些感情的，是比较乐意在那里工作的。我认为当时工人的社会地位还是挺不错的，比起农民什么的自豪感强烈很多。收入固定，生活相对有保障，感觉还是很不错的。

（4）请谈谈您的子女从事什么样的工作？受您工作的影响大不大？

我唯一的儿子现在本市的一家医院工作。我感觉他工作的选择受我的影响不大，他工作的选择可以说完全是以自己的意愿为主。

（5）您觉得与现在相比，当时的工人是不是更敬业一些？人们一般如何看待自己的工作？

---

① 缩略语。"三老四严"是一种作风与精神，其具体内容为："对待革命事业，要当老实人，说老实话，办老实事；干革命工作，要有严格的要求，严密的组织，严肃的态度，严明的纪律。"最初由会战于大庆油田的人所提出。

现在社会生活的条件相比我工作的那时候好了很多，但是现在年轻人的要求也比较高了，尤其是在物质追求方面。我觉得在任何时代勤奋的人都依旧勤奋，而懒惰不上进的人也还是懒惰不上进。但是总体来说，我认为当时的工人更加能吃苦，吃苦耐劳精神比现在的工人好很多，因为那时候的工人的自豪感一般都比较强烈。

（6）你们当时与你们的同事、领导或者厂长之间关系怎样？

那时候的人，相对还是讲公共利益，以大家利益为重，一般不会有因为工资的、房子的个人事情去吵架，也很少去找厂长理论，工人一般比较顺从。

（7）您觉得当时工人的社会心态怎样？

那时候的工人基本上都很积极。因为国家实行的还是计划经济，贫富差距体现得不明显。因为可以高消费的物品比较少，物质攀比没有现在社会这么严重。

（8）您认为现在的工人与你们当时相比有哪些大的不同？

主要是现在的工人，缺乏做工人的自豪感，但思想更丰富，想法更多。对福利、薪资、加班之类的要求更加高了，更加看重物质享受，更喜欢攀比。

（9）您认为/希望将来工人会有怎样的发展？

主要还是能踏实干好自己的工作吧。

6. 个案访谈 2—1

访谈对象：男，30 岁，本科，民营企业，销售管理，来企业 1.5 年

访谈员：河海大学社工系曹源

访谈时间：2010 年 10 月 2 日

你们公司是生产什么产品的？

电子商务。

你是做电子商务的？

嗯。

你们公司有多少人啊？

200 多。

主要做哪方面的业务呢？

电子商务，产品比较乱，一时说不清。

你们的企业效益如何？

效益还可以。

月平均收入/年平均收入多少？

一般月收入在 6500 元，年收入一般在 8 万—10 万元。

收入还是可以的，其中拿到手的工资多少？

拿到手的工资在 7 万—8 万元。

加班工资多少？

不加班。

福利有哪些？

过节有一百、几百不等的过节费。

能详细一点吗？单位提供哪些社会保险？

单位提供"三险一金"。

近年来您的收入水平是否有所提高？

收入比前二年稍有降低。

为什么降低了呢？

竞争比以前激烈了。

您对目前的收入水平是否满意？为什么满意/不满意？

对目前收入不满意，物价上涨太快，购买力下降。

现有的收入能否满足您家庭生活的需要？

基本满足生活所需。

您目前最大的生活压力是什么？

最大压力在购房，房价太高。

一线职工与企业技术人员、企业管理中层、企业领导层的收入差距大不大？

收入差距很大，一般在 1：4：8，基本这个水平。

一线职工：企业管理中层：企业领导层，是吗？

是的。一线也分技术和市场，收入也不一样。

一线的技术和市场是怎么样的？

这要看公司是技术型还是市场型的，一般来说，市场要比技术高一些。

一般高多少？能说说他们的年收入和月收入吗？

我们公司比较特殊，技术在 3000 元左右，市场在 5000 元左右。别的公司不一定。

我就访谈你公司，这是你们公司的一线的技术和市场吗？

是的。

南京分部的工资和上海本部的工资有差异吗？

差不多。

您认为这种差距是否正常？

不正常，工人流动太快，不利于企业长期发展。

您是否看好所在企业未来的发展？

将来的发展不好说，几年之内是没什么问题。

您如何看待社会上的收入分配不公现象？

收入分配不公早就有，只不过最近几年更加厉害，收入差距越来越大。

您认为收入分配不公的根源是什么？

分配不公根源主要是机会不均等，从入学到就业及创业，普通人的机会太少。

您对所在企业、企业工会和政府有哪些希望和要求？

要求能够完善监督体系，保证工资福利休息等权利。

7. 个案访谈 2—2

访谈对象：男，24 岁，本科，中石化机关人员，新进大学生

访谈员：河海大学社工系曹源

访谈时间：2010 年 10 月 2 日

您单位属于什么性质的企业？

国企。

您属于单位的正式工？加油站是不是只是合同工？

嗯，加油站的都是合同工。

近年来您所在企业的生产效益如何？

企业利润很丰厚，但是这两年固定资产投资较大，比如为抢占市场份额兴建了很多加油站。

月平均收入多少？

3000 元。

其中拿到手的工资多少、加班工资多少？

月收入拿到手 3000 元，加班工资无。

福利有哪些？单位提供哪些社会保险？

交"五险一金"，福利几乎没有。

3000 元是扣除保险后所得是吗？

3000 元是扣除五险一金之后的。

您是刚进单位，属于一线吗？

机关里的，一线一般是指加油站里的。

你们机关普遍的平均收入是多少，或者年均收入？

就是我这个水平。

您单位属于中石化南京公司吗？

嗯。

你们机关大约有多少人？

200 左右。

加油站大约有多少人？

2000 左右。

那资格老点的工资收入是多少呢？

和我一样，有点大锅饭性质的。

福利几乎没有？在中秋节也不发福利吗？难道没有过节费吗？

中秋节每人发 100 元。

年底有奖金吗？

有，很少啊。要根据当年经营情况而定，一般是 3000 元。

加班费怎么计算？

国企就是始终保持国家最低线，一般是 15 元一小时。

您对目前的收入水平是否满意？为什么满意/不满意？

满意，毕竟刚刚走入社会，还是以锻炼为主，能养活自己就可以了。

现有的收入能否满足您家庭生活的需要？

基本满足自己的生活所需。

您目前最大的生活压力是什么？

买房子。

一线职工与企业技术人员、企业管理中层、企业领导层的收入差距大不大？这种差距保持在多大范围内是合理的？

适当提高一线工人的收入，其他的都还算合理。

我还想问，你们的领导大约是多少钱，和你们的收入差距大约是几倍？

部门领导是我们的 2 倍，公司领导是我们的 4 倍，总经理是我们的 8 倍，大概就这样吧。

您认为这种差距是否正常？

正常吧。

总体来说，您对企业还是比较满意的？

还行，毕竟才工作。

您是否看好所在企业未来的发展？

要看国家今后的政策。

您如何看待社会上的收入分配不公现象？

虽然很不满，但毕竟也不是一天两天能改变的。

您认为收入分配不公的根源是什么？

我觉得分配不公的根源在于经济体制的不完善，经济结构的不合理，导致劳动力的供需不平衡所造成的。

您对所在企业、企业工会和政府有哪些希望和要求？

希望他们能在结合实际的情况下，最大化地落实科学发展观，一切以人为本，科学发展，可持续发展。

8. 个案访谈 2—3

访谈对象：男，24 岁，大专，外资企业从事培训岗位，来企业 2 年

访谈员：河海大学社会学系曹源

访谈时间：2010 年 10 月 4 日

你们通信有限公司属于什么企业？

外资企业。

你从事什么岗位？

培训员。

这个是技术岗还是管理岗呢？

算是技术吧。

你们企业有多少人呢？

2000 人左右吧。

正式工人有多少，非正式工人有多少？都是正式职工吗？

900 个正式吧，其他是外包。这个是我大概估计的，也不会相差多少。

什么叫外包？

这个现在很流行，你调研的话应该去了解下，就是这些外包职工是属于其他人力资源公司（比如说有名的"汇思人力资源有限公司"）的工人，他们是人力资源公司派遣过来的，你查一下，让我一下子也说不清。

你属于正式工吧？

嗯，是的。

你们企业具体从事啥，生产手机，还是组装手机，还是啥的？

基站的生产，就是信号塔，下面有那些手机信号的接收与发射单元的生产，我们打电话发信息之类的都是通过那个转的。

近年来您所在企业的生产效益如何？

生产效益良好。

年平均收入多少？

年收入 36000 元。

其中拿到手的工资多少、加班工资多少？

拿到手月工资 3000 元左右，加班工资 1200 元。

其中加班工资含在拿到手的工资内吗？

当然含了。

那你基本工资是多少？

2500 元。

福利有哪些？单位提供哪些社会保险？

福利，一年 2400 元，生日 400 元，有养老，医疗，其他社会保险都有。

你们的保险是"五险一金"吗？

是的。

是按工资水平缴的吗？

嗯，是的。缴工资的44%。

啊，怎么这么高啊？那您实际工资应该很高啊？

嗯，还好吧。自己缴22%，公司缴22%。

近年来您的收入水平是否有所提高？

有所提高。

以前是多少？

我是最近才涨的，以前只有2000元多一点。

您对目前的收入水平是否满意？为什么满意/不满意？

满意，相应的工作得到相应的报酬。

现有的收入能否满足您家庭生活的需要？

基本满足。我去年初才实习工作的。

您目前最大的生活压力是什么？

最大的生活压力是买房。

一线职工与企业技术人员、企业管理中层、企业领导层的收入差距大不大？您认为这种差距是否正常？这种差距保持在多大范围内是合理的？

差距比较大，一线职工大约月收入2000元，技术人员大约3500元，管理层就更高了，差距总是有的，应该属于正常范围。

普通管理人员和高级管理人员一般拿多少工资？

坐办公室的估计一般基本工资要2500元左右吧，办公室的福利好像比我们一线的要好一点。

一般高多少？

高级管理嘛3000元，4000元，甚至更高都有可能，高多少就不知道了，因为也不知道他们的工资。

一线职工与企业技术人员、企业管理中层、企业领导层的收入差距一般是多少？大约有几倍？

我想想啊，我们公司的话相差4—5倍的样子，差距还不是很大。

还不大啊，一线加满班才1800—2000元。我们一个小区域经理差不多要7000元一个月。总经理那样的当然不能和一线比了。

总经理大约多少？你们能了解吗？

那个是年薪啊。

您是否看好所在企业未来的发展？

比较看好企业的发展。

您为什么比较看好您所在的企业？

这个通信行业前景比较大啊，现在不是 3G 吗，我们公司好像是接了 4G 的订单了。

您如何看待社会上的收入分配不公现象？您认为收入分配不公的根源是什么？

这个没法说。

您对所在企业、企业工会和政府有哪些希望和要求？

希望企业、政府把工资上调，企业工会能有更好的福利。

9. 个案访谈 2—4

访谈对象：男，本科，25 岁，国有企业，市场部，来企业 2 年

访谈员：河海大学社会学系曹源

访谈时间：2010 年 10 月 7 日

您在什么性质的公司上班？

国有上市公司，轻工业行业。

您来公司几年了？

2 年多一点。

哪个岗位？

市场部销售。

刚进公司的工资待遇是怎么样的？你们市场部销售新来的待遇是怎么样的？

所有的工作岗位，本科 1200 元，专科 1000 元，试用期三个月。

近年来您所在企业的生产效益如何？

行业中保持盈利。

谈谈您的收入情况：月平均收入/年平均收入多少？其中拿到手的工资多少、加班工资多少、福利有哪些？单位提供哪些社会保险？

到手 4000 元，没有加班工资。中秋/过年共 1500 元福利，"三险一金"在企业所在地缴纳。按每个人的工资水平缴。

近年来您的收入水平是否有所提高？您对目前的收入水平是否满

意？为什么满意/不满意？

比毕业时候高了点，不满意，待遇低。

现有的收入能否满足您家庭生活的需要？您目前最大的生活压力是什么？

不满足，房子。

谈谈您对单位内部收入分配的看法，一线职工与企业技术人员、企业管理中层、企业领导层的收入差距大不大？您认为这种差距是否正常？这种差距保持在多大范围内是合理的？

大，非常大。不正常，非常不正常。10—15 倍左右。

您从事销售，没有提成吗？

有提成，现在拿不到，刚才和同事讨论，我们的工资几年都不涨了，反而降了。

多久能拿到啊？

企业剥削，我所在的产品类别有特殊性，不能一概而论。

什么特殊性呢？

正常的产品规格销售人员，2008 年以前待遇每月差不多上万元，今年这几个月也就 3000 元，所以说现在工资降了，算上物价上涨的部分，您说是不是降了。

您是否看好所在企业未来的发展？

性质和规模决定，最近 10 年内不会倒闭。

您如何看待社会上的收入分配不公现象？您认为收入分配不公的根源是什么？

见多了，心里虽然愤怒，但是改变不了，只能适应。

您对所在企业、企业工会和政府有哪些希望和要求？

希望社会越来越公平，政府要依法治国。建立公平正义的社会，不患均而患不公。

10. 个案访谈 2—5

访谈对象：女，30 岁，大专，私营企业，财务，来公司 6 年

访谈员：河海大学社会学系吴晓炜

访谈时间：2010 年 10 月 3 日

你们企业是什么性质的企业？

私营的建筑企业。

您在企业从事哪个岗位?

财务,来企业 6 年了。

近年来您所在企业的生产效益如何?

效益还行,逐年递增。

谈谈您的收入情况:月平均收入/年平均收入多少?其中拿到手的工资多少、加班工资多少、福利有哪些?

4000 元,到手 3500 元,传统节日有福利费,服务到一定工作年限有带薪年假。

单位提供哪些社会保险?

养老、失业、医疗、工伤、生育、大病医疗,公积金不提供。

刚到公司的财务人员的工资收入大约多少?

1100—2000 元左右。

其他的一线职工呢?

视岗位不同,1500—5500 元不等。

一线职工也有 5500 元的?

比较少。

你们是经营啥产品的?

我们属于建筑企业,一般施工员 3000 元左右,能力较强的预算员能达到 5000 元。

一般的建筑工人呢?

一般是按出工时间计算,每天 30 元至 100 多元的都有。

一线职工的月收入普遍是多少?

2000 元左右。

近年来您的收入水平是否有所提高?您对目前的收入水平是否满意?为什么满意/不满意?

有提高但幅度不大,不满意,工资偏低,压力大。

现有的收入能否满足您家庭生活的需要?您目前最大的生活压力是什么?

不能,房贷。

谈谈您对单位内部收入分配的看法:一线职工与企业技术人员、企业管理中层、企业领导层的收入差距大不大？您认为这种差距是否正常？这种差距保持在多大范围内是合理的？

差距较大，主要是跟企业领导层比较；不正常；2 倍左右相对合理。

一线和管理层的收入差距大约是几倍？

2 倍左右，跟高层不具备可比性。

您是否看好所在企业未来的发展？

看好，还可以吧。

您对所在企业、企业工会和政府有哪些希望和要求？

企业业绩不断攀升的同时，职工待遇应随之有合理幅度的提高。

11. 个案访谈 2—6

访谈对象：男，39 岁，大学本科，烟草行业部门负责人，工作17 年

访谈员：河海大学社会学系吴晓炜

访谈时间：2010 年 10 月 4 日

近年来您所在企业的生产效益如何？

我们企业的效益较好。

谈谈您的收入情况：月平均收入多少？其中拿到手的工资多少、加班工资多少、福利有哪些？单位提供哪些社会保险？

我的月平均收入是 2.4 万元，拿到手的工资是一个月 2 万元，无加班工资，福利 1 万元，一般的社会保险"五险一金"都有。

近年来您的收入水平是否有所提高？您对目前的收入水平是否满意？为什么满意/不满意？

我的收入水平有提高，基本满意，与社会水平比还可以。

现有的收入能否满足您家庭生活的需要？您目前最大的生活压力是什么？

我现在的收入能够满足家庭生活的需要，没有什么生活压力。

谈谈您对单位内部收入分配的看法：一线职工与企业技术人员、企业管理中层、企业领导层的收入差距大不大？您认为这种差距是否正常？这种差距保持在多大范围内是合理的？

企业内部不同岗位收入差距大，但我认为这种差距比较正常。我认

为在国有企业收入差距不宜过大。

您对企业的未来发展是否有信心？

我是很有信心的。

您如何看待社会上的收入分配不公现象？您认为收入分配不公的根源是什么？

我认为主要是制度原因造成的，现有的制度安排不合理。

您对所在企业、企业工会和政府有哪些希望和要求？

坚持科学发展，实现包容性增长。

12. 个案访谈 2—7

访谈对象：男，46 岁，高中学历，车床工，工作 29 年

访谈员：河海大学社会学系吴晓炜

访谈时间：2010 年 10 月 6 日

您每个月的工资是多少？

发到手的是 1200 元。

你们厂里新来的大专生，本科生，研究生是什么待遇呢？

大专生 1700 元至 1800 元。技术工作人员本科生一般是 5000 元至 6000 元。

从南京市招来的工资高，还是在六合区招的工资高呢？

从南京市区招的工人工资高。

管理者工资是多少？

每月 1 万多，2 万。

那高管呢？

每月 10 多万。

那说明收入差距还是蛮大的。那蓝领和白领的人员比例是多少？

应该是 1∶1 吧。

那些管理层是不是学历高，或者英语很好，可以和外商交流？

不是这样的，这些英语都是一些专业英语，一来工厂并不是都会的。

那你们的技术是不是替代性很强，你如果走了以后，很难在市场上招到你们这类技术人员？

没有的，技术不是保密的，一般。

你们工人分为几个级别？

一般分为，一线工人，段长，线长。

那他们的工资是多少？

段长一般是 2100 元，线长 2200 元。

13. 企业访谈 2—1

南京××集团有限公司，农产品制造业

访谈员：河海大学社会学系曹源、吴晓炜

访谈时间：2010 年 8 月 19 日

本公司是由行政性的国有企业改制而成的股份制民营企业，属于劳动密集型农产品制造。公司有 2200 多人。2009 年销售 9 个亿，利润 1500 万元；2010 年目标销售 10 个亿，利润 1800 万元。本集团经过近 10 年脱胎换骨的改革，部分离退休人员按原来的事业编制管理，部分按国企管理，还有一部分实行先退出后并轨，逐步实行企业工资，并入企业后，收入分配按公司经营状况。具体为：2001 年改革，先退出事业机关，后并入企业运作方式，并轨，没有大幅度调整；2005 年整体改革后，根据不同岗位的贡献大小进行改革，体现岗位差别，工资提高或者减少 10%；2007 年以后，按照现代人力资源管理要求，制定岗位标准，管理者实行年薪制，主要岗位实行岗位绩效工资（基本工资 + 10% 绩效工资），部分岗位实行计件工资。企业职工的应发工资（税前），2009 年全体工人的平均年收入为 29513 元，其中普通工人年收入为 25552 元，管理岗位的年收入为 53951 元，在农林牧副渔行业中，属于相对较高的。2010 年工资总体安排 7282 万元，这样工人平均年收入达 31834 元，其中普通工人年收入将为 26830 元，管理岗位的年收入将为 57728 元，比 2009 年增长 8% 左右。2010 年工资总额占销售收入的比重为 11.5%，总人工成本 1 亿 2832 万元，投入产出比为 12.38%。平均人工成本（包括工资、"五险一金"、福利费以及培训费等）为 41219 元。人事比例为 8.57%，在乳品行业中处于中等偏下。

在福利方面，每年的过节费为 500 元，免费提供午餐（由以前的 5 元标准提升到 7 元标准），防暑降温费，健康体检，严格执行国家的年休假制度（如果不能休假的，按加班发工资），加班费的发放以南京市最低工资标准为基数。加班工资的发放也是根据对企业的贡献大小，一线职工按加班工资，管理岗位不确定，技术岗位实行年薪制。这种福利待遇也是为了能够留住人才，否则人才流失现象是比较严重的。

企业也签集体合同，企业的理念是工人第一，客户第二，股东第三。但是企业也有不利情况，一是为旧体制还债的压力从未间断。2010年离退休干部60多人移交国资委，配比320多万给国资委；从2008年起，每年拿出900多万解决老工人的住房补贴；由企业给原来按事业待遇的离退休工人增加每月300元临时补贴。因此体制造成的压力给在岗职工的收入增加也造成了压力。二是企业的税务比较重。2009年上缴的税收3700多万，而且逐年增加。但是政府对企业的支持却越来越弱。三是涉农行业受自然影响比较大。食品行业存在不确定性，天气，环境等给粮食的增持和奶牛的产奶都有很大的影响，因此企业经营艰难。

企业进入市场，工资分配按市场体制分配，企业要主动考虑工人收入。企业能否增加工资，首先要根据其经营水平，支付能力，其次要考虑工资分配对外要有竞争力，最后要考虑对内体现公平（如何分配合理或者做到比较合理）。对于企业开展工资集体协商，"职工掌声一片，企业不见动静"。政府不应强行要求企业涨工资，这是政府对企业的干预。工资集体协商的作用：一是代表工人的呼声，体现职工合理要求，争取企业管理者的支持；二是在不具备增加收入的情况下，帮助企业管理者做好工人的解释工作，争取工人的理解与支持。民营企业工会的作用，更多地代表职工，在某种意义上比党委更重要。在《劳动合同法》中，政府负有监控职能，确立工资指导线，发布最低工资标准，拉动所有工人的工资水平。工会作为企业和职工交流和沟通的渠道，要让企业和职工双方互信互任。最好有第三方介入，起到监督作用。

14. 企业访谈2—2

南京×××建设集团，建筑行业

访谈员：河海大学社会学系曹源、吴晓炜

访谈时间：2010年8月19日

本公司属于民营企业。1995年在江苏省工商局注册，注册资金1.05亿元，一级承包资质，下面子公司20多家，工人大约2万多，南京市集团工会，其他子公司的工会是属地化管理，集团工会对子公司的工会进行相关指导。

　　南京市集团公司工会，对下是集团工会。集团公司的工会委员主要由管理者构成，工会主席是选举产生的，刚上时是集团提名，后党政工的党委书记一手抓。一些行政干部也是工会委员，这些委员都是具有双重身份来参与工会的活动。从工会的角度，去替自己争取权利，同样，由于委员大多具有双重身份，企业的一些数据提供的就相对比较准确。2010年南京集团公司的工人人数大约有60多人，子公司工人没有做详细统计。子公司的财务是集团公司派遣的，集团公司指导子公司的工资标准，子公司的高管都是实行年薪制，一线工人是子公司自己把握。

　　集团公司的工资协商是根据企业经济效益而决定涨幅，集团公司一般涨幅为15%—25%，集团子公司一般在10%左右。2009年利润率上浮24%，2010年工资收入上调。2009年一线工人（集团加子公司的工人）的年平均工资3万弱一点，2010年达到3.6万元，月平均收入3000元；2009年中层管理岗的年平均收入为6万多，2010年将达到7.2万元，月平均收入为6000元。集团公司（总部）这边工资涨幅达26%，其中普通工人月平均收入为4000元左右，中层月平均收入为8000元左右，高层管理人员月平均收入为15000元左右。管理层实行年薪制，一般与经济效益挂钩。工资一般是基本工资加上绩效工资，一般工作人员的绩效工资占10%，专业技术人员的绩效工资占20%，中层管理者的绩效工资一般占30%—40%，高层管理人员的绩效工资占60%以上。

　　公司的福利一般是给工人买"五险"，目前没有买"一金"，即住房公积金。子公司的一线职工一般是免费的中餐和晚餐。在南京集团公司实行年休假制度，女职工的三期保护，每年的职工免费体检。子公司的一线职工，在高温期间一般是调整工作日，调整工资。集团公司一般在六七月份发放通知，在年底也发放通知，指导子公司在酷暑和酷寒时期调整工人的工资或者调整工作日。

　　工资集体协商和集体合同问题，集体合同一般是在每年的5月份签订，一般是上年度的财务数据在本年度的上半年才能出来，然后根据情况给工人涨工资。企业会根据地区制定的最低工资标准，并结合企业的经济效益来确定工人工资的涨幅。企业老板一般是靠待遇留人，在企业困难的时候，对于技术人员和经营人员一般都涨工资。

工会在企业中也发挥了很大的作用，在企业设有劳动保障监督委员会和民主协商委员会。工会一般要做好女职工、经费审查、劳动保障和文体等工作。

15. **企业访谈 2—3**

××电气有限公司，电器行业

访谈员：河海大学社会学系曹源、吴晓炜

访谈时间：2010 年 9 月 20 日

本公司 1958 年建厂，目前有工人 200 多人，还有 800 多劳务派遣工。总体来说，职工的收入稳步增加，2007 年一线职工的收入低于南京市社会平均工资；2008 年上涨 30%，超过市社会平均工资；2009 年职工工资（不包括领导工资）比上年度上涨 12%，达到 47012 元。工资制度改革，技术工人工资涨得较高，设计员达到 7 万元以上；作为工业企业，一线职工所占比重较大。2009 年一线职工的工资在 4 万元以上（个别高的有 8 万元），体现多劳多得原则；公司高管 2009 年平均下来二十几万，为职工的五点几倍。工资总额占销售收入的比重为 8.4%。

企业的福利一般是给工人缴"五险一金"。公司设有医疗补助基金，在医保支付完后，个人自付 500 元以上的，公司给予报销 60%—80%。公积金（12%）缴完后，企业还设有住房补贴，自 1998 年 12 月 1 日后进厂的新职工，企业发放 18% 的住房补贴。但是目前企业的工人没有免费午餐。

关于工资集体协商，作为老的国有企业，政府一旦有文件发放，企业就认真落实，都签订了集体合同。企业追求企业效益和职工利益的最大化，派遣工和正式工同工同酬，但是派遣工没有公积金。工资集体协商，企业经济目标完成多少，职工工资涨多少，起到宣传作用，调动职工积极性。但是企业的社会负担比较沉重，40 多位离退休干部，历史遗留社会负担 10 年 2000 多万元。如果离退休干部的生活是政府负担，企业增加一线职工的收入会更高一些。

16. **企业访谈 2—4**

××集团有限公司，服装加工业

访谈员：河海大学社会学系曹源、吴晓炜

访谈时间：2010 年 9 月 21 日

本公司是民营企业，是 1998 年建立的劳动密集型服装加工企业。企业职工一般是农村剩余劳动力的转移，有 1400 多人，年销售收入 2.1 亿元，利润 2772 万元。一线工人实行计件工资，技术工人工资高一点，后勤工人工资略低。工人涨工资呼声高，2010 年一线职工涨了 14.3%，达到 2000 元以上；其他工人 1500 元左右。2009 年一线职工的年收入在 2 万元左右，2010 年职工的年收入达到 2.3 万—2.5 万元。管理层与一线职工的差距在 1.5—2 倍，如车间主任的年收入是 4 万元左右，小组长的年收入是 3 万元左右。

公司的福利一般是给全体职工购买社保，但是没有住房公积金。残疾人的工资一般是 1000—1100 元左右，保证其最低工资标准，节假日一般发放 600 元过节费，中晚餐每餐补助 3 元，另外公司的女职工还参与了康乐互助险，还给工人购买了意外伤害险。工人带薪休假的工资标准是以最低工资标准为基数，每天 44.14 元。

对于工资集体协商，公司每年三四月份根据财务报表，召开职工代表大会，效益好时能涨 10% 以上。2001 年到 2009 年，公司的社保费为 2900 多万元，希望政府能对劳动力密集型的企业进行社保补助。工会是一线职工和上级管理者的桥梁，要加大行业标准的制定，避免行业间的恶性挖人。

17. 企业访谈 2—5

×××南京有限公司，设备制造业

访谈员：河海大学社会学系曹源、吴晓炜

访谈时间：2010 年 9 月 21 日

企业先从合资到独资，目前公司有职工 220 人左右，有部分劳务派遣工。2007 年职工工资收入较低，是 900 多元；2008 年没调薪，罢工 3 天，后经工资协商，工资增长了 25%，达成最低工资（工作五年以上）1200 元。2009 年职工收入增长了 3%，2010 年职工收入增长了 7%，其中一线职工收入增长了 10%—12%。2010 年企业职工平均工资 4200 元，其中一线职工平均月收入是 1600—1700 元，企业管理层的工资占工资总额的 30% 左右，一线职工工资总额占工资总额的 16% 左右，一线职工与管理层差距大概在 15—16 倍左右。

在企业福利方面，10 元午餐，1500 元的过节费，老职工年休假 20 天，有"五险一金"，除医疗保险外，自付部分企业报 95%。

在工资集体协商方面，希望上级工会介入、政府介入以及法律介入。

参考文献

一 英文文献类

1. Adomo, T. W. and Horkheimer, M. , *Dialecticof Enlightenment*, London: Verso, 1979.

2. Simmel, G. , "Fashion", *American Journal of Sociology*, 1957.

3. Miller, D. , *Material Culture and Mass Consumption*, Oxford: Basil Blackwell, 1987.

4. Schultz D. G. , *Psychology Models of the Healthy Person Ability*, Pacific Grove CA Brooks/Cole, 1977.

5. Timms, *The Urban mosaic: Towards a Theory of Residential Differentionl Cambridge*, The University of Chicago Press, 1971.

6. Richard Centers, *Psvcholob of Social Class: A Studv of Class Consciousness*, Princeton University Press, 1949.

7. Ilo. , Guide to the New Millennium Development Goals Employment Indicators: Including the Full Set of Decent Work Indicator, 2009.

8. MQ Globalization and Decent Work in the Americas, Report of the Director-General in American Regional Meeting, Lima, 2002.

9. Sonnentag S. , "Recovery, Work Engagement, and Proactive Behavior: A New Look at the Interface between Non-work and Work", *Journal of Applied Psychology*, Vol. 88, No. 3, 2003.

10. Harter, James K. , Frank L. Schmid T. , Theodore L. Hayes, "Business-unit-level Relationship Between Employee Satisfaction Employee Engagement, and Business Outcomes: A meta-a-nalysis", *Journal of Applied Psychology*, Vol. 87, No. 2, 2002.

11. Wilmar B. S. , "Arnold B. B. Themeasurement of Work Engagement with

a Shortquestionnaire Across-national Study", *Educational and Psycholog-ical Measurement*, Vol. 66, No. 4, 2006.

12. Florence Bonnet, Jose B. Figueiredo, Guy Standing, "A Family of De-cent Work: Indexes", *International Labor Review*, Vol. 142, No. 2, 2003.

13. Richard Anker, Igor Chernyshev, Philippe Egger, Farhad Mehran, and Joseph Ritter, "Measuring Decent Work with Statistical Indicators EJ3", *International Labor Review*, Vol. 142, No. 2, 2003.

二 中文译著类

14. 《马克思恩格斯全集》第 42 卷，人民出版社 1979 年版。

15. 《资本论》第 1 卷，人民出版社 2004 年版。

16. ［美］塞缪尔·P. 亨廷顿：《变化社会中的政治秩序》，王冠华等译，上海人民出版社 2008 年版。

17. ［英］E. P. 汤普森：《英国工人阶级的形成》，钱乘旦等译，译林出版社 2001 年版。

18. ［日］高坂健次：《当代日本社会分层》，张弦等译，中国人民大学出版社 2004 年版。

19. ［美］丹尼尔·奎因·米尔斯：《劳工关系》，李丽林、李俊霞译，机械工业出版社 2000 年版。

20. ［美］乔治·斯蒂纳、约翰·斯蒂纳：《企业、政府与社会》，张志强等译，华夏出版社 2002 年版。

21. ［英］迈克·费瑟斯通：《消费文化与后现代主义》，刘精明译，译林出版社 2000 年版。

22. ［日］三浦展：《第四消费时代》，马奈译，东方出版社 2014 年版。

23. ［美］加里·德斯勒：《人力资源管理》（第 6 版），刘昕、吴雯芳等译，中国人民大学出版社 1999 年版。

24. ［美］斯蒂芬·P. 罗宾斯：《组织行为学》（第 12 版），李原、孙健敏译，中国人民大学出版社 2008 年版。

25. ［美］柯特·科夫曼等：《由此，踏上成功之路》，方晓光译，机械工业出版社 2003 年版。

26. ［德］马克斯·舍勒:《人在宇宙中的地位》,李伯杰译,贵州人民出版社 2015 年版。

27. ［法］皮埃尔·布迪厄、［美］华康德:《实践与反思——反思社会学导引》,李猛、李康译,中央编译出版社 2004 年版。

28. ［美］欧文·戈夫曼:《日常接触》,徐江敏、丁晖译,华夏出版社 1990 年版。

三　中文著作类

29. 陆学艺主编:《当代中国社会阶层研究报告》,社会科学文献出版社 2002 年版。

30. 郑杭生:《中国社会结构变化趋势研究》,中国人民大学出版社 2004 年版。

31. 李培林:《中国社会分层》,社会科学文献出版社 2004 年版。

32. 李培林等:《社会冲突与阶级意识》,社会科学文献出版社 2005 年版。

33. 李强:《当代中国社会分层:测量与分析》,北京师范大学出版社 2010 年版。

34. 杨继纯:《中国当代社会各阶层分析》,甘肃人民出版社 2006 年版。

35. 梁晓声:《中国社会各阶层分析》,文化艺术出版社 2011 年版。

36. 叶南客:《中国人的现代化》,南京出版社 1998 年版。

37. 冯同庆:《中国工人的命运——改革以来工人的社会行动》,社会科学文献出版社 2002 年版。

38. 朱力、陈如主编:《城市新移民——南京市流动人口研究报告》,南京大学出版社 2003 年版。

39. 朱力、陈如主编:《社会大分化——南京市社会分层研究报告》,南京大学出版社 2004 年版。

40. 夏志强:《劳动关系与劳动法》,四川大学出版社 2007 年版。

41. 风笑天:《私营企业劳资关系研究》,华中理工大学出版社 2000 年版。

42. 薄越亮:《建立新型的劳动关系:劳动制度改革的实践与思考》,经济科学出版社 1997 年版。

43. 常凯等主编:《全球化下的劳资关系与劳工政策》,中国工人出版社

2003 年版。

44. 常凯：《劳权论——当代中国劳动关系的法律调整研究》，中国劳动
社会保障出版社 2004 年版。

45. 程延园：《劳动关系》，中国人民大学出版社 2002 年版。

46. 邱小平主编：《劳动关系》（第 2 版），中国劳动社会保障出版社
2004 年版。

47. 陈恕祥、杨培雷：《当代西方发达国家劳资关系研究》，武汉大学出
版社 1998 年版。

48. 李德齐：《政府企业工会：劳动关系国际比较》，华文出版社 1998
年版。

49. 李琪：《改革与修复——当代中国国有企业的劳动关系研究》，中国
劳动社会保障出版社 2003 年版。

50. 王家宠、钱大东主编：《市场经济国家的劳动关系》，中国工人出版
社 2004 年版。

51. 信卫平：《公平与不平——当代中国的劳动收入问题研究》，中国劳
动社会保障出版社 2002 年版。

52. 徐小洪：《冲突与协调——当代中国私营企业的劳资关系研究》，中
国劳动社会保障出版社 2004 年版。

53. 卢嘉瑞等：《中国现阶段收入分配差距问题研究》，人民出版社 2003
年版。

54. 李实等：《中国居民收入分配实证分析》，社会科学文献出版社 2000
年版。

55. 叶南客、陈如等：《幸福城市论：现代人与文明城市的理想诉求》，
江苏人民出版社 2009 年版。

56. 刘士林：《阐释与批判：当代文化消费中的异化与危机》，山东文艺
出版社 1999 年版。

57. 范剑平：《中国城乡居民消费结构的变化趋势》，人民出版社 2001
年版。

58. 尹世杰：《消费经济学》，高等教育出版社 2003 年版。

59. 周笑冰：《消费文化及其当代重构》，人民出版社 2010 年版。

60. 郑希付：《健康心理学》，华东师范大学出版社 2003 年版。

61. 朱敬先:《健康心理学》,台北:五南图书出版公司1992年版。

62. 王重鸣:《心理学研究方法》,人民教育出版社1999年版。

63. 张厚璨:《实用心理评估》,中国轻工业出版社2005年版。

64. 李英等:《中外工会法比较研究》,知识产权出版社2011年版。

65. 张述元、张维祥等:《人的全面发展在中国》,时事出版社2009年版。

66. 齐英艳:《生活质量与人的全面发展》,中国社会科学出版社2010年版。

67. 中华人民共和国国家统计局编:《2016中国统计年鉴》,中国统计出版社2016年版。

四　中文论文类

68. 冯同庆:《工人阶级内部阶层关系的变化与工人阶层的地位》,《中国劳动关系学报》1997年第3期。

69. 王春光:《农民工:一个正在崛起的新工人阶层》,《学习与探索》2005年第1期。

70. 张翼:《中国社会阶层结构变动趋势研究——基于全国性CGSS调查数据的分析》,《中国特色社会主义研究》2011年第3期。

71. 李培林:《新时期阶级阶层结构和利益的变化》,《中国社会科学》1995年第3期。

72. 宋林飞:《"农民工"是新兴工人群体》,《江西社会科学》2005年第3期。

73. 汤燕红:《当代中国工人阶级新变化探析——重读〈共产党宣言〉》,《重庆科技学院学报》(社会科学版)2010年第17期。

74. 宋波、阙卫华:《当代中国工人阶级地位的演变》,《湖北行政学院学报》2007年第3期。

75. 黄旭东:《当代中国工人阶级结构变化与和谐社会构建》,《贵州社会科学》2007年第12期。

76. 仇立平、顾辉:《社会结构与阶级的生产　结构紧张与分层研究的阶级转向》,《社会》2007年第2期。

77. 杨正喜:《转型期和谐劳资关系的构建》,《统计与决策》2007年第

23 期。

78. 乔健：《略论我国劳动关系的转型及当前特征》，《中国劳动关系学报》2007 年第 2 期。

79. 吴波：《经济全球化与西方资本主义国家的工人运动》，《当代世界与社会主义》2007 年第 1 期。

80. 李春玲：《20 世纪发达资本主义国家劳工力量演变趋势》，《中国劳动关系学报》2007 年第 6 期。

81. 邓海：《劳动关系新变化和工会工作新进展》，《中国劳动关系学院学报》2007 年第 6 期。

82. 刘晓光：《〈劳动合同法〉视角下和谐劳动关系构建》，《内蒙古农业大学学报》2008 年第 5 期。

83. 《构建和谐劳动关系　促进劳资共同发展——常凯教授谈〈劳动合同法〉中的热点问题》，《中国党政干部论坛》2008 年第 3 期。

84. 董怡：《对企业工会构建和谐劳动关系的几点思考》，《理论研究》2008 年第 6 期。

85. 漆志平：《我国企业劳动关系的主要影响因素及其边际调整》，《求实》2007 年第 4 期。

86. 任小平、许晓军：《国际金融危机下的中国劳动关系及工会应对》，《当代世界与社会主义》2009 年第 4 期。

87. 李文华：《金融危机影响下工人心理关怀及工会对策》，《中国劳动关系学院学报》2009 年第 4 期。

88. 戴建中：《我国私营企业劳资关系研究》，《北京社会科学》2001 年第 1 期。

89. 程延园：《当代西方劳动关系研究学派及其观点评述》，《教学与研究》2003 年第 3 期。

90. 丁胜如：《论社会转型期政府在劳动关系中的职责》，《中国劳动关系学院学报》2006 年第 2 期。

91. 冯同庆：《中国改革开放以来劳动关系理论研究的回顾》，《中国劳动关系学院学报》2009 年第 1 期。

92. 姚先国等：《工会在劳动关系中的作用——基于浙江省的实证分析》，《中国劳动关系学院学报》2009 年第 1 期。

93. 张立坤：《当前我国劳动关系存在的几个突出问题及对策》，《中国劳动关系学院学报》2007 年第 4 期。

94. 石若坤：《心理契约视野下的和谐劳动关系构建》，《学术交流》2007 年第 7 期。

95. 赵学清：《提高劳动报酬在初次分配中比重的几点思考》，《河南社会科学》2008 年第 1 期。

96. 岳颖：《收入分配热点问题研究综述》，《求索》2009 年第 10 期。

97. 白重恩、钱震杰：《国民收入的要素分配：统计数据背后的故事》，《经济研究》2009 年第 3 期。

98. 罗天虎、丁宁：《劳动关系模式对集体谈判立法的影响》，《生产力研究》2007 年第 5 期。

99. 佟新：《论外资企业的工会建设——兼论工会建设的合法性问题》，《学习与实践》2006 年第 10 期。

100. 中央党校省部班学员"收入分配问题"课题组：《正确认识和处理社会收入分配问题》，《理论前沿》2006 年第 7 期。

101. 王福重：《居民收入差别及宏观调节》，《经济科学》1997 年第 1 期。

102. 董建文：《我国居民收入差距过大的原因与对策》，《华东经济管理》2001 年第 12 期。

103. 王小鲁：《灰色收入拉大居民收入差距》，《中国改革》2007 年第 7 期。

104. 卫兴华：《现阶段收入分配制度若干问题辨析》，《宏观经济研究》2003 年第 12 期。

105. 郑新立：《建立体现社会公平的收入分配制度》，《宏观经济管理》2007 年第 11 期。

106. 杨宜勇、顾严：《2007—2008 年我国收入分配新趋势与新思路》，《经济研究参考》2008 年第 4 期。

107. 杨生文等：《规范、公平、共享——中国人民大学教授郑功成谈收入分配制度改革》，《职业》2006 年第 5 期。

108. 吴红列：《集体协商机制中工会法律地位的再思考》，《山东行政学院山东省经济管理干部学院学报》2008 年第 4 期。

109. 高晓芹：《基于心理契约的工人职业生涯管理》，《山东工商学院学报》2008 年第 2 期。

110. 雷五明：《九十年代城市文化消费的特点及其影响因素的调查》，《消费经济》1993 年第 3 期。

111. 施涛：《文化消费的特点和规律探析》，《广西社会科学》1993 年第 3 期。

112. 邹晓东、苏永军：《上海文化消费相关因素的实证分析》，《世界经济文汇》2000 年第 3 期。

113. 吴芙蓉：《试论知识经济时代的假日文化消费》，《经济问题》2001 年第 6 期。

114. 曹俊文：《精神文化消费指标体系的探讨》，《上海统计》2002 年第 4 期。

115. 姚刚、赵石磊：《中国城镇居民文化消费的实证研究》，《黑龙江社会科学》2008 年第 1 期。

116. 王亚南：《全国各地城乡居民文化消费比较》，《云南社会科学》2008 年第 5 期。

117. 解学芳：《公共文化产品供给绩效与文化消费生态研究——以上海为例》，《统计与信息论坛》2011 年第 7 期。

118. 齐勇锋：《文化消费的现状与发展趋势》，《前线》2015 年第 3 期。

119. 李学军：《培育和扩大我国文化消费的对策建议》，《中共四川省委党校学报》2015 年第 3 期。

120. 中国人民大学创意产业技术研究院：《中国省市文化产业发展指数（2016）和文化消费发展指数（2016）》2016 年 11 月。

121. 徐望：《论如何激活我国大众文化消费潜力》，《文化学刊》2016 年第 1 期。

122. 徐望：《论文化消费之于全面建成小康社会和现代化的意义》，《艺术百家》2015 年第 S2 期增刊。

123. 葛红兵、高翔等：《迈向"十三五"的上海文化消费考察报告》，《科学发展》2016 年第 3 期。

124. 顾江等：《城市居民文化消费的影响研究》，《福建论坛·人文社会科学版》2016 年第 6 期。

125. 睦海霞、陈俊江：《文化消费如何成为新的经济增长点——以成都为例》，《开放导报》2016 年第 3 期。

126. 张延朋：《心理健康研究综述》，《经济研究导刊》2011 年第 36 期。

127. 邓子鹃：《国外雇员心理健康研究综述》，《淮阴工学院学报》2008 年第 6 期。

128. 蔡韶娜：《近十年来我国心理健康研究综述》，《中山大学学报论丛》2007 年第 11 期。

129. 王雁飞、朱瑜：《心理资本理论与相关研究进展》，《外国经济与管理》2007 年第 5 期。

130. 袁立新、曾令彬：《生活事件、社会支持、应付方式及自我效能感对心理健康的影响》，《中国健康心理学杂志》2007 年第 1 期。

131. 刘华山：《心理健康概念与标准的再认识》，《心理科学》2001 年第 4 期。

132. 宋晓梅等：《基于个人—工作契合度对员工敬业度的研究》，《科学管理研究》2009 年第 27 卷第 6 期。

133. 李金星、张晞：《员工敬业度的理论研究述评与展望》，《内蒙古财经学院学报》2011 年第 1 期。

134. 刘小平、邓靖松：《员工敬业度的理论研究综述》，《软科学》2009 年第 10 期。

135. 曾晖、赵黎明：《企业员工敬业度的结构模型研究》，《心理科学》2009 年第 1 期。

136. 黄盼盼：《组织氛围对员工敬业度的影响分析》，《中国人力资源开发》2010 年第 1 期。

137. 上海中智库玛市场研究有限公司：《中国企业员工敬业度调研报告》，2008 年。

138. FESCO：《谁最敬业？——2010 中国员工敬业度调查报告》，《职业》2011 年第 1 期。

139. 杜红、万敏：《企业员工敬业度初探》，《经济论坛》2009 年第 13 期。

140. 王平换等：《员工敬业度的影响因素及提升措施研究》，《中国管理信息化》2011 年第 13 期。

141. 张静：《企业员工职业生涯管理探析》，《理论观察》2004 年第 6 期。

142. 曾晖、韩经纶：《提高员工敬业度》，《企业管理》2005 年第 5 期。

143. 郭昕：《盖洛普企业员工民意与经营业绩关系求证》，《职业技术教育》2002 年第 30 期。

144. 李知恕：《论马克思主义的人的全面发展》，《理论与改革》2002 年第 3 期。

145. 田永晰：《新形势下提升企业员工素质的思考》，《山东工会论坛》2009 年第 2 期。

146. 季立飞：《提升企业员工素质的思考与对策》，《山东工会论坛》2013 年第 5 期。

147. 陈新夏：《社会现代化进程中人的素质与人的发展》，《首都师范大学学报》2000 年第 3 期。

148. 赵爱学：《德国工会的运作模式的借鉴与启示》，《钢铁文化》2011 年第 11 期。

149. 姜列青：《欧盟国家的职业教育与工会培训活动》，《工会理论研究》2007 年第 2 期。

150. 封蕾：《澳门工会与政府联手开展职业介绍和培训》，《中国工运》2001 年第 7 期。

151. 王春光：《新生代农村流动人口的社会认同与城乡融合的关系》，《社会学研究》2001 年第 3 期。

152. 王春光：《新生代农民工城市融入进程及问题的社会学分析》，《青年探索》2010 年第 3 期。

153. 全国总工会新生代农民工问题课题组：《关于新生代农民工问题的研究报告》，《工人日报》2010 年 6 月 21 日。

154. 朱力、赵璐璐等：《"半主动性适应"与"建构型适应"——新生代农民工的城市适应模型》，《甘肃行政学院学报》2010 年第 4 期。

155. 梁波、王海英：《国外移民社会融入研究综述》，《甘肃行政学院学报》2010 年第 2 期。

156. 王佃利、刘保军等：《新生代农民工的城市融入——框架建构与调研分析》，《中国行政管理》2011 年第 2 期。

157. 郑功成：《农民工的权益与社会保障》，《中国党政干部论坛》2002 年第 8 期。

158. 沈原：《社会转型与工人阶级的再形成》，《社会学研究》2006 年第 2 期。

159. 李培林、李炜：《农民工在中国转型中的经济地位和社会态度》，《社会学研究》2007 年第 3 期。

160. 中国青少年研究中心：《中国新生代农民工发展状况及代际对比研究报告》，2007 年。

161. 李伟东：《新生代农民工的城市适应研究》，《北京社会科学》2009 年第 4 期。

162. 周莹、周海旺：《新生代农民工融入城市的影响因素分析》，《当代青年研究》2009 年第 5 期。

163. 李昱：《新生代农民工融入城市问题探析》，《求索》2010 年第 10 期。

164. 张铁军：《新生代农民工城市融入的困境与解决路径初探》，《福州党校学报》2010 年第 3 期。

165. 沈宏超：《国外住房合作社的经验与启示》，《城市发展研究》2009 年第 2 期。

166. 李强：《中国应恢复"八级工"制度》，《环球时报》2011 年 5 月 27 日。

167. 顾乃中：《人的全面发展的基本内涵》，《学海》1994 年第 4 期。

168. 郭晓君：《人的全面发展理论初探》，《中国人民大学学报》1997 年第 2 期。

169. 李俞：《进行不平等调整后的人类可持续发展——关于度量人类全面发展指标体系的探讨》，《改革与战略》2012 年第 9 期。

170. 佘云霞：《经济全球化与"体面的劳动"》，《山东省工会管理干部学院学报》2001 年第 6 期。

171. 袁伯清：《实现体面劳动是工会组织义不容辞的责任》，《北京市工会干部学院学报》2008 年第 3 期。

172. 曹凤月：《体面劳动与工作环境人性化》，《中国劳动关系学院学报》2008 年第 6 期。

173. 卿涛、闫燕：《国外体面劳动研究述评与展望》，《外国经济与管理》2008 年第 9 期。

174. 佘云霞等：《"体面劳动"与企业社会责任的同步实现——当前金融危机形势下劳动者基本权益的保护》，《中国党政干部论坛》2009 年第 3 期。

175. 李朝阳、罗家兴：《中国现代化进程中的体面劳动研究》，《吉首大学学报》（社会科学版）2011 年第 2 期。

176. 林燕玲：《体面劳动在中国的阐释和实践》，《北京市工会干部学院学报》2011 年第 3 期。

177. 肖巍、钱箭星：《"体面劳动"及其实现进路》，《复旦学报》（社会科学版）2010 年第 6 期。

178. 王如华：《工会在实现体面劳动中的新使命》，《中国劳动关系学院学报》2008 年第 5 期。

179. 周正言：《德国工会如何推动企业履行社会责任和保障职工体面劳动》，《工会理论研究》2008 年第 6 期。

180. 王希：《论我国体面劳动法律保障机制的构建》，《前沿》2010 年第 10 期。

181. 张宗浩、陈亚东：《反就业歧视论》，《求索》2006 年第 8 期。

182. 张弛：《我国企业人力资本投资问题研究》，硕士学位论文，安徽大学，2007 年。

183. 张荣芳：《论新时期我国工会的作用》，《河北法学》2001 年第 5 期。

后　记

　　我对工人阶层的关注，起源于南京市社会科学院与市总工会的合作。自 2008 年始，市社会科学院与市总工会每年合作做一次工人阶层的调研，形成一个合作课题，而我有幸最早介入并长期担任课题负责人。本书就是十年来工人阶层调研成果的结晶，每年调研的主题及研究框架由我制定，由我组织专家团队展开课题研究，市总工会工运研究室协助调研访谈及问卷调查，合力完成课题研究。其中部分课题研究成果曾获得过全国总工会论文评选一等奖及市社科应用研究成果二等奖等奖项。因调研的主题都与工人阶层的体面劳动、全面发展密切相关，故被我命名为"工人阶层的体面劳动与全面发展研究——以南京为例"。

　　作为一项集体成果，本书是众多同人共同努力的结晶。在此，要特别感谢长期以来的课题顾问叶南客、陆路、陈如、许益军等领导和专家，他们不仅对课题开展进行指导，还为课题研究提出了许多创新性观点；感谢南京市总工会的领导及研究室同人，从最初的王亚琴处长，到何玄梅、程晓燕处长，张军和张年年主任，他们给予合作课题以全力的支持和帮助；感谢南京市社会科学院的同事们，朱考金、任克强、李义波、李惠芬老师曾先后参与了相关课题研究。本书的具体分工和执笔者如下：绪论：董淑芬；第一章：董淑芬、王亚琴、任克强；第二章：董淑芬、朱考金；第三章：董淑芬、李惠芬、崔开云、程军战；第四章：董淑芬、张军；第五章：陆路、董淑芬、朱考金、张军；第六章：董淑芬；第七章：董淑芬、朱考金；第八章：董淑芬、李义波、黄亚慧。在此，谨向所有关心、支持、帮助本书调研、编写和出版的同志们表示衷心的感谢！

　　本书作者们在完成写作的过程中，力求理论联系实际，定性与定量研究相结合，深入工人阶层开展实证研究。希望本书的推出，能够给关注工人阶层发展的相关部门和学术界同人以理念、思路和观点上的启发，为推进工人阶层的体面劳动和全面发展尽绵薄之力。书中疏漏、不当之处，恳请读者批评指正。

董淑芬

2017 年 10 月于南京赤壁路 16 号